KB071420

표준보육과정과 누리과정에 기초한

보육학개론

Introduction to Childcare and Education

조성연
김영심
정정옥
황혜정
나유미
박진재
신혜영
공 저

학지사

머리말

우리나라의 보육정책은 1991년에 「영유아보육법」을 제정하면서 상당히 많은 변화가 있었다. 그에 따라 국가 차원에서 기혼 여성의 사회참여 확대를 위한 일-가정 양립, 저출산 예방 노력 등으로 보육에 많은 관심을 가지고 관련 정책을 입안하여 추진하고 있다. 이를 위해 관련 법을 개정하고 기본계획을 수립하는 등 보다 적극적인 보육정책을 실시하고 있는데, 그중에서도 5세 이하의 영유아에 대한 무상보육은 대표적인 보육정책이라고 할 수 있다.

영유아기는 인간의 전인발달을 위한 결정적 시기이고, 영유아가 이 시기 동안 적절한 양육을 받지 못하면 국가의 미래 발전을 위한 인적 자원의 개발도 어려워진다. 이에 국가에서는 어린이집 평가제를 통해 보육기관에 대한 관리·감독을 강화하고 있을 뿐만 아니라, 기업의 직장보육시설 확충, 가정친화적 기업 인증 등 일-가정 양립을 위한 정부와 기업의 협력적 차원의 노력도 경주하고 있다. 보육의 문제는 개인 혹은 가족 차원의 문제가 아니라 기업과 국가 모두의 관심사이므로 앞으로도 보육에 대한 관심은 더욱 커질 전망이다.

이에 우리나라 보육에 관심을 가지고 있던 학계와 보육 현장에 종사하는 관련 전문가가 뜻을 함께하여 보육의 질적 향상에 대한 이해와 방향을 제시하고자 2004년 이후 『영유아보육론』 『영유아보육의 이해』 『보육학개론』 등의 저서를 출판하였다. 그러나 정부의 지속적인 보육정책과 제도의 변화뿐만 아니라, 제4차 표준보육과정과 2019 개정 누리과정이 고시되었고, 그 내용도 그동안 출판되었던 저서의 내용에서 상당히 변화하여 새롭게 집필할 수밖에 없는 상황이 되었다. 이에 기존에 출판하였던 『최신 보육학개론』의 내용을 기반으로 『표준보육과정과 누리과정에 기초한 보육학개론』이라는 명칭으로 제목을 변경하였다. 새로운 집필진을 영입하여 변화를 주고, 최신 정보와 자료를 담아 새롭게 개정하여 출판하게 되었다. 그럼에도 불구하고 기존의 저서 내용 중 일부는 큰 변화가 없어 기존과 중복하여 제시할 수밖에 없는 경우가 있었다는 점을 밝힌다.

이 책은 대학의 강의 일정에 맞추고자 총 8개 장으로 구성하였다. 제1장 보육의 개념과 제8장 부모교육은 조성연 교수, 제2장 보육의 역사와 제도는 나유미 교수, 제3장 보육 유형과 보육정책은 정정옥 교수, 제4장 영유아기 발달과 보육사상은 황혜정 교수, 제5장 보육환경과 보육프로그램은 신혜영 교수, 제6장 보육교직원과 어린이집 운영 관리는 박진재 박사, 제7장 영유아의 건강 · 영양 · 안전은 김영심 교수가 각각 집필하였다. 기존의 자료 중 일정 부분을 포함할 수밖에 없었지만, 제4차 표준보육과정과 2019 개정 누리과정의 고시로 보육계에 상당한 변화가 있었으므로 이를 최대한 반영하여 새롭게 집필하고자 노력하였다.

사회 변화와 더불어 정부가 바뀔 때마다 보육정책은 상당히 많은 변화가 있었다. 저자들은 이를 최대한 반영하고자 노력하였으나 여전히 미진한 부분이 있을 수밖에 없음을 고백한다. 이 책의 미진한 부분은 보육 관련 분야의 종사자와 동학들의 조언을 통해 보완될 수 있기를 기대한다. 여러 사람이 모여 한 권의 책을 출간하기 위한 공동 작업이 결코 쉬운 일이 아님에도 모든 집필진이 서로 고민하고 협력하며 집필하였기에 이 책을 출판할 수 있게 되었다. 또한 기꺼운 마음으로 이 책의 출판을 위해 도와주신 학지사 김진환 사장님과 편집을 맡아 수고해 주신 관계자 여러분께도 감사드린다. 마지막으로, 이 책이 보육을 처음 접하는 학생이나 보육 현장의 교사들에게 조금이나마 도움이 되어 향후 우리나라 영유아 보육의 발전에 작은 밑거름이 될 수 있기를 바란다.

2022년 9월
저자를 대표하여
조성연

차례

제7장　영유아의 건강 · 영양 · 안전 • 233

제**1**장
보육의 개념

오늘날, 급격한 사회 변화로 인력 수급의 필요성이 제기되었고, 그에 따라 여성의 사회참여가 증가하면서 여성의 경제활동 참여율이 높아졌다. 영국의 사회학자인 A. Giddens는 21세기 사회 변동의 핵심은 여성이라고 지적하면서 여성의 사회참여를 강조한 바 있다. 우리나라도 예외는 아니어서 여성의 사회참여 증가로 인해 맞벌이가족이 증가하고 있다. 맞벌이가족의 증가는 자녀양육 문제를 유발하였고, 국가는 이를 지원하기 위해 다양한 정책을 제안하였는데, 그중 가장 우선시되는 것이 보육이었다. 국가 차원에서 보육을 지원하기 위해서는 무엇보다 영유아의 안전한 생활과 건강한 발달을 지원해 줄 수 있는 자격을 갖춘 보육 인력이 중요하다. 이와 함께 현대 사회에서의 보육은 부모를 대신하여 영유아 자녀를 맡아 보호해 주고 교육하는 것 외에 가족의 복지까지 고려하는 보다 포괄적인 기능을 지니는 것으로 변화하고 있다. 따라서 이 장에서는 시대적 상황에 따른 보육 개념의 변화와 영유아, 부모, 가족 그리고 국가적 차원에서 보육의 필요성에 대해 살펴보고자 한다.

학습 내용

1. 보육의 개념과 목적에 대해 알아본다.
2. 시대에 따른 보육의 개념과 패러다임의 변화에 대해 알아본다.
3. 영유아를 포함한 아동, 부모ㆍ가족, 국가 차원에서 보육의 필요성에 대해 알아본다.

1 보육 개념의 변화

오늘날 여성의 경제활동 참여는 생계유지뿐만 아니라 자아실현을 위해서도 이루어지고 있다. 이를 위해서는 무엇보다 자녀 양육과 관련된 보육이 우선 해결되어야 한다. 특히 저출산이 심각한 사회 문제가 되면서 영유아의 최적의 발달과 권리, 인적 자원의 개발 등을 위해 국가는 보육을 중요한 사회적 해결 과제로 보고 다양한 정책을 입안하여 시행하고 있다.

1) 보육 개념

보육의 개념은 시대마다 그 상황에 따라 다르게 인식되어 왔다. 초기의 보육은 부모가 직장에 있는 동안 부모를 대신하여 영유아기 자녀를 보호하는 탁아(day care)의 개념이었으나, 현대에 들어오면서 단순한 보호 기능을 넘어 교육을 포함하고 영유아의 건전한 성장과 발달을 위한 보육(educare)의 개념으로 확대되었다. 그러므로 현대의 보육은 부모가 아닌 타인이 영유아에게 제공하는 대안적 양육이라는 보다 넓은 의미로 이해할 수 있다(Howes & Ponciano, 2000, p. 39: 조혜경, 곽혜경, 구경선, 2016, p. 14에서 재인용). 이런 의미에서 보육은 어린이집에서 제공하는 활동뿐만 아니라 아이돌보미제도 등의 시간제보육 서비스나 유치원의 방과 후 과정, 지역아동센터에서 운영하는 방과 후 프로그램 등과 같은 다양한 형태의 대리양육을 모두 포함한다(조혜경, 곽혜경, 구경선, 2016, p. 15).

우리나라의 보육에 대한 개념은 1991년에 제정된 「영유아보육법」에 그 이유가 명시되어 있다. 동법에서는 신규 제정 이유로 "현대 사회의 산업화에 따른 여성의 사회참여 증가 및 가족 구조의 핵가족화에 의한 탁아수요의 급증에 따라 아동 보호와 교육 문제는 개인적인 차원을 넘어 사회적·국가적 차원에서 해결이 불가피하게 되었으나, 현행 「아동복지법」에 의한 탁아사업은 시설 설립 주체의 제한으로 인한 보육사업 확대 곤란, 관장 부처의 다원화로 체계적이고 효율적인 보육사업 추진 등에 문제점이 있으므로, 영유아의 보호와 교육에 관한 별도의 입법을 통하여 보육시설의 조속한 확대 및 체계화로 아동의 건전한 보호·교육 및 보육자의 경제적·

사회적 활동의 지원을 통하여 가정복지 증진을 도모하려는 것임"이라고 명시하였다. 이후 「영유아보육법」은 개정을 거듭하면서 보육의 정의를 동법 제2조 제1항과 제2항에 "보육이란 6세 미만의 취학 전 아동인 영유아를 대상으로 영유아를 건강하고 안전하게 보호 · 양육하고 영유아의 발달 특성에 맞는 교육을 제공하는 어린이집 및 가정양육 지원에 관한 사회복지서비스를 말한다."라고 명시하였다. 또한 맞벌이가구가 증가함으로 인해 기본보육을 초과하여 보호자의 욕구 등에 따라 제공되는 연장보육을 시행하게 되었다(「영유아보육법」제24조의2). 이로 인해 보육은 6세 미만의 영유아를 보호하고 교육하는 통합된 개념으로 단순한 보호가 아닌 전인적 발달을 도모하는 것이며, 해당 영유아뿐만 아니라 그 가족의 복지까지 지원하는 포괄적인 서비스라고 할 수 있다. 이와 같은 보육의 개념과 관련된 영유아 대상의 보육 목적은 「영유아보육법」제1조에 명기되어 있다.

표 1-1 「영유아보육법」(제1조)상 보육 목적의 변화

연도	제정 · 개정	목적
1991	제정	보호자가 근로 또는 질병 기타 사정으로 인하여 보호하기 어려운 영아 및 유아를 심신의 보호와 건전한 교육을 통하여 건강한 사회성원으로 육성함과 아울러 보호자의 경제적 · 사회적 활동을 원활하게 하여 가정복지 증진에 기여한다.
2004	전부 개정	보호자가 근로 또는 질병 기타 사정으로 인하여 보호하기 어려운 영아 및 유아를 심신의 보호와 건전한 교육을 통하여 건강한 사회성원으로 육성함과 아울러 보호자의 경제적 · 사회적 활동을 원활하게 하여 가정복지 증진에 기여한다.
2011	일부 개정	영유아(영幼兒)의 심신을 보호하고 건전하게 교육하여 건강한 사회구성원으로 육성함과 아울러 보호자의 경제적 · 사회적 활동이 원활하게 이루어지도록 함으로써 가정복지 증진에 이바지한다.

출처: 국가법령정보센터. 「영유아보육법」각 년도.

한편, 「영유아보육법」제2조에는 이 법에서 사용하는 용어인 영유아, 보육, 어린이집, 보호자, 보육교직원에 대해 정의하고 있다.

- **영유아**: 6세 미만의 취학 전 아동
- **보육**: 영유아를 건강하고 안전하게 보호 · 양육하고 영유아의 발달 특성에 맞

는 교육을 제공하는 어린이집 및 가정양육 지원에 관한 사회복지서비스
- **어린이집**: 보호자의 위탁을 받아 영유아를 보육하는 기관
- **보호자**: 친권자 · 후견인, 그 밖의 자로서 영유아를 사실상 보호하고 있는 자
- **보육교직원**: 어린이집의 원장 및 보육교사와 그 밖의 직원으로 어린이집 영유아의 보육, 건강 관리 및 보호자와의 상담, 그 밖에 어린이집의 관리 · 운영 등의 업무를 담당하는 자

2) 보육 개념의 변화

우리나라의 보육 개념은 국가의 제도나 정책과 함께 변화되었다. 즉, 구빈적 개념에서 복지적 개념으로, 다시 통합적 개념으로, 이후 포괄적 개념으로 변화되었다.

(1) 구빈적 개념

우리나라의 보육사업은 1921년 서울의 태화기독교사회관에서 빈곤가정의 자녀를 보살펴 주면서 시작되었다고 볼 수 있다. 당시 보육사업은 기독교 선교나 부모를 대신하여 빈민아동을 하루 중 일정 시간 동안 보호해 주는 빈민구제를 목적으로 하였다. 그에 따라 초창기 보육은 '아동의 위탁과 양육'을 내용으로 빈민아동을 맡아서 보호하는 탁아의 개념이 강하였다. 그러나 이후 해방과 한국전쟁으로 고아, 미아, 기아 등의 요보호아동이 급증하면서 보육은 빈곤가정의 자녀를 보호하고 양육하는 탁아의 목적 외에 요보호아동을 장기간 보호하는 수용서비스 차원이 강조되었다.

(2) 복지적 개념

「아동복리법」(1961)의 제정 후 「유아교육진흥법」(1982)이 제정되기 전까지의 보육은 아동복지 서비스로서 탁아에 중점을 둔 복지적 차원이 강조되었다. 「아동복리법」은 탁아사업의 목적과 내용을 명기하였고, 「아동복리법 시행령」 제2조 제9호에 탁아시설을 "보호자가 근로 또는 질병 등으로 인하여 양육하여야 할 아동을 보호할 능력이 없을 경우에 보호자의 위탁을 받아 그 아동을 입소시켜 보호함을 목적으로 하는 시설"로 정의하면서 국가적 차원에서의 보육정책을 처음 시작하였다. 이로써

보육은 위탁과 보호를 목적으로 가정에서 자녀를 돌볼 수 없는 경우에 가정을 대신하여 아동을 보호하고 양육해 주는 아동복지적 관점을 지니게 되었다.

(3) 통합적 개념

「유아교육법」의 전신인 「유아교육진흥법」(1982)이 제정되고, 이후 「영유아보육법」(1991)이 제정되기 전의 보육은 유아교육과 통합되어 새마을유아원을 유아교육기관에 포함하는 통합적 개념의 성격이었다. 즉, 동법 제2조 제1호에 유아교육기관을 「교육법」에 따른 유치원과 이 법에 따른 유아원으로 정의하였고, 동법 제2조 제2호에 새마을유아원을 유아를 보육하거나 유아와 영아를 함께 보육하는 기관으로 정의하였다. 또한 동법 부칙에서 새마을유아원은 종전의 「아동복리법」에 의해 설립·운영되는 탁아시설을 포함하였다. 이와 함께 「유아교육진흥법 시행령」(1983) 제9조와 제11조에 영아반 설치와 유아원의 반 운영을 오전반, 오후반 또는 종일반으로 한다고 명시하고, 제16조에서는 생활보호대상자 자녀의 보육료 및 입학금의 면제에 관한 사항을 포함하여 유아원의 보육료 및 입학금에 대한 내용을 제시하면서 별표로 유아원과 유아원 영아반의 시설·설비 기준을 제시하였다. 이 법의 제정으로 어린이집, 새마을협동유아원, 농번기 탁아소 등은 새마을유아원으로 통합되었고, 내무부가 주관부서가 되었다. 당시 유아교육기관인 유치원의 주관부서도 내무부로 이관하였으나, 유치원은 교육 기능, 탁아시설은 보호 기능을 담당하는 것으로 기능을 이원화하였다.

(4) 포괄적 개념

「영유아보육법」(1991)이 제정되면서 보육의 목적을 영유아의 심신 보호와 건전한 교육뿐만 아니라 보호자의 경제적·사회적 활동을 도와 가정복지 증진에 기여하는 것으로 명시하였다. 또한 2004년 1월 29일 동법을 전부 개정하면서 제2조 제2호에 '보육'에 대한 정의를 포함하였다. 즉, '보육'은 영유아를 건강하고 안전하게 보호·양육하고 영유아의 발달 특성에 적합한 교육을 제공하는 사회복지서비스라고 정의하였다. 이후 2011년 6월 7일 동법의 일부 개정(2011년 12월 8일 시행)을 통해 보호자의 위탁을 받아 영유아를 보육하는 기관으로서의 '보육시설'이라는 용어를 현재의 어린이집으로 명칭을 개칭하였고, '보육시설종사자'를 '보육교직원'으로, '보육시설의 장'을 '어린이집 원장'으로 개칭하였다. 이는 단순히 명칭만 변경한 것이 아니고, 어린이집이 보호 위주로 부모를 대신하여 영유아를 보호하고 양육할 뿐만 아니라, 영유아의 전인적 발달을 위해 영유아의 발달 특성에 맞는 교육도 제공하는 기관이라는 인식으로의 변화를 포함한 것이다.

이와 함께 「영유아보육법」(1991) 제정 당시의 보육시설의 보육 내용은 「영유아보육법 시행규칙」 제23조에 교육, 영양, 건강, 안전, 부모에 대한 서비스, 지역사회와의 교류라는 기본 원칙을 제시하면서 보육계획을 포괄적으로 수립하여 실시하도록 명시하였다. 이는 영유아의 전인발달을 위한 양질의 보육은 영유아와 가정양육을 위한 지원을 포함할 뿐만 아니라, 더 나아가 지역사회의 육아공동체 형성을 포함하는 생태학적 관점에서 실시되어야 한다는 포괄적 관점으로 변화된 것이다(조혜경, 곽혜경, 구경선, 2016, p. 19). 이후 정부는 모든 영유아를 위한 포괄적 관점에서 '새싹플랜' '아이사랑플랜' '새로마지플랜 2015' '브릿지플랜 2020' 등 보육과 관련한 다양한 중장기 계획을 수립하고 이를 적극적으로 시행하고 있다.

표 1-2　**정부의 보육정책 관련 기본계획 수립 배경과 추진 과제**

보육정책	수립 배경	추진 과제
제1차 중장기 보육계획: 새싹플랜 (2006~2010)	• 가족구조의 변화 및 가정 내 돌봄 기능의 약화 • 출산율의 저하 및 고령화 사회의 도래 • 보육의 필요성과 중요성 부각 • 여성의 교육수준이 향상되고 경제활동 참여의 필요성은 증가했지만, 육아에 대한 사회적 지원은 미흡 • 보육서비스에 대한 보호자의 기대수준이 높은 상태 • 인적 자원 조기 개발 측면에서 모든 아동에게 질 높은 보육서비스 제공 요구	• 정책목표 　- 보육의 공공성 강화 　- 양질의 보육서비스 제공 • 정책 과제 　- 보육 기반 조성 　- 부모의 육아 부담 경감 　- 다양한 보육서비스 제공 　- 아동 중심의 보육환경 조성 　- 보육서비스 관리체계 강화
아이사랑 플랜 (제1차 계획 보완 · 수정 2009~2012)	• 새 정부 국정 철학과 보육정책 환경 변화를 반영하여 이를 수정 · 보완 • 정책목표 달성에 필요한 다양한 보육정책 과제를 일관되고 체계적으로 수립 · 추진하기 위한 중 · 장기 보육정책 계획 마련	• 3대 추진 방향 　- 영유아 중심 　- 국가책임제 보육 　- 신뢰 구축 • 6대 추진 과제 　- 부모의 비용 부담 완화

〈계속〉

아이사랑 플랜 (제1차 계획 보완·수정 2009~2012)	– 기본계획에 따라 연차별로 세부 시행 계획 수립·추진하여 관리 – 동시에 지난 연도의 추진 성과와 한계를 종합적으로 평가하고 변화된 정책환경에 맞추어 매년 보완·수정	– 수요자 맞춤 지원 – 보육시설 질 제고 및 균형 배치 – 보육인력 전문성 제고 – 전달체계 효율화 – 보육사업 지원 체계 구축
제2차 중장기 보육 기본계획: 새로마지플랜 (2013~2017)	• 보육서비스 지원은 미래 인적 자원에 대한 투자, 여성의 경제활동 지원 및 저출산 대책으로서의 중요성을 지닌 핵심적인 사회정책 • 보육은 미래를 위한 투자라는 정책기조에 따라 '중장기 보육 계획' 수립·시행, 국가가 책임지는 보육 지원의 틀을 단계적으로 확립 • 그간의 보육정책의 성과와 한계를 되짚 어 보고 새 정부의 공약 및 국정 철학에 부합하는 '중장기 보육 계획' 수립 필요	• 3대 전략 – 아이의 건강한 성장 발달 – 국가 책임 실현 – 참여와 신뢰 증진 • 6대 추진 과제 – 부모의 보육·양육 부담 경감 – 수요자 맞춤형 보육·양육 지원 – 공공성 확대와 품질 관리 강화 – 양질의 안심보육 여건 조성 – 신뢰가 있고 투명한 보육 생태계 구축 – 보육서비스 재정 및 전달체계 개선
제3차 저출산·고령 사회 기본계획: 브릿지 플랜 2020 (2016~2020)	• 1·2차 기본계획 추진에도 불구하고 세계 최저 수준의 출산율과 급격한 고령화 속도를 고려할 때 정책적 대응은 여전히 미흡하다는 평가 • 생산가능인구 감소(2017년), 고령사회 진입(2018년) 등 그간 풍부한 인적 자원 을 통해 성장을 이뤘던 인구 보너스기가 끝나고 인구가 성장에 부담이 되는 인구 오너스기로 이행	• 저출산 기본계획 목표 – 아이와 함께 행복한 사회 • 추진 전략 – 청년 일자리·주거대책 강화 – 난임 등 출생에 대한 사회책임 실현 – 맞춤형 돌봄 확대·교육 개혁 – 일·가정 양립 사각지대 해소
제3차 중장기 보육 기본계획 (2018~2022)	• 무상보육에도 불구하고 어린이집 적정 이용 보장에 한계 • 양적·질적 측면의 낮은 어린이집 공공성 • 보육서비스 품질에 대한 부모의 기대 수준 미충족 • 부모에 대한 직접적 양육 지원 부족 • 보육제도의 효율적 운영을 위한 인프라 개선 필요	• 4대 목표 – 보육의 공공성 강화 – 효과적 보육서비스 제공을 위한 보육체계 개편 – 보육서비스의 품질 향상 – 부모양육 지원 확대 • 정책 과제 – 국공립 이용률 40%로 확대 – 국공립 운영의 공공성 강화 – 직장어린이집 활성화 – 어린이집 운영의 건전성 제고 – 어린이집 이용 및 지원 체계 개선

〈계속〉

제3차 중장기 보육 기본계획 (2018~2022)		- 표준보육비용 산정 및 적정 보육료 지원 - 보육과정 개편 - 보육교사 전문성 강화 - 보육교사 적정 처우 보장 - 영유아 보육환경 개선 - 상시적 품질 관리 강화 - 부모의 양육역량 강화 지원 - 시간제보육 서비스 확대 - 취약보육 지원 개선

제4차
저출산 · 고령 사회
기본계획
(2021~2025)
	• 15년 동안 세 차례의 저출산 고령사회
	  기본계획 시행에도 불구하고, 우리 사회
	  의 초저출산 현상 및 급격한 고령화의
	  지속적 심화
	• 총 인구 규모 및 인구의 지역적 분포에
	  서도 변곡점이 될 전망으로 그 추세는
	  애초 예상보다 빠르게 고착화될 가능성
	  높음
	• 저출생 현상의 심화, 인구 규모의 감소
	  및 인구구조의 변화 등 당면한 사회적
	  변화에 대응하여 새로운 비전 제시 필요
		• 목표
		  - 개인의 삶의 질 향상
		  - 성평등하고 공정한 사회
		  - 인구 변화에 대응하는 사회 혁신
		• 추진 전략
		  - 함께 일하고 함께 돌보는 사회
		    조성
		  - 건강하고 능동적인 고령사회
		    구축
		  - 모두의 역량이 고루 발휘되는
		    사회
		  - 인구구조 변화에 대한 적응

출처: 조성연 외(2018). 보육학개론, pp. 16-17의 내용을 수정 · 보완함.

3) 보육 패러다임의 변화

사회적 요구에 따라 보육의 패러다임이 변화되고 있다. 즉, 보육은 선별적 보육에서 보편적 보육으로, 공급자 중심의 서비스에서 수요자 중심의 서비스로, 사보육에서 공보육으로 그 개념이 전환되었다.

(1) 선별적 보육에서 보편적 보육으로의 변화

「영유아보육법」(1991) 제정 당시 보호자가 근로 또는 질병, 기타 사정으로 인하여 보호하기 어려운 영아와 유아를 위한 아동복지적 차원의 선별적 보육에서 2004년 「영유아보육법」의 전면개정으로 중산층이나 맞벌이가정 등 일반 가정의 모든 아동이 보육서비스를 받을 수 있도록 보편적 보육으로 확대되었다. 보편적 보육은 부모의 직업 유무, 종교, 소득 수준이나 영유아 자신의 성별, 인종, 출생 순위, 장애 등에 의해 어떠한 차별도 받지 않고 보육서비스를 받는 것이다. 그 결과, 2012년 0~2세, 2013년 3~5세의 모든 영유아는 소득 수준에 관계없이 보육서비스를 받을 수 있도록 무상보육을 시행하게 되었다.

(2) 공급자 중심 서비스에서 수요자 중심 서비스로의 변화

과거 보육은 보건복지부 또는 여성가족부의 중앙행정부에서 특별시, 광역시·도, 시·군·구로, 이후 어린이집으로 전달되는 수직적이고 중앙집권적 체계의 성격이었다(조복희 외, 2015, p. 44). 정부주도적인 공급자 중심의 보육체제에서의 보육서비스 제공은 다양한 형태의 보육이 필요한 영유아와 부모의 요구를 충분히 만족시킬 수 없다. 그리하여 보육전달체계의 주체를 지방정부로 이관하면서 보육서비스는 수요자의 요구를 만족시킬 수 있는 맞춤 보육으로 변화되었다. 이로 인해 사회 변화에 따라 등장한 다양한 가족 유형인 맞벌이가족, 장애아가족, 다문화가족, 한부모가족 등에게 적합한 보육서비스, 즉 야간연장 보육, 24시간 보육, 휴일보육 등 수요자 중심의 다양한 보육서비스를 제공하게 되었다.

(3) 사보육에서 공보육으로의 변화

과거 보육의 1차적 책임은 부모이고 2차적 책임은 국가에 있다는 인식이 지배적이었다. 그러나 저출산이 사회적 문제가 됨에 따라 영유아는 국가의 미래를 책임지는 국가적 자원이라는 입장이 팽배해지면서 부모와 국가는 영유아 보육에 대한 공동 책임의 관점으로 변화되었다. 이러한 공동 책임은 「영유아보육법」 제4조에 명시하고 있다. 즉, 모든 국민은 영유아를 건전하게 보육할 책임을 짐으로써 국가와 지방자치단체는 보호자와 더불어 영유아를 건전하게 보육할 책임을 지고, 이에 필요한 재원을 안정적으로 확보하도록 노력하여야 하며, 이를 위해 특별자치시장·특별자치도지사·시장·군수·구청장은 영유아의 보육을 위한 적절한 어린이집을 확보하여야 할 뿐만 아니라, 국가와 지방자치단체는 보육교직원의 양성, 근로 여건 개선 및 권익 보호를 위하여 노력하여야 한다.

현재 정부는 부모의 소득에 관계없이 6세 미만의 모든 영유아에게 보육비를 지원해 주는 무상보육을 시행하고 있다. 또한 공보육서비스를 확대하기 위해 국공립

어린이집과 '공공형 어린이집'의 확충과 운영을 통해 어린이집의 수준을 향상시킴으로써 생애 초기의 모든 영유아에게 양질의 보육과 교육을 보장해 주는 공보육 책임을 실현해 나가고 있다.

2 보육의 필요성

현대 사회의 다양한 변화는 영유아가 속해 있는 가정환경에 직접적인 영향을 미쳐 가족 구조와 기능을 변화시켰을 뿐만 아니라, 여성의 경제활동 참여를 증가시켜 자녀 양육의 가치관과 부모 역할도 변화시켰다. 특히 입학 전 모든 영유아에게 무상보육을 시행하면서 가정의 자녀양육 기능이 약화되었고, 상대적으로 보육에 대한 국가적 책임은 강화되었다.

1) 아동 측면

영유아를 포함한 아동은 누구나 최상의 발달을 위한 권리를 보장받아야 한다. 보건복지부(2016. 5. 2.)에서 제정한 '아동권리헌장'은 유엔아동권리협약의 주요 원칙을 충실히 이행하기 위해 제정되었다. 우리나라는 1991년에 유엔아동권리협약에 비준하였으나, 여전히 아동 삶의 만족도와 아동 권리에 대한 인식 수준은 낮다. 아동권리헌장은 유엔아동권리협약의 조항을 함축적으로 모아 간결하게 정리하여 전문과 9개 조항으로 구성되어 있다. 유엔아동권리협약의 원칙을 기반으로 영유아를 포함한 18세 미만 아동이 겪고 있는 위기에 주목해 학대로부터 보호받을 권리, 놀 권리, 표현의 자유와 참여, 상상과 도전, 창의적 활동 등을 비중 있게 다루고 있다. 아동권리헌장은 아동 스스로 자신의 권리를 알고 지킬 수 있고, 어른도 아동의 권리를 이해하고 존중하여야 한다는 약속이다(p. 23의 〈참고 ①〉 참조).

한편, 유엔은 1989년 아동의 권리에 대한 실질적인 내용을 담아 아동권리협약을 제정하였다(pp. 24-25의 〈참고 ②〉 참조). 이 협약은 아동의 권리에 대한 네 가지 권리와 네 가지 원칙을 핵심 내용으로 한다. 네 가지 권리는 기본권적 성격을 지니는 것으로 생존권, 보호권, 발달권, 참여권이다(이소희, 유서현, 김일부, 2020, pp. 128-

130). 생존권은 아동이 생명을 유지하는 데 필요한 권리로서 삶의 유지에 가장 기본이 되는 권리다. 이는 생활을 위한 기본권으로 적절한 생활수준을 누릴 권리, 안전한 주거지에서 살 권리, 충분한 영양 섭취와 기본적인 보건서비스를 받을 권리 등을 포함한다. 보호권은 아동이 안전하게 생활하는 데 필요한 권리로서 아동이 제대로 성장하고 발달하기 위해 성인의 특별한 보호와 도움을 받아 생존하고 발달하는 권리다. 이는 모든 형태의 학대와 방임, 차별, 폭력, 고문, 징집, 부당한 형사처벌, 과도한 노동, 약물과 성폭력 등 아동에게 유해한 것으로부터의 보호 등을 포함한다. 발달권은 아동의 잠재력을 최대한 발휘하는 데 필요한 권리로 인간이 궁극적으로 추구하는 풍요로운 삶을 향유하는 데 필요한 권리다. 이는 교육받을 권리, 여가를 즐길 권리, 문화생활을 하고 정보를 얻을 권리, 생각과 양심 및 종교의 자유를 누릴 수 있는 권리 등을 포함한다. 참여권은 아동이 자신의 나라와 지역사회 활동에 적극적으로 참여할 권리로서, 인간으로서 자신의 삶에 영향을 미치는 일에 대해 의견을 표현하여 존중받을 수 있는 권리다. 이는 표현의 자유, 양심과 종교의 자유, 사생활을 보호받을 권리, 평화로운 방법으로 모임을 열 수 있는 권리 등을 포함한다.

아동의 기본권에 따라 유엔아동권리협약은 네 개의 기본 원칙을 제시하고 있다(공계순, 박현선, 오승환, 이상균, 이현주, 2019, pp. 21-22).

첫째, 무차별의 원칙으로, 아동과 그의 부모 또는 법적 후견인의 인종, 피부색, 성별, 언어, 종교, 정치적 또는 다른 의견, 국적, 민족, 사회적 출신, 재산, 장애, 출생 혹은 기타 지위에 따른 차별을 금지하고, 아동의 부모, 후견인 또는 가족 구성원의 신분, 활동, 견해 또는 신념을 이유로 모든 형태의 차별과 처벌에서 아동을 보호한다는 원칙이다.

둘째, 아동 이익 최우선의 원칙으로, 공공 또는 민간사회복지기관, 법원, 행정당국 또는 입법기관 등에서 시행하는 아동에 관한 모든 활동에서 아동의 최상의 이익을 최우선적으로 고려한다. 아동에 대해 법적 책임이 있는 사람의 권리와 의무를 고려하고 아동복지에 필요한 보호와 배려를 보장하며, 이를 위하여 입법적 · 행정적 조치를 비롯한 모든 적절한 조치를 취하여야 한다는 원칙이다.

셋째, 생명존중 및 발달보장의 원칙으로, 모든 아동이 고유의 생명권을 가지고 있음을 인정하고 아동의 생존과 발달을 최대한 보장하여야 한다는 원칙이다.

넷째, 아동의사 존중의 원칙으로, 자신의 견해를 형성할 능력이 있는 아동 본인에게 영향을 미치는 모든 문제에서 자신의 견해를 자유롭게 표현할 권리를 보장하며, 아동의 견해에 대해 아동의 연령과 성숙도에 따라 정당한 비중이 부여되어야 한다는 원칙이다.

아동의 기본권과 기반 원칙에 따라 모든 아동은 인종, 성, 연령, 출생 순위, 종교, 사회적 신분, 재산 등과 관계없이 건강하고 안정된 환경에서 교육과 보호를 받으며 양육되어야 한다. 따라서 국가는 아동이 처한 상황에 적합한 보호시설과 교육시설을 제공하여 모든 아동이 최상의 발달을 할 수 있도록 최선을 다해야 한다.

 참고 ① 아동권리헌장(2016. 5. 2.)

모든 아동은 독립된 인격체로 존중받고 차별받지 않아야 한다. 또한 아동은 생명을 존중받고, 보호받으며, 발달하고 참여할 수 있는 고유한 권리가 있다. 부모와 사회, 국가와 지방자치단체는 아동의 이익을 최우선적으로 고려해야 하며, 다음과 같은 아동의 권리를 확인하고 실현할 책임이 있다.

① 아동은 생명을 존중받아야 하며 부모와 가족의 보살핌을 받을 권리가 있다.

② 아동은 모든 형태의 학대와 방임, 폭력과 착취로부터 보호받을 권리가 있다.

③ 아동은 출신, 성별, 언어, 인종, 종교, 사회·경제적 배경, 학력, 연령, 장애 등의 이유로 차별받지 않을 권리가 있다.

④ 아동은 개인적인 생활이 부당하게 공개되지 않고 보호받을 권리가 있다.

⑤ 아동은 신체적·정신적·사회적으로 건강하게 성장하고 발달하는 데 필요한 기본적인 영양, 주거, 의료 등을 지원받을 권리가 있다.

⑥ 아동은 자신이 살아가는 데 필요한 지식과 정보를 알 권리가 있다.

⑦ 아동은 자유롭게 상상하고 도전하며 창의적으로 활동하고 자신의 능력과 소질에 따라 교육받을 권리가 있다.

⑧ 아동은 휴식과 여가를 누리며 다양한 놀이와 오락, 문화·예술 활동에 자유롭고 즐겁게 참여할 권리가 있다.

⑨ 아동은 자신의 생각이나 느낌을 자유롭게 표현할 수 있으며, 자신에게 영향을 주는 결정에 대해 의견을 말하고 이를 존중받을 권리가 있다.

출처: 보건복지부(2016. 5. 2.). 「아동권리헌장」.

참고 ❷ 유엔아동권리협약(1989)

'유엔아동권리협약'은 1989년 11월 유엔 총회에서 만장일치로 채택된 협약으로 4대 기본원칙에 따라 4대 아동의 권리를 규정한 국제인권협약이다. 현재 미국을 제외하고 196개국이 비준하여 가장 많은 협약 비준 국가를 둔 인권협약이다.

제1조 아동은 18세 미만의 사람입니다.

제2조 모든 아동은 누구라도, 어디에 살든, 어떤 언어를 쓰든, 어떤 종교를 믿든, 어떤 생각을 하든, 어떻게 생겼든, 남자든 여자든, 장애가 있든 없든, 부자든 가난하든 그리고 부모나 가족이 어떤 사람이든, 부모나 가족이 무엇을 믿거나 무슨 일을 하든 이 모든 권리를 가집니다. 어떤 이유로도 아동을 차별해서는 안 됩니다.

제3조 어른은 자신의 결정이 아동에게 미칠 영향을 생각하여 결정해야 합니다. 또한 아동에게 최선이 되는 행동을 해야 합니다. 국가는 부모나 필요한 경우 다른 사람이 아동을 보호하고 돌보도록 해야 합니다. 또한 아동을 돌볼 책임이 있는 사람과 기관이 일을 잘하고 있는지 확인해야 합니다.

제4조 국가는 아동이 아동권리협약에 담긴 아동이 권리를 누릴 수 있도록 할 수 있는 모든 것을 해야 합니다.

제5조 국가는 아동이 자라며 최선의 방식으로 권리를 누리는 방법을 가족과 사회로부터 배울 수 있도록 해야 합니다.

제6조 아동은 생존권이 있습니다. 국가는 아동이 최선의 방식으로 살아가고 자랄 수 있도록 해야 합니다.

제7조 아동은 태어나면 반드시 등록되고, 국가가 공식적으로 확인할 수 있는 이름을 가져야 합니다. 그리고 반드시 국적이 있어야 합니다. 아동은 가능한 한 부모가 누구인지 알고 부모의 돌봄을 받아야 합니다.

제8조 아동은 정체성의 권리가 있습니다. 정체성의 권리는 이름, 국적, 가족관계 등을 포함하여 아동이 누구인지 알려주는 공식적인 기록입니다. 그 누구도 아동의 정체성을 빼앗을 수 없으며, 혹시 그런 일이 생긴다면 국가가 빨리 도와야 합니다.

제9조 부모가 아동을 학대하거나 제대로 돌보지 않는 상황이 아니라면, 아동은 부모와 함께 살아야 합니다. 또한 부모와 함께 살지 않는 아동도 아동에게 해롭지 않다면 부모와 연락하며 지내야 합니다.

제10조 아동이 부모와 다른 나라에서 산다면, 국가는 아동과 부모가 연락하고 지내며 함께할 수 있도록 도와야 합니다.

제11조 국가는 법을 어기면서 아동을 다른 나라로 데려가는 것을 반드시 막아야 합니다. 예를 들어, 누군가 아동을 납치하거나 부모의 한쪽이 동의하지 않은 상태에서 다른 한쪽이 아동을 다른 나라로 데려가는 것은 법을 어기는 행동입니다.

제12조 아동은 아동에게 영향을 주는 문제에 대해 자유롭게 의견을 말할 권리가 있습니다. 그리고 어른은 아동의 의견을 잘 듣고 진지하게 받아들여야 합니다.

제13조 아동은 배우고, 생각하고, 느낀 것을 말, 그림, 글 또는 다른 사람에게 피해를 주지 않는 여러 방법으로 자유롭게 나눌 권리가 있습니다.

제14조 아동은 스스로의 생각, 의견, 종교를 선택할 권리가 있습니다. 하지만 다른 사람이 권리를 누리는 것을 막으면 안 됩니다. 부모는 아동이 자라며 이러한 권리를 올바르게 사용하도록 가르쳐야 합니다.

제15조 다른 사람에게 피해를 주지만 않는다면, 아동은 모임이나 단체에 가입하거나 만들고, 다른 사람들을 만날 수 있습니다.

제16조 모든 아동은 사생활을 보호할 권리가 있습니다. 법은 아동의 사생활, 가족, 가정, 통신 정보 명예를 보호해야 합니다.

제17조 아동은 인터넷, 라디오, 텔레비전, 신문, 책 등으로 정보를 얻을 권리가 있습니다. 어른은 아동이 얻는 정보가 해롭지 않은지 확인해야 합니다. 국가는 대중매체가 다양한 정보를 모든 아동이 이해할 수 있는 언어로 전달하도록 장려해야 합니다.

제18조 아동을 키울 책임이 가장 큰 사람은 부모입니다. 아동에게 부모가 없다면, 다른 어른이 '보호자'가 되어 아동을 책임집니다. 부모와 보호자는 아동에게 무엇이 최선인지 항상 고민해야 합니다. 그리고 국가는 부모와 보호자를 도와야 합니다. 부모가 다 있다면, 양쪽 모두 아동을 키울 책임이 있습니다.

제19조 국가는 보호자의 폭력, 학대, 방치로부터 아동을 보호해야 합니다.

제20조 가족의 돌봄을 받을 수 없는 아동은 아동의 종교, 문화, 언어, 삶의 전반적인 부분을 존중하는 사람의 돌봄을 받을 권리가 있습니다.

제21조 아동이 입양된다면, 아동에게 무엇이 최선인지를 고려하여 제공하는 것이 가장 중요합니다. 예를 들어, 아동이

자신의 나라에서 제대로 돌봄을 받지 못한다면 다른 나라에 입양될 수 있습니다.

제22조 태어난 국가가 안전하지 않아서 다른 국가로 이동하게 된 난민아동은 도움과 보호를 받아야 합니다. 그리고 그 국가에서 태어난 아동과 같은 권리를 누리게 됩니다.

제23조 장애가 있는 아동도 사회에서 최선의 삶을 누려야 합니다. 국가는 장애아동이 사회에 적극적으로 참여하고 혼자서도 생활할 수 있도록 모든 방해 요소를 없애야 합니다.

제24조 아동은 최선의 의료서비스를 받고, 깨끗한 물을 마시고, 건강한 음식을 먹고, 깨끗하고 안전한 환경에서 살 권리가 있습니다. 모든 어른과 아동은 안전하고 건강하게 지낼 수 있는 정보를 얻을 수 있어야 합니다.

제25조 아동이 돌봄, 보호, 건강을 위해 집이 아닌 다른 장소에서 생활한다면, 국가는 그 장소가 아동에게 가장 좋은 곳인지, 아동이 잘 지내고 있는지 정기적으로 확인해야 합니다.

제26조 국가는 가난한 가정의 아동에게 돈이나 다른 형태의 지원을 제공해야 합니다.

제27조 아동은 잘 자랄 수 있도록 음식을 먹고, 옷을 입고, 안전한 곳에서 살 권리가 있습니다. 국가는 형편이 안 되는 가족과 아동을 도와야 합니다.

제28조 모든 아동은 교육받을 권리가 있습니다. 초등교육은 무료로 제공되어야 하며, 모든 아동은 원하는 경우 중등교육과 고등교육을 받을 수 있어야 합니다. 또한 아동은 가능한 한 더 높은 수준의 교육을 받을 수 있도록 격려받아야 합니다. 학교에서는 아동을 지도할 때 아동의 권리를 존중해야 하며 폭력을 사용해서는 안 됩니다.

제29조 교육을 통해 아동의 성격, 재능, 능력이 충분히 개발될 수 있어야 합니다. 또한 아동이 스스로의 권리를 이해하고 다른 사람의 권리, 문화, 차이를 존중할 수 있도록 교육받아야 합니다. 교육은 아동이 평화롭게 살고 환경을 보호하는 데 도움이 되어야 합니다.

제30조 아동의 언어, 문화, 종교를 많은 사람이 잘 알지 못하더라도 아동은 이를 누릴 권리가 있습니다.

제31조 모든 아동은 편안하게 쉬고 재미있게 놀고 문화 활동과 창작 활동에 참여할 권리가 있습니다.

제32조 아동은 교육, 건강, 발달에 위험하거나 나쁜 일로부터 보호받을 권리가 있습니다. 아동이 일을 한다면, 아동은 안전하게 일하고 공정하게 돈을 받을 권리가 있습니다.

제33조 국가는 아동이 해로운 약을 먹거나, 만들거나, 전달하거나, 팔지 않도록 반드시 아동을 보호해야 합니다.

제34조 국가는 돈을 벌기 위해 아동에게 성행위를 강요하거나 아동의 사진이나 영상을 만드는 성적 착취(이용)와 성적 학대로부터 아동을 보호해야 합니다.

제35조 국가는 아동이 유괴되거나 팔려가거나 다른 국가나 장소로 끌려가서 착취(이용)를 당하지 않도록 반드시 아동을 보호해야 합니다.

제36조 착취(아동)의 종류가 아동권리협약에 자세히 적혀 있지는 않지만, 아동은 어떤 식으로든 착취(이용)당하지 않도록 보호받을 권리가 있습니다.

제37조 아동이 법을 어겼다는 혐의가 있더라도 아동은 죽임을 당하거나, 고문을 받거나, 잔인한 대우를 받지 않아야 하고, 평생 감옥에 갇히거나 어른과 같은 감옥에서 지내면 안 됩니다. 아동을 감옥에 보내는 것은 항상 최후의 선택이어야 하고, 보내게 되더라도 기간은 최대한 짧아야 합니다. 감옥에 있는 아동은 법적 도움을 받고 가족과 연락할 수 있어야 합니다.

제38조 아동은 전쟁 중에도 보호받을 권리가 있습니다. 15세 미만의 아동을 군대에 보내거나 전쟁에 참여시켜서는 안 됩니다.

제39조 아동이 다치거나, 혼자 방치되거나, 나쁜 대우를 받거나, 전쟁으로 피해를 받고 있다면, 건강과 존엄성을 되찾을 수 있도록 도움받을 권리가 있습니다.

제40조 법을 어겼다는 혐의가 있는 아동도 법적 도움과 공정한 대우를 받을 권리가 있습니다. 아동이 사회의 훌륭한 시민으로 자라도록 돕는 다양한 방법을 마련해야 하며, 아동을 감옥에 보내는 것은 가장 마지막 선택이어야 합니다.

제41조 우리나라의 법이 아동권리협약보다 아동을 더 잘 보호한다면, 우리나라 법이 우선되어야 합니다.

제42조 국가는 아동과 어른이 아동의 권리를 알도록 아동권리협약의 내용을 적극적으로 알려야 합니다.

제43조 제43~54조는 모든 아동이 권리를 다 누릴 수 있게 하기 위해 국가와 유엔(유엔아동권리위원회와 유엔아동기금을 포함), 다른 기관이 어떻게 일해야 하는지 설명합니다.

유엔아동권리위원회는 이 문서를 지지합니다.

출처: 아동권리보장원. 유엔아동권리협약 아동버전 한국어판. ncrc.or.kr/uncrc_child/index.html#page=1에서 2022. 6. 2. 인출

2) 부모·가족 측면

(1) 가족구조와 가족 가치관의 변화

산업화로 인한 도시 인구의 증가로 가족구조가 핵가족화되었다. 가족의 가치관도 가족에 대한 포스트모더니즘의 등장으로 이성에 근거를 둔 성규범적이고 남성 가장이 생계를 유지하는 전형적인 핵가족 이데올로기에 근본적인 문제를 제기함으로써 과거 전통적인 핵가족의 규범에서 벗어나고 있다(조성연 외, 2017, p. 14). 또한 자녀 양육도 반드시 부모가 해야 한다는 생각으로부터 어린이집과 같은 보육시설에서 자녀를 양육하고 보호하는 것을 당연하게 생각하는 젊은 층이 증가하고 있다. 특히 개인주의적 성향이 증가하면서 결혼을 기피하는 젊은 층이 늘어나고, 그에 따른 1인 가구의 증가는 출산율을 낮추는 원인이 되어 가족구성원 수를 감소시키는 주 원인이 되었다.

(2) 가족 유형의 다양화와 가족 기능의 축소

가족해체 현상으로 인한 한부모가족의 증가, 여성의 경제활동 참여로 인한 맞벌이가족, 분거가족, 위성가족의 증가, 해외 노동자 유입이나 결혼 이주여성의 증가로 인한 다문화가족의 등장, 경제적 어려움 등으로 인한 조손가족의 증가 등 다양한 가족 유형이 생겨나고 증가하였다. 가족 유형이 다양해지면서 과거 가족에서 이루어졌던 양육이나 교육 등의 기능이 사회로 이관되어 가족의 기능이 축소되었을 뿐만 아니라, 외벌이가족인 경우에는 이를 전적으로 부부가 책임지게 되었다. 특히 부부의 경제활동 참여가 증가하면서 자녀 양육이나 교육을 국가나 사회의 책임으로 인식하게 되어 양질의 보육시설에 대한 요구가 증가함에 따라 보육서비스는 국가의 주요 정책이 되었다.

(3) 기혼여성의 경제활동 참여율 증가

경제 성장과 산업구조의 변화 등으로 다양한 직업군이 등장하고, 여성의 동등한 사회 참여 및 교육 기회의 증가와 여성의 취업에 대한 긍정적인 사회적 인식에 따라 결혼 후에도 직업을 유지하려는 여성이 증가하면서 기혼여성의 경제활동 참여율이 지속적으로 증가하고 있다. 또한 결혼이나 출산 등으로 경력이 단절된 여성에게도 재취업의 기회가 많아지면서 여성의 경제활동 참여율에 긍정적인 영향을 미치고 있다. 그러나 여전히 우리나라 여성의 고용률은 다른 선진국에서는 찾아보기 어려운 M자 유형을 나타낸다. 즉, 20대까지는 증가하다가 30대에 감소한 후 40대에 다시 증가하면서 50대에 감소하는 특징적인 현상을 나타낸다([그림 1-1] 참조). 이런 결과가 나타나는 이유는 결혼에 따른 자녀 출산과 양육으로 직장생활을 하기가 어렵지만, 자녀가 성장한 이후에는 재취업하는 기혼여성이 증가하기 때문이다. 또한 우리나라의 맞벌이가구는 우리나라 전체 가구 중 45.4%를 차지하는데, 이 중 40대가 가장 많고, 6세 이하 자녀를 둔 경우에 가장 낮은 비율을 나타낸 것에서도 잘 드러난다([그림 1-2] 참조). 이러한 결과는 맞벌이가구를 위한 양질의 보육시설의 필요성을 잘 드러내 준다.

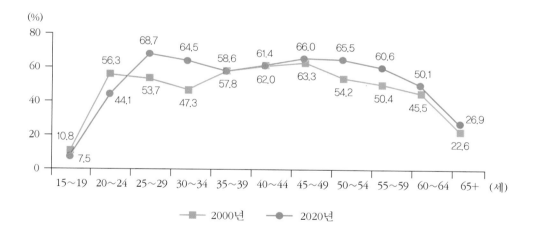

그림 1-1 **연령대별 여성의 고용률**

출처: 통계청, 여성가족부(2021. 9. 2.). 2021 통계로 보는 여성의 삶, p. 37.

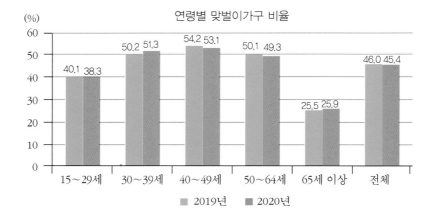

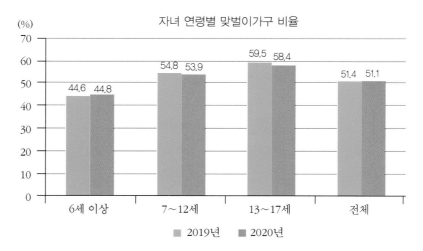

그림 1-2 | 2019년과 2020년의 맞벌이가구 비율과 연령별 · 자녀 연령별 맞벌이가구 비율

출처: e-나라지표(2022. 1. 6.). 맞벌이가구 비율.
　　통계청 보도자료(2021. 6. 22.). 2020년 하반기 지역별고용조사 맞벌이가구 및 1인 가구 고용 현황, pp. 4, 8.

(4) 여성의 자아실현 욕구 증가

[그림 1-2]에서 보는 바와 같이 6세 이하 자녀를 둔 맞벌이가구의 비율이 44.8%에 달하고 있는 것과 관련하여 기혼여성의 취업이 매년 증가하고 있다. 이는 여성의 취업에 대한 긍정적인 사회적 인식과 여성의 강한 자아실현 욕구 등으로 결혼 후에도 계속 직업을 유지하거나, 자신의 역량을 개발하고자 하는 여성이 증가하고 있다는 것을 의미한다. 그러므로 보다 원활한 기혼여성의 취업이나 자기역량 개발을 위해서는 무엇보다 영유아기 자녀의 양육과 교육이 이루어질 수 있는 사회 환경과 제도가 마련되어야만 한다. 즉, 여성이 안심하고 자기개발이나 자아실현을 할 수 있도록 자녀를 돌봐 줄 수 있는 종일제 보육시설뿐만 아니라, 반일제 혹은 시간제 보육을 위한 시설이 필요하다.

(5) 부모역할 가치관의 변화와 자녀 양육 · 교육의 전문화에 대한 요구 증가

과거 부모는 자녀의 성장과 발달을 위해 부모가 헌신하고 희생하는 가치관을 가졌으나, 현대의 부모는 자녀 중심적인 생각보다 개인 중심적인 성향이 더 강하여 자신의 발전을 위한 시간을 갖기 위해 보육서비스를 이용하려는 경향이 증가하고 있다(공계순 외, 2019, pp. 408-409). 또한 소자녀화로 인해 자녀를 적게 출산함으로써 전문적이고 체계적인 자녀 양육 · 교육 서비스에 대한 욕구가 증대하여 자녀를 위해 전문적인 양질의 보육서비스에 대한 요구도 증가하였다.

3) 국가 측면

(1) 인력 수급의 문제

여성의 경제활동 참여율 증가, 결혼 가치관과 가족 규범의 변화, 과도한 자녀 양육비, 육아의 사회적 지원 미흡 등으로 결혼에 대한 인식이 급격하게 변화되고 있다. 그에 따라 미혼율과 이혼율이 증가하고, 결혼 연령도 상승하면서 임신과 출산의 문제와 함께 기혼여성의 소자녀화 현상 등이 나타나며 우리나라의 출산율은 해마다 급격하게 감소하고 있다. 이러한 이유로 우리나라의 합계 출산율은 2021년에는 0.81이며, 이는 세계적으로도 그 유례를 찾아보기 어려울 정도로 낮다([그림 1-3] 참조). 또한 평균 초혼 연령도 상승하여 2020년 여성의 평균 초혼 연령은 30.8세이고(통계청, 여성가족부, 2021. 9. 2., p. 16), 모의 평균 출산 연령은 33.4세로 35세 미만 연령층의 출산율은 감소하고, 35세 이상 연령층의 출산율은 증가하고 있다(통계청 보도자료, 2022. 2. 23., p. 4). 또한 영유아기 자녀가 있는 결혼 기간 4년 이하의 이혼율은 2020년 19.8%(통계청, 여성가족부, 2021. 9. 2., p. 18)로서 자녀 양육의 문제가 중요한 쟁점이 되었다.

그림 1-3 ▶ 출생아 수와 합계 출산율 추이

출처: 통계청 보도자료(2022. 2. 23.). 2021년 인구동향조사 출생 · 사망통계(잠정), p. 1.

만혼과 저출산, 무자녀 부부의 증가 등은 인구의 자연 증가율을 감소시킴에 따라 미래 사회의 인력 수급의 문제로 이어져 이를 예방하기 위한 국가적 차원의 노력이 필요하다. 저출산의 이유로는 자녀 양육과 교육으로 인한 경제적 어려움, 여성의 취업 시 자녀를 안전하게 맡길 곳의 부족, 가사와 육아 및 직장 일을 병행하기 어려운 점 등이 가장 많이 지적되고 있다. 이를 해결하기 위해 국가는 양질의 보육시설 증대, 가정친화적 기업 환경의 마련 등을 위한 노력을 경주하고 있다.

(2) 복지사회 실현과 공보육에 대한 요구 증가

복지사회를 실현하기 위해 보편적 복지가 강조되고 있지만, 여전히 우리 사회에는 소외된 계층이 많아 이들에게 더 많은 복지혜택을 제공할 수 있는 제도와 정책 마련이 필요하다. 특히 자녀를 안심하고 맡길 수 있는 보육 시설이나 기관은 기본적이고 필수적이다. 여성의 경제활동 참여율의 증대로 자녀 양육이 더 이상 개별 가정만의 문제가 아니라 사회 공동의 책임이라는 인식이 확산되면서 기존의 가정양육을 대신할 공적 기관의 필요성이 중요한 사회적 쟁점이 되었다. 이에 정부는 2005년에 「영유아보육법」을 개정하여 국가와 지방자치단체가 5년마다 중장기보육 기본계획을 수립하여 보육정책을 추진할 수 있도록 하여 2022년 현재 제3차 중장기보육 기본계획(2018~2022)을 시행하고 있다. 특히 제3차 중장기보육 기본계획에서는 보육의 공공성을 강화하기 위해 2025년까지 공보육 이용률을 50%까지 달성할 수 있도록 국공립어린이집을 지속적으로 확충하려는 정책을 추진하고 있다. 또한 정부는 2012년부터 무상보육제도를 도입하여 시행하였고, 2013년부터 소득수준과 관계없이 0~5세 자녀에 대한 보육료와 양육수당을 제공하는 전면적인 무상보육을 시행하고 있다. 그러나 여전히 우리나라의 보육은 민간시설에 많이 의존하고 있어 기관에 대한 재정적 지원 방안의 마련과 맞벌이가구를 위한 직장어린이집의 확대 방안이 필요하다.

(3) 보육의 체계적 지원

국가적 차원에서 보육서비스의 질 향상을 도모하고 보육정책을 체계적으로 지원하기 위해 「영유아보육법」(2019년 6월 12일 시행, 2018년 12월 11일 일부 개정)을 개정하여 한국보육진흥원 설립을 법제화하였다. 또한 2018년 12월 24일부터 무상교육 지원을 받지 않는 영유아에게 필요한 경우 시간제보육 서비스를 제공하고 있다. 2019년 4월 「영유아보육법」 개정을 통해 2020년 3월부터 어린이집의 보육 시간을 오전 9시부터 오후 4시까지의 기본보육과 오후 4시 이후부터의 연장보육으로 구분하여 보육 시간별로 보육교사를 배치할 수 있도록 보육지원체계도 개편하였다. 뿐만 아니라 양질의 보육을 위해 2018년에 「근로기준법」을 개정하여 그해 7월부터 일반 근로자와 같이 휴게 시간 보장, 주 52시간 초과근무 금지 등 보육교사의 근로시간에 관한 권리를 보장할 수 있도록 하였다.

생각해 봅시다

1. 「영유아보육법」의 제정과 개정을 통한 보육 목적의 변화와 이에 따른 국가 차원의 보육정책
   의 변화에 대해 생각해 봅시다.
2. 저출산, 초혼 연령의 상승, 1인 가구의 증가 등과 같은 사회적 문제가 보육정책이나 보육의
   개념에 미치는 영향에 대해 생각해 봅시다.
3. 제1차~제3차 중장기보육 기본계획의 목표와 전략의 발전 방향과 그 변화의 원인에 대해 생
   각해 봅시다.

참고문헌

공계순, 박현선, 오승환, 이상균, 이현주(2019). 아동복지론(5판). 서울: 학지사.

권병기(2018). 제3차 중장기보육 기본계획(2018~2022)의 주요 내용. 육아정책포럼, 55, 24-30.

김기환(2001). 저소득 가정의 아동을 위한 포괄적 보육서비스의 이론적 개념과 지역사회 연
    계 프로그램의 활용. 삼성복지재단 제9회 학술대회자료집, 2.

대한민국정부(2016). 제3차(2016~2020) 저출산·고령사회 기본계획. 세종: 보건복지부.

보건복지부(2013). 제2차 중장기보육 기본계획. 세종: 보건복지부.

보건복지부(2016. 5. 2.). 「아동권리헌장」 제정. 세종: 보건복지부.

보건복지부(2017. 12.). 제3차 중장기보육 기본계획(2018~2022). 세종: 보건복지부.

보건복지부(2020. 12.). 제4차 저출산·고령사회 기본계획. 세종: 보건복지부.

보건복지부(2021. 5. 3.). 2020년 보육통계(2020년 12월 말 기준). 세종: 보건복지부.

여성가족부(2006. 7.). 새싹플랜: 제1차 중장기 보육계획(2006~2010). 서울: 여성가족부.

윤혜경(2017). 보육학개론. 서울: 동문사.

이소희, 유서현, 김일부(2020). 아동권리와 아동복지. 경기: 정민사.

조복희, 김현지, 양연숙, 이영환, 이주연, 이진숙, 장혜자, 한유미(2015). 보육학개론. 서울: 교
    육과학사.

조성연, 백경숙, 옥경희, 전효정, 전연진(2017). 가족관계론. 경기: 양서원.

조혜경, 곽혜경, 구경선(2016). 보육학개론. 서울: 창지사.

통계청 보도자료(2021. 6. 22.). 2020년 하반기 지역별 고용조사 맞벌이가구 및 1인 가구 고용 현
    황. 대전: 통계청.

통계청 보도자료(2022. 2. 23.). 2021년 인구동향조사 출생·사망통계(잠정). 대전: 통계청.

통계청, 여성가족부(2021. 9. 2.). 2021 통계로 보는 여성의 삶. 대전: 통계청/서울: 여성가족부.

Howes, C., & Ponciano, L. (2000). Child care. In J. L. Roopnarine & J. E. Johnson (Eds.), *Approaches to early childhood education* (3rd ed., pp. 39–53). Bergen county, NJ: Prentice Hall.

매일경제(2020. 6. 23.). 맞벌이 줄었지만······ 초등학생 자녀 둔 맞벌이는 늘어. https://www.mk.co.kr/news/economy/view/2020/06/641786/에서 2021년 7월 14일 인출.

국가법령정보센터. 「아동복지법」 「아동복지법 시행령」 「영유아보육법」 「영유아보육법 시행령」 「유아교육진흥법」 「유아교육진흥법 시행령」. https://law.go.kr.

아동권리보장원. 유엔아동권리협약 아동버전 한국어판. ncrc.or.kr/uncrc_child/index. html#page=1에서 2022년 6월 2일 인출.

e-나라지표(2022. 1. 6.). 맞벌이가구 비율. https://www.index.go.kr/potal/main/EachDtlPageDetail.do?idx_cd=3037에서 2022년 3월 28일 인출.

제2장

보육의 역사와 제도

보육은 아동의 건강한 발달을 지원하기 위한 것일 뿐만 아니라, 미래 가족과 국가 및 사회의 발전을 위해서도 필수이다. 역사적으로 보면, 보육은 나라마다 시대적, 사회적으로 직면한 여러 가지 문제, 즉 저소득 가족의 복지, 사회 문제 발생 예방을 위한 조치, 여성의 노동시장 참여, 가정과 일 병행, 저출산 등 다양한 문제를 해결하기 위한 방안으로 활용되었다. 이 장에서는 보육의 역사를 통해 보육의 변천 과정을 소개하면서 여러 나라의 보육 제도와 현황에 대해 알아보고자 한다.

1 세계 여러 나라의 보육 역사와 제도

우리나라뿐만 아니라 세계 여러 나라에서 보육은 사회 상황의 해법 중 하나로 구상하면서 당시의 정치적 여건과 사회 구성원들 사이에 공유된 가치에 따라 정책이 입안되었고 그것이 제도화되었다. 즉, 당시 국가의 시대적 상황과 해결해야 할 복지 과제, 시민사회의 영향력, 국가의 개입 정도와 정책 방향 등의 영향을 받아 발전해 왔다. 여기서는 일찍부터 보육제도에 관심을 가졌던 국가들, 즉 영국, 미국, 프랑스, 스웨덴, 일본 등의 보육 역사와 제도에 대해 살펴보고자 한다.

1) 미국

미국은 개인의 자율적인 판단과 책임을 중요한 가치로 여기는 사회라서 대부분의 정책은 국가 개입과 통제를 최소화한다. 보육에 대해서도 마찬가지다. 유럽의 복지국가들처럼 정부가 직접 나서서 일괄적으로 제도를 시행하지는 않는다. 정부는 주로 저소득 가정의 최저 생계를 보장하는 공공부조 프로그램에 직접 관여하고 그 외 영역에 대해서는 각종 민간단체를 통해 간접적으로 지원한다.

(1) 보육환경의 일반적 특징
① 연방의 보육기금과 주정부의 자율적 운영

미국은 연방제 국가로서 보육과 관련하여 연방 단위의 사업과 주 단위의 사업이 있다. 연방 수준의 대표적 사업으로는 '보육과 발달 보조금(Child Care and Development Block Grant: CCDBG)' 제도가 있다. 이는 저소득 가정의 육아 지원에 사용하도록 연방정부가 각 주정부에 기금을 할당하는 것으로, 주는 이 기금을 활용하여 자체적인 정책을 실시한다. 따라서 주마다 보육정책이 다르다. 주정부 차원에서도 주 전체에 걸쳐 시행되는 보육정책이 있고, 주 내의 행정구역별로 할당되어 지역 자체적으로 개발하여 시행되는 보육정책도 있다.

② 정부의 관리와 민간의 평가인증

보육시설의 허가와 관리에 관한 법적 규정은 최소한의 기본 위생과 건강, 영양, 안전 대비책 수준이다. 법은 위험 관리와 책임 소재를 분명히 하기 위한 것이므로 보육의 질을 보장하지는 않는다. 실제로 미국의 보육시설은 법적 규정은 지키고 있지만, 보육환경은 열악한 곳이 많다.

정부가 보육의 질적 수준 향상을 위해 주도적으로 나서지는 않는다. 다만, 연방정부의 지원을 받는 헤드스타트 프로그램과 주정부 기금을 보조받는 프로그램은 별도의 기준에 따라 질 관리를 하고 있다. 그 외 일반 보육시설에 대해서는 전미유아교육협회(National Association for the Education of Young Children: NAEYC)와 같은 민간 전문조직을 통해 자발적으로 평가인증을 받도록 권장하고 있다. 2018년 현재 전국적으로 10% 이하의 기관이 인증을 받았다(2018 NAEYC 자료).

③ 민간단체 주도의 보육사업

미국은 보육에 있어 비영리 민간단체의 역할이 크다. 대표적인 단체로는 차일드 케어 어웨어(Child Care Aware), 유나이티드 웨이(United Way) 등이 있다. 이들 기관은 전국 400개 이상의 보육정보센터와 연결되어 미국 전역의 보육사업에 대한 정보 수집과 정보 제공의 중심축 역할을 하면서 보육시설의 질적 수준을 향상하는 데 기여하고 있다. 정부는 민간단체가 주도하는 보육사업에 기금을 지원하는 방식으로 개입하는 편이고, 민간단체는 정부의 지원을 통해 모든 영유아와 부모 그리고 보육공급자를 위해 포괄적으로 보육사업을 시행한다.

④ 모든 계층을 위한 공공보육정책의 부재

미국은 공적 부조가 저소득층에 치우쳐져 있으며, 이들에게 제공하는 무료보육 혜택도 부모가 직업훈련 중이거나 직업이 있는 경우에 한하는 경우가 대부분이다. 이는 저소득 어머니들을 노동시장에 나가도록 유도하기 위해 보육정책을 사용한다는 것을 보여 준다. 미국의 중산층 가정에서는 보육 비용에 대해 정부의 지원을 받지 못하고 있다. 미국에서 보편적 공공보육을 시행했던 기간은 제2차 세계대전 기간뿐이었다.

(2) 보육 역사

① 19세기: 자선사업가의 영역

미국은 1815년부터 1860년 사이에 이민자들이 대량 유입되었고, 산업화와 도시화로 많은 여성이 공장에서 일해야만 하였다. 이때 집 안에 갇혀 있거나 거리에 돌아다니는 유아들을 돌보기 위해 자선사업가들의 도움으로 많은 보육시설이 설립되었다(Clarke-Stewart, 1993, p. 30). 영국의 사회개혁가인 Robert Owen이 미국으로 이주하여 자신이 영국에서 설립한 유아학교(infant school)를 모델로 1825년 인디애나주 뉴하모니(New Harmony)에 유아학교를 설립한 바 있으나, 이는 그의 이상적인 실험공동체를 만들어 본 것이었다. 미국에서 사실상 최초의 어린이집(day nursery)은 1838년 보스턴에 설립되었는데, 이는 장기 출항하는 선원가족의 취업모나 미망인 자녀를 보호하기 위해 마련된 시설이었다. 그 후 1854년에 뉴욕에 '뉴욕 어린이집과 아동 병원(New York Nursery and Child's Hospital)'[1]이 설립되어 병원에서 일하는 '유모(wet nurse)'들의 자녀를 대상으로 하는 보육시설이 생겼다. 이후 미국 내에서 남북전쟁(1861~1865)이 발발하면서 군인의 의복과 병원 청소를 담당하는 여성을 위해 1863년 필라델피아에 어린이집을 설립하면서 본격적인 보육운동이 시작되었다.

뉴욕의 자선단체가 1893년 시카고 세계박람회 때 아동관 안에 '시범어린이집

그림 2-1 남북전쟁 당시 백인 아이에게 젖을 먹이는 흑인 유모

출처: Public Domain.

---

1) 처음에는 '가난한 여성들의 아이를 위한 보육원(Nursery for the Children of Poor Women)'이라는 이름으로 병원을 세웠다.

(Model Day Nursery)'을 설치하여 만 명에 달하는 박람회 방문객의 유아를 보육하면서 보육의 필요성을 알리고 양질의 보육 방법을 제시하였다. 이러한 활동을 계기로 1898년에 전국적인 규모의 보육연맹(National Federation of Day Nurseries)이 결성되었다.

② 20세기 전반: 모성 역할에 중점을 둔 정책, 뉴딜정책으로 인한 보육개혁

미국에서 사회개혁운동이 대두된 진보시대(Progressive Era; 1896~1920)의 개혁주의자들은 가난한 여성들이 자녀를 집에 두고 일터로 나가야 하는 딜레마를 해결하기 위한 해결책을 찾기 시작하였다. 이들은 보육보다는 모성 역할을 돕는 정책을 선호하였다. 그리하여 1912년에 설립된 미국 내 아동국(U.S. Children's Bureau)에서는 '모성수당(Mother's Pension)' 정책을 마련하였고, 1930년에는 전국적으로 거의 모든 주에서 이 정책을 시행하기에 이르렀다. 이런 정책으로 인해 당시 보육은 공적 영역에서 점점 멀어졌다. 저소득 가족의 보육수요가 늘어나는 상황에서도 아동국은 보육보다 오히려 모성수당을 강화하였다. 이는 저임금 노동으로 지친 여성들은 모성 역할을 하기에 어려움이 많아 자녀의 건강한 발달을 저해한다는 의사들의 주장에 따른 결정이었다.

대공황(1929~1933)과 제2차 세계대전(1939~1945)은 보육 발전에 많은 영향을 미쳤다. 대공황 전에는 중산층을 대상으로 300여 개의 사립 유아학교(nursery school)가 운영 중이었고, 자선사업가들이 운영하던 어린이집(day nursery)도 800여 개가 있었다. 그러나 대공황으로 인해 실업률이 증가하면서 어린이집에 다니는 유아들과 자선기부금이 현저하게 줄어들며 많은 어린이집이 문을 닫았다. 이에 루스벨트 대통령은 경제회복을 위한 뉴딜정책을 펴면서 '공공사업부(Works Progress Administration: WPA)'를 통해 1933년부터 1934년에 걸쳐 전국에 약 3,000개의 긴급유아학교(Emergency Nursery Schools)를 설립하였다. 이는 실직한 교사, 간호사, 보모들을 위한 일자리 창출을 목적으로 한 것이다. 설립 당시 중산층만이 아닌 모든 계층에서 약 64,000명의 유아가 정부보조를 받고 긴급유아학교를 다녔다(Michel, 2011). 이후 제2차 세계대전이 발발하면서 군수산업체에 많은 여성이 고용되어 보육 수요가 급증하였다. 이런 상황에서 긴급유아학교 교사들조차 급여 수준이 더 높은 방위산업체로 이직하는 경우가 많았다. 이에 미국 정부는 1941년 저소득층과 중산층 가정의 영유아를 모두 지원하는 「래넘법(Lanham Act)」을 제정하여 이전의 긴급유아학교를 포함하는 래넘법센터(Lanham Act Center)를 설립하였다. 이 센터는 연방정부가 50%를 지원하고, 나머지는 주 정부와 지역사회 또는 부모의 후원금을 통해 재원을 마련하여 운영되었다(Youcha, 1995, p. 311).

③ 20세기 중·후반: 빈곤층 줄이기 정책

제2차 세계대전 후 정부의 보육 지원 대상은 다시 저소득층에 국한되었다. 그러자 뉴욕의 보육활동가들은 1958년에 보육활동을 위한 전국 민간조직인 '아동보육을 위한 도시 간 위원회(Inter-City Committee for Day Care of Children)'를 조직하였다. 이 위원회는 보육료 지원을 더 이상 민간 자선단체에만 의존할 수 없으며 연방정부의 재정 지원이 필요하다는 점을 강조하였다. 그러나 당시 정부는 유아들을 집단보육에 맡기는 것을 찬성하지 않는 입장이어서 이를 수용하지 않았다. 위원회에서는 정부와 달리 자녀를 둔 여성의 취업이 증가하는 상황에서 유아들의 보육은 필수 불가결하다는 점을 주장하였으나 이 역시 받아들여지지 않았다. 이후 케네디 대통령은 여성의 취업이 보편화됨에 따라 보육이 중요한 문제일 뿐만 아니라, 사회·인종 통합을 촉진하는 데 도움이 된다는 점을 표명하였다. 그러나 당시의 정치적 상황에서 정부는 보편적 보육정책을 추진하지는 못하였다.

이후 1965년 연방정부는 보육지원정책으로서 헤드스타트 프로그램(Headstart Program)을 시행하였다. 이는 생활보조금 수급자 수를 줄이려는 목적에서 가난한 여성들을 직업훈련시키고 그들이 경제활동을 하도록 장려하기 위해 마련한 보육정책이었다. 한편, 여권운동가, 노동운동가, 민권운동가, 유아교육운동가들이 제안하여 의회의 초당적인 지지를 얻어 보편적 보육을 위한 법안인 「포괄적 아동발달법(Comprehensive Child Development Act of 1971)」이 상정되었다. 그러나 이는 가족약화정책이라는 이유로 닉슨 대통령이 거부권을 행사하는 바람에 법제화되지 못하였다. 이 사건으로 인해 미국 보육제도는 지금까지도 보편보육을 이루지 못하고 답보 상태에 머무르게 되었다. 이후 「보육과 발달보조금법(Child Care and Development Block Grant Act, 1990)」이 제정되었다. 이 법에 따라 연방정부는 저소득층 부모들이 취업 중이거나 직업훈련 또는 학교를 다니는 동안 13세 미만 자녀들이 무상보육을 받을 수 있도록 주정부에 보육기금을 할당하기 시작하였다.

④ 21세기: 연방정부의 보육 개혁 추진

2014년 연방정부는 「보육과 발달보조금법」을 개정하여 기금을 받는 보육시설의 기준을 강화하였다. 현재 연방정부는 '보편적 프리-케이 프로그램(Universal Pre-K Program)'을 운영하고자 계획하고 있다. 연방정부는 1965년 이후 현재까지 헤드스타트 프로그램을 통해 저소득층의 3, 4세 유아에게만 보육비를 보조해 왔지만, 이 사업을 통해 소득에 상관없이 모든 3, 4세 유아에게 보육의 혜택을 주려는 것이다.[2]

(3) 보육제도

미국 내 보육시설은 프리스쿨, 아동발달센터, 아카데미, 학습센터 등과 같이 다양한 명칭을 사용할 수 있다. 법적으로는 기관 보육시설(child care center 혹은 child day care center)과 가정 보육시설(family child care home)로 나뉜다.

연방정부 수준에서는 보건복지부 관리하에 헤드스타트(Head Start) 프로그램이 있고, 국방부의 「군보육법(Military ChildCare Act)」에 따른 보육프로그램이 있다. 국방부 소속 '아동발달센터'는 800개 이상의 시설이 국내외 군시설에 있다. 이들 시설은 모두 NAEYC 인증을 받아(Military on Source, 2021) 민간 시설보다 질적 수준이 더 높다.

주정부 수준의 보육시설은 대부분의 주에서 비슷하다. 모든 시설은 그 형태가 기관 또는 가정보육이지만, 보육비 지원 프로그램에서 다소 차이가 있다. 일례로 캘리포니아주 LA 카운티 내에서 실시되고 있는 보육프로그램과 기관·가정보육시설을 제시하면 다음과 같다.

- **주정부 프리스쿨 프로그램(California State Preschool Program)**[3]: 민간이든 공립학교 내의 학급이든 상관없이 자격이 되면 주정부에 신청하여 프로그램을 운영할

---

2) 현재 주정부가 자체 실시하고 있는 '보편적 프리-케이' 프로그램이 있는 곳은 워싱턴 D.C., 플로리다주, 버몬트주밖에 없다. 아예 공적 보조 프리-케이 프로그램이 없는 주도 여섯 개이며, 그 외 주들은 저소득 가족만 수혜 대상이다(Figueroa, 2021. 10. 4.). 보편적 프리-케이 프로그램의 기금은 담배 회사나 공영 복권사업의 수익으로 조성되기도 한다.

3) 이 프로그램을 운영하는 기관에서는 캘리포니아 교육부가 발행한 교육과정 지침과 발달 영역별 평가척도를 이용해 프로그램 수혜아동에 대해 평가 결과를 교육부에 보고해야 한다. 교육과정 발달 영역에는 영어발달 영역이 있어 모국어가 아닌 영어학습자 유아들의 언어발달과 그 외 영역과의 연계를 통한 교수학습 방법이 제시되어 있다.

수 있다. 저소득계층의 3, 4세 유아가 대상이지만, 4세를 우선으로 하며 주정부가 보육비를 전액 지원한다. 하루 3시간 동안 운영하는 반나절 프로그램이 대부분이다. 만일 이 프로그램 지원을 받는 유아가 종일 프로그램에 참여하고자 하는 경우에는 3시간은 주정부 기금으로 다니고 나머지 시간에 대한 비용은 부모가 지불한다.

- **유치원 입학 전 프로그램(Pre-K):** 유치원 입학 전 연령인 4세 유아가 이용하는 프로그램이다. 이는 별도의 보육프로그램은 아니지만, 개념상 유치원과 분리한다. 캘리포니아주에서는 공적 보조를 받는 경우라면 주정부 프리스쿨 프로그램 내에서 운영하는 프리-케이에 해당한다.

- **전이 유치원 프로그램(Transitional Kindergarten: TK):** 프리스쿨과 유치원 사이를 연결하는 프로그램으로서 공립 유치원 입학 연령을 저연령으로 확장한 형태다. 미국은 유치원이 초등학교 체제의 일부이므로 TK 프로그램은 공립 초등학교 내에 설치되어 있다.

- **Child360:** 로스엔젤레스 카운티에서 독자적으로 운영하는 보육지원제도로서 보편적으로 주에서 운영하는 프로그램이 아니라 자치행정구에서 운영하는 프로그램이다. 민간 보육시설들 중 심사를 거쳐 자격을 갖춘 시설에서만 이 보육지원 프로그램을 운영할 수 있다. 해당 보육시설에 다니는 4세아들은 소득에 상관없이 하루에 3.5시간씩 주 5일 1년간 전액 보육료를 지원받는다. 이 프로그램의 재원은 'First 5 LA'의 기금[4]을 활용한다.

- **헤드스타트 프로그램:** 연방정부 기금으로 운영하는 무상보육 프로그램으로서 연방정부가 정한 '빈곤층'에 속하는 가정의 3세부터 초등학교 입학 전 유아를 대상으로 하며, 장애아에 우선순위를 둔다. 3세 미만은 조기 헤드스타트 프로그램 대상이고, 교사가 1주에 1회, 1시간 30분씩 해당 영아의 가정을 방문하여 영아를 대상으로 발달 검사와 보육프로그램을 실시한다. 월 2회는 부모와 영아가 함께 기관을 방문하여 다른 가족의 영아와 함께 집단으로 프로그램에 참여한다.

---

4) 캘리포니아 주정부에는 'First 5 California'라는 이름으로 운영하는 보육사업이 있다. 이 사업은 1998년 주민발의안을 법제화한 것으로서, 담배세로 재원을 조달한다. 기금의 80%는 각 카운티에 할당하고, 20%는 카운티 관리 비용, 연구, 공익 캠페인에 사용한다.

• **「군보육법」 관련 프로그램**: 군부대 내에 설치된 아동발달센터와 군부대 내외에 소재한 가정보육시설로, 현역군 자녀들을 우선 대상으로 하며, 그 외의 군관계자 자녀들도 혜택받을 수 있다. 부득이 군부대 밖의 일반 보육시설을 이용할 경우에는 국방부 보조금으로 보육비 지원을 받을 수 있다.

2) 영국

영국은 유럽에서 가장 늦게 보육제도가 발달하였다. 전통적으로 영국은 자녀양육을 여성의 책임으로 간주하였고, 정부도 이를 개별 가족의 책임으로 보았기 때문에 보육 문제를 국가적 관심사로 두지 않았다(Bussemaker, 1997). 그러나 1990년대 후반 보육이 대표적인 정치적 의제가 되었고, 이후 다양한 정책을 입안하여 추진하고 있다.

(1) 보육환경의 일반적 특징
① 정부의 적극적 지원과 다양한 보육지원 프로그램

영국의 보육지원 프로그램은 세 개 부서에 걸쳐 최소 8개가 있다. 이 중 교육부 (Department for Education)가 지원하는 '무상보육 수급자격' 프로그램은 그 규모가 가장 크다. 이 프로그램에는 세 가지 유형이 있다.

첫째 유형은 유아가 3세 이후부터는 주당 15시간, 취업가족은 주당 최대 30시간, 저소득 가정은 2세 유아부터 주당 15시간 무상보육이 가능하다. 둘째 유형은 취업가족을 위해 소득세를 면제해 주는 '면세 보육지원 프로그램'이다. 현재 이 프로그램은 고용주가 보육비를 부담함으로써 이를 보조해 주는 방식으로 점차 대체되고 있다. 셋째 유형은 소득이 적은 취업가족에게 '보조금 지원 프로그램'을 통해 양육비를 지원해 준다. 지원금은 가정형편에 따라 다르지만, 정부는 양육비의 70~80% 정도를 보조해 준다. 현재 영국 정부는 무상보육 수급자격 프로그램을 지속적으로 확대하여 2010년 이후 약 10년만에 정부지출액이 약 250% 증가하였다 (Farquharson, 2021). 이 프로그램은 수급 혜택을 저소득층 취업가족 위주의 정부지원정책에서 벗어나도록 하는 데 기여하였다.

② 보육비 인플레이션 현상

영국은 정부의 보육 지원 수준이 높음에도 불구하고 부모들의 보육비 부담은 다른 국가들에 비해 높은 편이다. 자녀 두 명을 종일반 보육에 맡기는 비용이 중간소득자의 임금과 별 차이가 없을 정도다(Wilson, 2021). 보육비의 부담이 크기 때문에 취업 여성들은 육아와 취업 중 하나를 선택해야 하는 기로에 서게 되어 성불평등 문제까지 이어지고 있다. 이런 상황에서 가장 어려운 계층은 저소득층이다. 저소득층은 근로시간이 짧아 보육료를 지급할 수 있는 수입이 없을 뿐만 아니라, 취업가족의 자격기준에도 미달하여 지원을 받지 못해 3, 4세 유아들이 보육 수급을 받지 못하고 있다(The Week, 2021). 또한 보육시설 운영자의 입장에서도 정부 보조금이 충분하지 않아(Lloyd, 2021) 무상보육 이외에 추가 보육 시간이 필요한 부모들에게 초과비용을 부과하고 있다.

(2) 보육 역사
① 19세기: 노동자 자녀 보육시설

영국은 산업혁명을 가장 먼저 겪은 나라로서 노동자 계층의 유아는 아주 어려서부터 유아학교(Infant School)에서 보육서비스를 받았다. 최초의 유아학교는 1816년 Robert Owen이 스코틀랜드의 뉴래너크(New Lanark)의 방직공장에 설립한 것으로 근로여성의 유아(18개월~6세)를 보육하고 교육하면서 시작되었다. 이 기관은 유아가 방직공장에서 일할 수 있는 나이가 될 때까지 건강하고 행복하게 지내도록 하는데 목적을 두었다(Youcha, 1995, p. 319). 이후 영국은 1870년 「초등교육법(Elementary Education Act)」을 제정하면서 5세부터 의무교육을 시작하였는데, 이때 유아학교도 공립 초등학교 체제에 편입되었다(Gillard, 2018).

② 20세기: 전쟁 기간의 공립 보육

1914년 McMillan 자매는 야외 유아원(Open-Air Nursery)을 설립하여 전쟁 중 군수산업에 근무하는 노동자의 유아들(18개월~7세)을 대상으로 보육서비스를 제공하였다(Simkin, n.d.). 제1차 세계대전 동안 100개 이상의 공립 보육시설이 설립되었고, 제2차 세계대전 동안에는 보육시설의 수가 급격하게 증가하였다. 그러나 전쟁이 끝나고 취업여성이 가정으로 돌아감에 따라 보육시설 수는 급격히 감소하였

그림 2-2   쉼터를 배경으로 한 The Rachel McMillan 야외 유아원 어린이들

출처: Jarvis & Liebovich (2015).

다(Cohen, 1993, p. 516). 전쟁 후 영유아는 가정에서 어머니와 함께 있는 것이 최선이라는 정부의 가족정책 방향에 따라 공공기금이 보조되는 보육서비스는 저소득층 가정에게만 제공되었다(Moss, 1991, p. 132).

1970년대 영국의 취업모 비율은 다른 유럽 국가에 비해 높은 편이었는데, 이들 자녀 중 3, 4세 자녀는 유아학교나 플레이그룹을 다니거나 외할머니가 돌보는 경우가 많았고, 5세 유아는 의무교육이어서 학교에 다녔다(Cohen, 1993, p. 519). 1990년대 초반까지 보육에 대한 정부 지원은 거의 전무한 상태였으나, 1998년 노동당이 집권하면서 영국의 보육정책에 큰 변화가 있었다. 3, 4세 유아에 대한 시간제 무상보육과 슈어스타트(Sure Start) 프로그램이 실시되었다. 무상보육이 시작되면서 부모들은 자유롭게 일을 더 많이 할 수 있게 되었고 여성은 출산 휴가 후 직장에 복귀할 수 있게 되었다. 슈어스타트 프로그램은 저소득층을 위한 보육사업으로서 임산부를 포함하여 4세 이하의 유아와 그 부모에게 보육 지원, 보건 지원, 장애아와 가족을 위한 서비스 등을 제공해 준다.

③ 21세기: 국가 주도적 보육 개혁

21세기가 되면서 영국은 보육 문제에 더욱 적극적인 관심을 기울여 중장기 가족정책을 수립하였다. 4세 유아의 경우 2000년, 3세 유아의 경우 2005년에 무상보육 정책이 전국적으로 실시되었다(Brewer, Cattan, Crawford, & Rabe, 2014). 또한 2006년

정부는 국가 표준지침인 '유아기 기초 단계'를 도입하였다. 이후 정부의 중장기 가족
정책(2010~2015년)의 일환으로 저소득층의 2세 유아까지 무상보육 혜택을 받도록
하였다. 한편, 영국 내 스코틀랜드주에서는 '조기 학습ㆍ보육', 웨일즈주에서는 '기초
단계 어린이집', 북아일랜드주에서는 '유아원 교육을 위한 커리큘럼' 지침을 마련하
여 시행하고 있다.

(3) 보육제도

영국의 보육에 관한 제반 문제는 옵스테드(The Office for Standards in Education:
Ofsted, Children's Services and Skills)라는 정부기관이 관리한다. 옵스테드는 「아동법
(Children Act)」에 따라 보육시설을 인가하고 관리한다. 옵스테드에 등록된 0~5세
의 유아를 위한 모든 보육시설은 '유아기 기초 단계(Early Years Foundation Stage)'라
는 국가 표준지침에 따라 운영된다. 단, 가정보모(nanny)나 일시적 크레쉬(creche)
는 예외다. 다음은 영국의 다양한 형태의 보육시설이다.

- **보육사(childminder)**: 옵스테드의 관리하에서 보육사가 자신의 집에서 5세 미만
  의 유아는 최대 3명까지, 8세 미만의 아동은 최대 6명까지 돌보며 시간당 보육
  료를 받는다. 보육사가 되기 위해서는 응급조치와 기본적인 보육훈련 과정을
  거친다. 이들이 보육사 네트워크에 가입하여 인증을 받으면 이를 이용하는 부
  모는 시간제로 무상보육을 받을 수 있는데, 3, 4세 유아가 초등학교에 입학하
  기 전까지 1주에 15시간 이용할 수 있다.
- **가정보모(nanny)**: 부모는 가정보모를 고용하여 자신의 집에서 자녀를 돌볼 수
  있다. 가정보모가 되기 위한 특별한 자격기준은 없으나 대부분 가정보모 양
  성기관에서 훈련받고 거기서 발급한 자격증으로 활동한다. 1명의 가정보모가
  여러 집을 다니면서 영유아를 돌봐 줄 수도 있다.
- **오페어(au pair)**: 영유아가 있는 가정에 입주하여 영유아를 돌보면서 약간의 보
  수를 받으며 언어를 배우는 젊은 미혼여성(가끔은 남성도 있음)을 가리킨다. 오
  페어는 1일 최대 5시간까지 일하며, 주당 봉급을 받고, 일주일에 최소 2일의
  휴가가 있다.
- **크레쉬(creche)**: 8세 이하의 자녀를 둔 부모가 일시적으로 활동(일, 쇼핑, 수업

등)하는 동안 해당 장소에서 제공하는 임시 보육시설이다. 이동 크레쉬(mobile creche)도 있다.

- **유아반(nursery class), 유아학교(nursery school)**: 3~5세 유아를 돌보는 곳으로 2세 반부터 입학이 가능한 지역도 있다. 모든 기관은 옵스테드가 관리하며, 초등학교나 지역 단체 혹은 개인이 운영하기도 한다. 보통 학기 단위로 운영하고, 학교 수업 시간처럼 오전 9시부터 오후 3시 30분까지 운영한다. 교사 1인당 최대 13명의 유아를 돌보며, 주 교사와 보조 교사가 함께 팀으로 이루어져 영유아를 돌본다. 초등학교에서 운영하는 곳은 무상보육이며, 개인이나 지역 단체가 운영하는 곳은 부모가 보육비를 부담하지만, 시간제 무상보육을 받을 수 있는 3, 4세 유아도 함께 보육서비스를 받을 수 있다.

- **데이 너서리(day nursery)**: 유아반, 유아학교와 유사하지만 운영 시간이 오전 8시부터 저녁 7시까지로 종일제이며, 1년에 50주 동안 보육서비스를 제공한다. 이는 대부분 사립이고, 주로 봉사 단체가 운영한다.

- **플레이그룹(playgroup), 프리스쿨(preschool)**: 3~5세 유아를 대상으로 매일 혹은 일주일에 며칠간 하루 2시간 반에서 4시간 정도 지역사회나 비영리 단체 등에서 부모 자원봉사의 형태로 운영한다. 교사 1인당 최대 8명의 유아를 돌볼 수 있다. 옵스테드에 등록하지 않아도 되며, 이곳에서도 시간제 무상보육을 받을 수 있다.

- **예비학교(reception class)**: 초등학교 입학 전의 4, 5세 유아가 교육을 받을 수 있으며 초등학교에서 운영한다.

- **키즈클럽(kid's club 또는 out-of-school care)**: 학교 운영 시간 외에 5~12세의 초등학생(장애아는 16세까지)을 보호하고 교육하는 프로그램이다. 이는 일반적인 보육프로그램이나 음악, 미술, 스포츠 혹은 별도의 학교 공부 등 특별 활동 형태로 운영된다. 부모의 근무시간이나 가족 형편에 맞춰 아침 식사 클럽(breakfast club, 대개 8시에 연다), 방과 후 클럽(after-school club, 대개 오후 3시 30분~6시), 휴일 놀이반(holiday playschemes, 오전 8시~오후 6시) 등이 있고, 부모가 여러 개를 선택할 수도 있다. 대부분 초등학교에서 운영하지만, 지역에 따라 시민센터나 유아원 등에서도 운영한다.

- **슈어스타트 아동센터(Sure Start Children's Centres)**: 저소득층의 5세 미만 유아에

게 교육과 보건서비스를 포함하는 종일제보육 프로그램으로, 정부 주도의 지역기반 프로그램이다. 프로그램은 지역마다 다양하고, 연간 최소 48주 이상, 주 5일, 하루 10시간 이상 운영한다. 보육비는 유아의 가정형편에 따라 차등을 둔다. 부모와 자녀가 함께 참여하는 프로그램이 있어 임신한 여성이나 5세 미만 영유아의 부모나 양육자라면 누구나 이용할 수 있다.

영국은 현재 24시간 운영하는 보육시설이 있다. 이는 교대로 일하고 정기적으로 자녀를 데려다주거나 데려가는 데 어려움을 겪는 부모를 위해 마련되었다. 영유아는 이 보육시설에서 하룻밤을 보낼 수 있으며 부모는 휴대폰에 연결된 웹캠을 통해 자녀가 자는 모습을 볼 수 있다(Munson, 2020).

3) 프랑스

프랑스는 일찍 보육에 대한 관심을 기울여 3세가 되면 모든 유아가 무료로 공립 유아 교육과 보육을 받을 수 있는 등 보육제도가 잘 정비되어 있다.

(1) 보육환경의 일반적 특징

① 보편적 보육제도

프랑스의 보육은 보편적 교육제도의 일부다. 오래전부터 정부는 보육시설을 공립 제도로 운영해 왔다. 그에 따라 프랑스는 보육시설 공급이 비교적 원활한 편이며, 영아들은 대략 2.5개월, 즉 생후 11주 정도부터 공ㆍ사립 보육시설에 다닐 수 있다. 이 시기는 프랑스 여성이 평균 출산 휴가를 종료하는 시점과 일치한다.

② 육아 혜택 제도

프랑스는 가족복지제도가 잘 마련되어 있다. 육아를 위한 가족복지제도로서 몇 가지 대표적인 혜택이 있다.

첫째, 출산 혹은 입양가족에게는 일시불로 보너스를 지급하고 출산과 입양 후 3년간 매달 기본 육아수당을 지급한다. 둘째, 육아로 직장을 그만두거나 노동시간을 줄인 가족에게는 육아 분담금을 지급한다. 셋째, 직업 활동을 계속하는 가족이 공립

보육시설에 자녀를 등록하지 못하여 '자격을 갖춘 보육사(Assistante Maternelle)'를 고용해야만 하는 경우에는 그 비용에 대해 세금 환급으로 보전해 준다(The Cleiss, 2021).

(2) 보육 역사

① 18세기: 보육사업의 모델-편물학교

프랑스의 보육시설은 18세기부터 설립되기 시작했는데, 그중 가장 잘 알려진 곳이 1770년 루터교 목사인 Jean-Frederic Oberlin이 설립한 '편물학교(poeles a tricoter)'[5]다. 편물학교에서는 가난한 아이들을 모아 뜨개질을 비롯해 Oberlin이 개발한 교구 활동이나 노래, 이야기, 게임 등의 교육 활동을 실시하였다. 편물학교를 모델로 이후 이런 종류의 유아 대상의 학교 사업이 약 80년 동안 이어졌다 (Prochner, 2009, p. 14).

그림 2-3 ◀ 주물 난로가 있는 Oberlin의 거실

출처: Arrous (2019).

② 19세기: 직장보육시설과 무료 공립유아학교의 탄생

1844년 자선사업가인 Firmin Marbeau가 파리에 취업모 자녀만을 위한 최초의 보육시설인 크레쉬(creche)를 설립하였다. 이는 일종의 직장보육시설로 저임금의 비숙련 공장 노동자가 일할 수 있도록 그들의 2세 미만의 자녀를 돌봐 주었는데, 이후 미국과 캐나다의 보육서비스에 큰 영향을 미쳤다(Prochner, 2003, p. 3). 이후 1881년 「공화국법」이 제정되면서 모든 보육시설을 공립 교육제도에 통합시켰

---

5) 직역하면, '뜨개질 난로'로, 가난한 아이들을 겨울에 난로 주위에 모아 따뜻함을 주며 교육한다는 실제적·상징적 의미를 지니고 있다.

고, 그 명칭을 '에콜 마떼르넬(ecole maternelle)'로 명명하였다(New & Cochran, 2008, p. 1063). 이는 2~6세 유아가 다닐 수 있는 공립학교다.

③ 20세기: 출산율 향상을 위한 제도 수립

3세 미만의 유아가 다니던 크레쉬는 국가의 관리를 받지 않고 수년간 그대로 유지되어 가난한 유아가 이용하는 열악한 보육시설로 여겼으나, 1960년대 중반부터 정부가 크레쉬의 보육서비스 질을 관리하게 되자 중산층 취업모도 많이 이용하게 되었다(New & Cochran, 2008, p. 1065). 프랑스는 출산율을 높이기 위해 1930년대에 홀벌이 가족에게만 자녀양육수당제도를 도입하였다. 이후 1970년대 출산율이 점점 더 저하되자 이에 대한 대책으로 개인보육 네트워크와 부모협동보육, 무급 육아휴직제도 등을 체계화하였다. 1972년에는 자녀가 있는 취업모에게 보육수당을 지급하면서 기존의 홀벌이 가족에게 지원했던 보육수당을 폐지하였다. 1980년대는 세 자녀 이상을 둔 취업모가 자녀 양육으로 인해 직장을 그만둘 경우 양육수당을 지급하였다. 1990년대 들어 보육수당을 다양화하여 집단보육뿐만 아니라 가정보육 이용자에게도 보육수당을 지급하고 세금 면제 혜택을 주었다. 양육수당은 1994년에 두 자녀 가족으로 확대되었다.

④ 21세기: 다양한 가족을 위한 종합적인 보육제도 수립

2000년대 중반부터 프랑스의 보육정책은 다양한 상황의 가족들이 보육서비스를 이용할 수 있도록 하는 데 중점을 두고 있다. 예를 들어, 비정규직 부모, 가난한 가정의 아동, 이주 가정의 아동 등 사회적으로 불리한 조건의 가족에게 필요한 보육정책을 우선순위에 두고 있다.

2004년에는 보육과 노동 조건을 연동하여 전체적인 가족정책을 수행하고자 영유아 자녀를 둔 가족이 받을 수 있는 출산수당, 양육수당, 부모 휴가, 보육비 보조 등 여러 가지 혜택을 하나의 패키지(La prestation d'accueil du jeune enfant, Paje)로 이용할 수 있도록 하였다. 2006년에는 빈곤층 가정이나 이주 가정이 보다 용이하게 이용할 수 있도록 보육시설 정원의 5%는 이러한 가정의 영유아가 다닐 수 있도록 법률을 제정하였다. 이후 2012년에는 기관보육시설 정원의 10%가 빈곤층 가정이나 이주 가정의 영유아가 다닐 수 있도록 설정하였다.

프랑스는 지속적으로 보육서비스를 확대하며 보육의 질 관리를 위해 지방정부와 중앙정부가 개입하여 관리하고 있다. 특히 영아를 위한 가정보육시설 수요가 증가함에 따라 가정보육사의 교육 기간을 연장하였으며, 기관의 보육사도 유급 보수교육을 받도록 의무화하였다(SPLASH-db.eu, 2014).

(3) 보육제도

프랑스의 보육기관 유형은 비교적 단순하다. 영유아의 연령에 따라 두 단계로 나뉘며, 각 단계의 관할 행정부서는 다르다.

첫째 단계는 3세 미만 영유아를 위한 보육으로, 이는 보건복지부(Ministry of Solidarity and Health)에서 관리한다. 이 단계의 영유아는 '자격을 갖춘 보육사'나 집단보육시설인 '크레쉬'를 다닐 수 있다. 크레쉬를 이용하고자 할 경우에는 출산 전에 지방정부에 사전 등록하도록 권장된다. 보육사는 자격증 취득 과정을 거쳐야만 하고, 이후 정기적으로 보건복지부의 관리를 받는다.

둘째 단계는 3세부터 초등학교 입학 전까지로서, 이는 교육부(Ministry of National Education, Youth and Sports)에서 관리한다. 이 단계의 유아는 '유아학교(ecole maternelle)'를 다닌다. 여건이 되면 2세 이상의 유아도 입학할 수 있다. 현재 프랑스는 2019년에 「학교법」을 개정하여 의무교육 연령을 3세로 규정하였다. 유아학교의 교사는 정부의 관리지침을 준수해야 하며 최고 수준의 교사 질을 유지한다. 교사는 석사학위 수준의 6년 교육과정을 마쳐야 하며 급여 수준도 초등교사와 같다.

프랑스에서 운영되고 있는 보육시설 유형은 다음과 같다.

- **집단크레쉬**(creche collective): 지방정부나 비영리 단체에서 운영하는 보육시설로서 취업한 부모의 2.5개월부터 3세 미만 유아가 다닐 수 있고, 대개 한 기관에서 60명까지 돌본다.
- **직장크레쉬**(creche d'entreprise): 직장 내 직원 자녀에게 보육서비스를 제공하며 최대 60명까지 돌본다. 부모의 직장 근처나 직장 내에 설치되며 근무시간에 맞춰 운영한다.
- **부모크레쉬**(creche parentale): 부모가 자격을 갖춘 보육사를 채용하여 최대 24명까지 공동 보육 형태로 운영하며 비영리 시설이다.

- **가정크레쉬(creche familiale)**[6]: 자격을 갖춘 보육사가 자기 집에서 2.5개월부터 3세까지의 영유아를 최대 4명까지 돌본다.
- **작은크레쉬(micro-creche)**: 집단보육시설 형태로서 최대 12명까지 돌볼 수 있는데 일반 보육시설들보다 규제가 적은 편이다.
- **시간제보육(halte garderie)**: 지방정부나 비영리 단체가 2.5개월부터 6세까지의 영유아를 대상으로 시간제보육 서비스를 제공하는 것으로, 주로 3세 미만의 유아가 이용한다. 저녁 시간이나 휴일에 근무하는 부모가 단기간 또는 시간제로 이용할 수도 있으나, 규칙적인 시간제로 이용하도록 되어 있다.
- **유아학교(ecole maternelle)**: 중앙정부와 지방정부의 재정으로 운영되는 공립 기관으로서 교육과 보육을 통합한 기관이며, 초등학교 체제 속에 포함되어 있어 교육부 교육과정을 따른다. 대부분의 유아학교가 등교 전·후 보육서비스를 제공한다(프랑스 교육부, 2021).

4) 스웨덴

스웨덴은 공공의 책임과 양성평등의 원칙, 일과 가정생활의 균형, 아동의 권리를 우선적으로 고려하는 보육에 목표를 두고 평등과 연대의식에 기초한 보육정책을 실시하고 있다. 스웨덴의 보육제도는 저비용, 정부의 체계적 관리, 가족의 폭넓은 선택 등이 특징이다.

(1) 보육환경의 일반적 특징
① 양성평등과 육아 책임 분담을 위한 육아휴가제도
스웨덴은 세계 최초로 모성휴가가 아닌 유급 부모 육아휴가제를 도입한 나라다.[7]

---

6) 3세 이하가 이용하는 주된 보육 형태가 가정보육시설인 경우는 프랑스가 유럽에서 유일한 나라다 (European Commission, 2019, p. 33). 유럽의 다른 나라들은 인가된 가정보육시설 발달이 저조한 편이다.

7) 1974년에 도입된 후 한동안 여성이 대부분 육아휴가를 사용하였다. 이 문제를 해결하기 위해 스웨덴 정부는 1995년에 아버지에게 30일의 휴가를 할당하는 '아버지 할당제'를 도입하였다. 이로써 아버지가 사용하지 않은 30일에 대해서는 어머니가 대신 사용하지 못하고, 부부는 그날만큼의 유급휴가를 상실하게 된다. 할당제 날수를 2002년에 60일, 2016년에 90일로 연장하였다(Center for Public Impact, 2018).

출처: Magnus Liam Karlsson/imagebank.sweden.se

자녀 출산이나 입양 시에 부모는 각각 90일 사용이 보장되며, 남은 기간은 부모 중
한 사람이 사용할 수 있다. 부모는 최장 480일 동안 육아휴가를 쓸 수 있고, 두 사람
모두 휴가를 사용할 경우에는 각각 240일씩 사용이 가능하다. 이 기간 처음 390일
까지는 정상 급여의 80%를 받을 수 있고, 추가 90일 동안은 고정급으로 휴가를 쓸
수 있다. 이 제도는 양성평등과 육아 책임 분담을 장려하기 위함이다(스웨덴 정부,
2021). 현재 유급 육아휴가의 30%는 아버지가 사용하고 있다. 또한 12세 이하의 자
녀가 아파서 휴가를 사용할 경우 사회보험국을 통해 급여보전을 받을 수 있다.

② 보육의 공공성

스웨덴은 보육을 초등학교처럼 공공의 책임이며 공익을 도모하는 것으로 생각하
여 정부나 국민은 보육을 공적인 문제로 취급한다. 그리하여 보육료는 정부가 지원
하거나 무료이며, 보육을 교육제도로 인식한다. 보육 비용은 중앙정부가 지방정부
에 보육 기금을 배당하고, 지방정부는 이 기금에 지방정부의 세수를 포함하여 보육
서비스를 제공하며 보육의 질도 관리한다.

(2) 보육 역사

① 19세기: 도시 저소득층 취업모 자녀를 위한 자선보육 사업

전통적 농업사회였던 스웨덴은 19세기부터 산업사회로 급격히 변화하였다. 산
업이 발전하여 도시 저소득층의 영유아와 초등학생을 위한 보호시설과 작업쉼터가

생겨나면서 보육사업이 시작되었다. 최초의 보육시설은 모자가정의 취업모 자녀를 보호하기 위해 1854년에 설립된 영아 탁아소이고, 비슷한 시기에 가난한 가정의 초등학생을 맡아 주는 작업쉼터도 생겨났다. 이 기관들은 주로 개인이나 자선단체에서 운영하였다.

② 20세기: 여성노동력 확보를 위한 경제정책과 보편보육으로의 개혁

여성 노동력이 필요해짐에 따라 보육수요가 급증하게 되면서 정부는 탁아소와 작업쉼터에 대해 1940년대부터 보조금을 지원하였다. 스웨덴에서는 1968년 보육위원회(National Commission on Child Care)에 의해 보육개혁이 추진되었다. 이후 오랫동안 부모, 교사, 학교, 기업고용주, 정당 관계자 등 다양한 이해 관계자들의 토의를 거쳐, 유럽에서 선도적으로 새로운 가족정책을 개발할 수 있었다. 이를 계기로 1974년 「보육개혁법」이 통과되었고, 1975년 「국가유아원법(National Preschool Act)」이 제정되어 공립 보육시스템이 크게 확장되었다. 이 법의 목적은 영유아들의 발달과 학습을 지원하고, 부모들의 노동시장 참여를 원활하게 하는 것으로서 노동력 부족이 극심한 시기에 여성 노동력 확보를 위한 경제정책 방안이었다.[8] 이 법에 따라 지방정부의 관리하에 스웨덴 내 모든 6세아는 최소 525시간, 즉 일주일에 15시간에 상응하는 시간을 무료로 유아원에 다닐 수 있게 되었다.

1990년대 이후 보육정책은 중앙정부가 기획하고 지방정부는 이를 실행하는 것으로 체제를 정비하였다. 1995년부터 0~12세의 취업모 자녀는 지방정부의 지원으로 보육서비스를 받을 수 있도록 법제화하였다. 보육이 보건복지부(Ministry of Health and Social Affairs) 관할이었던 것을 1996년부터는 보육에서의 교육적 측면을 강화하기 위해 모든 보육시설을 교육부가 관할하는 것으로 변경하였고, 1998년에는 유아원 새교육과정을 제정하였다(Center for Public Impact, 2018).

③ 21세기: 저렴한 보육료 정착과 무상보육제도 확대

2002년부터 보육시설 이용료는 가족 수입의 1~3%를 넘지 않도록 하였으며, 고소득 가족인 경우에는 상한선을 두어 그 이상을 초과하지 못하도록 하였다. 2010년

---

8) 실제로 1970년과 1988년 사이에 여성 노동력 참여가 59.3%에서 81.7%로 증가하였다(Center for Public Impact, 2018).

에는 1년에 최소 525시간 무상보육을 모든 3세 유아에게까지 확대하였고, 교육과
정도 개정하였다.

(3) 보육제도

스웨덴의 보육정책은 가족복지정책의 핵심 사업이다. 모든 보육시설은 교육
부(Ministry for Education and Research)의 교육국(Skolverket; National Agency for
Education)에서 관리한다. 스웨덴은 현재 18개월부터 5세 사이의 영유아 중 90% 이
상이 주당 평균 33시간의 보육프로그램에 참여하고 있다. 스웨덴의 보육 형태는 다
음과 같다(스웨덴 교육국, 2021; Eurydice, 2021).

- 유아원(forskola; preschool): 직장이나 학교에 다니는 부모의 1~5세 유아가 이
  용한다.[9] 연중무휴로 운영되며, 운영 시간은 부모의 출퇴근 시간에 맞추어 다
  양하다. 부모가 실직했거나 육아휴가 중인 경우에도 1일 3시간, 주당 15시간
  을 이용할 수 있다. 3세가 되는 해의 가을학기부터 모든 유아는 연간 525시간
  무상보육을 받는다. 지방정부 유아원과 독립 유아원이 있는데, 독립 유아원은
  부모협동유아원이나 직장보육시설, 종교기관 보육시설의 형태로 지방정부의
  승인을 받아 설치할 수 있다. 「교육법」에 근거한 교육과정에 따라 운영된다.
- 유아학교(forskoleklass; preschool class): 유아원에서 초등학교로의 전이를 돕기
  위해 초등학교 입학 전해에 다니는 기관이다. 2018년부터 아동이 6세가 되는
  해부터 의무교육이 되었다.
- 개방유아원(oppen forskola; open preschool): 미리 등록할 필요가 없어 0~5세의
  영유아를 둔 비취업부모나 육아휴가 중인 부모들, 스웨덴에 처음 정착하는 가
  족들에게 유용한 시설로서, 특히 유아원을 이용하지 않는 가족들에게 편리하
  다. 주로 영아들을 위한 교육 활동을 한다. 대부분 지방정부가 운영하지만, 교
  회에서도 운영한다.
- 놀이센터(fritidshem; recreation centre): 6~12세 아동이 학교생활을 보충할 수 있
  도록 학교수업 전후나 공휴일에 학습이나 놀이 활동을 제공한다. 부모의 일정

---

9) 2019년에 1세아의 50.5%, 2세아의 90.6%, 3세아의 94%, 4~5세아의 95.3%가 유아원에 다녔다.

에 맞춰 운영 시간이 다양하고, 보육료는 부모의 소득에 따라 차등 지불한다. 대체로 초등학교에 통합되어 있다.

- **대안 보육(pedagogical care):** 보모의 집이나 부모들이 정한 특정 장소에서 1~12세 아동을 돌본다. 아동을 돌보는 보모가 되기 위해서는 특별한 자격 요건이 필요하지 않으며, 발달과 학습에 도움이 되는 활동들을 한다. 유아원이나 놀이센터 대신에 혹은 그들이 개방하지 않는 시간에 다닐 수 있는 곳으로, 지방정부는 부모들이 요청하면 이를 제공해 준다.

5) 일본

일본은 산업화 과정에서 발생한 보육 문제를 해결하기 위해 공보육제도를 일찍부터 시행하였다.

(1) 보육환경의 일반적 특징
① 출산율 제고를 위한 보육정책

일본은 1990년대 저출산 쇼크 이후 현재까지 저출산 대책의 일환으로 보육지원 정책과 일-가정 균형지원 정책을 시행하고 있다.[10] 보육지원 정책으로는 보육시설 대기자 제로 정책, 무상보육 정책 등이 대표적이고, 일-가정 균형지원 정책은 기업

그림 2-5 **쿠루민 마크와 플래티넘 쿠루민 마크**

출처: 일본 후생노동성(2021).

---

10) 일본의 현재 출산율은 1.42%(중앙일보, 2019. 12. 6.)로서 1.8% 출산율을 목표로 하고 있다(일본 후생노동성, 2020, p. 18).

에 의한 육아지원을 장려하고 있다. 「차세대육성지원대책추진법」에 따라 지방 공공 단체와 일정 규모 이상 기업의 고용주는 근로자의 일-가정 양립을 지원하는 실행계획을 세워 추진해야 한다(Umeda, 2014). 이에 정부는 기업의 실행계획 성과를 평가하여 일정 기준에 도달하면 우수 육아지원기업으로 인정해 주는 '쿠루민' 인증마크를 부여하는데, 상위 수준의 육아지원기업에는 '플래티넘 쿠루민' 마크를 부여한다(일본 후생노동성, 2021).

② 3개 행정부의 관리

일본의 보육정책은 문부과학성, 후생노동성, 내각부가 개입한다. 내각부는 문부과학성, 후생노동성과 연계하여 종합적인 보육지원정책을 담당하며, 인정어린이집 외에도 아동수당, 기업주도형 보육사업, 유아 무상보육제도, 전국 보육시설 통합검색 사이트를 관할하고 있다(일본 내각부, 2021a).

영유아가 다니는 기관으로는 유치원, 보육소, 인정어린이집(certified kodomoen)이 있다. 세 개 기관은 기능적으로 큰 차이가 없지만, 전통적으로 관할 행정부서가 분리되었기 때문에 해당 행정부의 자체 기준에 따라 운영되고 있다.

첫째, 유치원은 문부과학성에서 관리하고, 3세부터 초등학교 입학 전까지 학업 활동을 주로 하며 반나절제로 운영한다. 둘째, 보육소는 후생노동성에서 관리하고, 0세부터 초등학교 입학 전까지 취업여성의 자녀를 양육하는 기능을 담당하며 종일제로 운영한다. 셋째, 인정어린이집은 내각부에서 관리하고, 유치원과 보육소의 이원체제를 유지하면서 교육과 보호 기능을 통합하여 운영하는 종합시설이다.[11]

(2) 보육 역사

① 19세기 말: 여성노동자 수요 증가로 인한 보육시설 설립

일본의 최초 보육시설은 1890년 Atsutomi와 Naka가 유기된 아동을 보호하거나 취업 여성의 자녀양육 부담을 덜어 주기 위해 설립하였다. 이후 청일전쟁(1894년)과 러일전쟁(1904년)을 통해 여성 노동자에 대한 수요가 많아지면서 공장 내에 군

---

11) 인정어린이집의 유치원 기능을 이용하고 싶으면 직접 해당 기관에 신청하고, 보육소 기능을 이용하고 싶으면 구청을 통해 신청한다(신주쿠구, 2021).

인가족과 미망인가족을 위한 보육시설을 설립하기 시작하였다. 동시에 일본의 급속한 산업화와 경제 부흥으로 여성 노동자와 새로운 빈곤계층이 증가함에 따라 아동 보호가 절실해지면서 사립보육시설이 설립되기 시작하였다.

② 20세기: 공립보육시설 설립과 저출산 대책 수립

1908년 정부의 보육시설 지원에 따라 오사카(1919년), 교토(1920년), 도쿄(1921년)에 공립보육시설이 설립된 후, 전국에 1926년 65개소, 1929년 100개소 이상의 공립보육시설이 설립되었다. 또한 농촌에는 정부 지원으로 농번기 보육원이 설립되었는데, 그 수가 1940년 22,758개소에 달하였다. 이처럼 많은 보육시설이 설립되어 운영되면서도 보육시설에 대한 법 규정은 없었다. 이후 제2차 세계대전이 끝나고 1947년에 유치원은 「학교교육법」에 따라 학교교육체제로 편입되어 문부성이 관리하고, 보육시설은 「아동복지법」에 따라 아동복지시설로 분류되어 후생성이 관리하게 되었다(Fukui, 2017).

일본의 보육제도가 본격적으로 정비된 것은 1960년대 이후다. 1960~1970년대 일본은 보육시설의 양적 팽창에 치중했지만, 1980년대 이후 기혼여성의 취업 증가로 인한 출산율 감소와 취업 시간의 다양화, 유아교육에 대한 의식 변화 등을 이유로 보육시설의 질적 향상에 주력하였다. 특히 일본은 급격한 출산율 저하로 유아기 자녀의 수가 급감함에 따라 유치원의 입학 연령을 3세로 하향 조정하였으나 폐원하는 유치원의 수는 계속 증가하였다. 그러나 취업여성이 증가함에 따라 보육에 대한 수요가 급증하여 보육시설에 등록하는 유아의 수가 증가하였다(Shirakawa, 2010).

이에 정부는 보육제도의 미비가 출산율 저하에 영향을 미친다고 판단하여 보육시설의 확충, 출산수당의 지급 등 각종 가족지원정책을 시행하였다. 그에 따라 '엔젤플랜(Angel Plan, 1994~1999)'과 '신엔젤플랜(New Angel Plan, 2000~2004)'을 연이어 시행하였다. '엔젤플랜'이 보육시설의 수를 늘리고 질을 향상하면서 가족지원정책을 마련하였다면, '신엔젤플랜'은 다양한 유형의 보육시설, 즉 야간보육, 휴일보육, 영아보육, 장애아보육, 연장보육이라는 특별한 보육 유형의 제공과 상담 · 지원체제, 모자보건, 교육, 주택 등의 종합적인 보육정책을 제공하였다.

③ 21세기: 기존 기관의 교육과 보육 통합 추진 및 무상보육제도 도입

2006년에 일본은 문부과학성과 후생노동성이 협력하여 교육과 보육을 통합하는 서비스에 관한 법을 제정하면서 '인정어린이집'을 설립하였다. 그에 따라 전국에 인정어린이집은 2007년에 105개, 2009년에는 358개가 설립되었다. 인정어린이집은 정부 보조 미비, 비효율적 운영체계 등의 이유로 활성화되지 못해 실패한 제도로 평가되기도 했지만(Shirakawa, 2010), 2015년에 '아동·육아지원 신제도'라는 새로운 정책이 실시되면서 그 수가 급격히 증가하여 현재는 인정어린이집을 확대해 나가는 정책이 추진되고 있다. 이 밖에 2019년에는 3세 이상의 모든 유아를 위한 무상보육제도를 도입하였다(Hughes, 2019). 현재 3세부터 5세 아동은 모두 무상보육을 받을 수 있다. 저소득 가정은 2세 이하도 무상보육을 받을 수 있다. 정부는 영유아가 인가 유치원, 인가 보육시설, 인정어린이집에 다니는 경우에 교육비와 보육비를 전액 지원하지만, 비인가 유치원과 비인가 보육시설에 다니는 경우에는 일정한 검증 절차를 거쳐 매달 별도의 보육비를 지원한다(일본 내각부, 2021c).

(3) 보육제도

일본의 보육시설은 「아동복지법」의 규정을 따르며, 법적 규제 여부를 기준으로 인가 보육시설과 비인가 보육시설로 나뉜다. 인가 보육시설은 공립과 사립으로 구분되며, 여기서 말하는 사립은 사회복지법인이나 적십자사 등 공익법인이 설립 주체로서 영리를 목적으로 개인이 설치하는 사립의 개념과 다르다.

현재 '아동·육아지원 신제도'에 따라 '인정어린이집' 보급을 확대하고 있으며, '지역형 보육시설'이 새로 추가되었다. 보육시설 유형 중 유치원과 인정어린이집을 제외한 나머지 시설은 후생노동성이 관리한다(일본 내각부, 2021b).

- **유치원**: 초등학교 준비교육을 위해 3~5세를 대상으로 하는 학교다.
- **보육소**: 취업부부 또는 가정에서 영유아를 보호할 수 없는 경우의 0~5세 유아를 대상으로 하는 시설이다.
- **인정어린이집**: 유치원과 보육소 기능을 겸비하는 시설로서 0~5세 유아를 대상으로 한다.
  - 0~2세 대상은 취업부부 또는 가정에서 양육하기 어려운 경우에 이용할 수

있으며 저녁까지 연장보육이 가능하다.

- 3~5세 대상은 부모의 취업 여부와 상관없이 이용할 수 있으며 저녁까지 연장보육이 가능하다.

• **지역형 보육**(community-based childcare): 보육소(20명 이상이 원칙임)보다 소규모 시설로서 0~2세 영아들이 이용할 수 있으며, 네 가지 유형이 있다.

- 가정보육: 기존에 보육마마(保育ママ)라는 명칭의 시설로서, 집에서 5명 이하를 돌본다. 이는 보육소 신청을 하였지만, 입소가 안 된 가족 또는 가정보육을 원하는 가족이 이용할 수 있으며 자치행정구에서 관리한다.
- 소규모 보육: 6~19명의 영아를 돌보며, 가정보육과 유사한 형태다.
- 직장보육: 회사 내에 설치된 보육시설로서 직원 자녀와 지역아동을 보육한다.
- 가정방문 보육: 장애 · 질환 등으로 개별 돌봄이 필요하거나 보육시설이 없어진 지역에서 보육이 필요한 경우 보호자의 집에서 1대1로 보육한다.

2 세계 여러 나라의 보육 제도와 역사가 주는 시사점

영국과 미국에서 20세기 동안 보육은 논란의 여지가 있는 정치적 주제였다. 시설에서의 보육이 영유아들의 신체적 · 정신적 건강을 해칠 수 있다는 심리학적 주장, 전통적으로 국가가 사적 가족 문제에 관여하는 것을 꺼리는 사회 분위기, 보육에 국가자금을 투입하는 것의 효율성 문제 등이 복합적으로 작용하여 보육제도 형성에 영향을 끼쳤다. 정당, 노동조합 운동, 기타 전문협회 및 자선가들 사이에서 열띤 토론이 있었어도 집권 정당이나 정부의 태도에 의해 정책의 방향은 결정되었다. 21세기에 들어서면서 영국은 선별적 복지에서 보편적 복지로 이행하고 있다. 그럼에도 불구하고 취업 부모들에게 필요한 유연한 보육 제공에 초점을 두는 정책보다는 유아들의 조기교육 강화를 우선시하는 모습의 정책을 펴는 경향을 보인다(Davis, 2016). 또한 보육정책과 가족정책 등을 통해 동시에 많은 목표를 달성하려고 함에 따라 여러 새로운 제도를 미봉책처럼 도입하여 결과적으로 보육관련 정책이 복잡해진 상태다. 한편, 미국은 영국에 비해 자유주의 복지모델의 전통을 강하게 유지하고 있다. 즉, 고용과 복지에 관한 국가 개입을 최소화하는 정책을 통해 저소득층의 최저 생계를 보장하는 공공부조 프로그램을 중심으로 보육정책을 실시하고 있다. 국가 개입보다는 시장을 중시하는 미국에서는 시장경쟁에서 이기지 못하는 불리한 조건에 있는 사람들이 최소한의 삶을 누리도록 해 주는 것이 국가의 책임이라고 본다. 따라서 연방정부의 재원이 투입되는 보육 수혜의 대상은 주로 저소득층과 장애아가 있는 가족이다. 이에 따라 중산층은 자신의 경제적 수준과 필요에 맞춰 개인적 차원에서 보육 문제를 해결하고 있다. 미국은 풀뿌리 민주주의에 기초해 민간의 비영리조직이 잘 발달되어 있어 이들 조직을 통한 지역사회 서비스가 많은 것도 특징이다.

스웨덴은 보육의 국제 표준처럼 종종 인용되는 고품질의 보편적 보육을 개척한 나라로서 노르웨이, 덴마크 등과 함께 북유럽형 사회민주주의 복지모델에 기반한 보육정책을 실시하고 있다. 즉, 스웨덴은 사회 연대책임을 강조하는 철학과 그에 따른 노동정책 및 이를 유연하게 해 주는 경제정책을 통해 노동시장 참여자 모두가 편하게 일자리를 찾고 유지할 수 있다. 또한 전 국민 대상의 서비스 복지가 발달함으로써 사회서비스 일자리도 많다. 이에 돌봄 노동에서 벗어난 여성들의 경제활동이 활발한 편이다(안상훈, 2021). 보편보육제도의 발달로 스웨덴의 영유아는 대부분 어려서부터 장시간 보육프로그램에 참여하고 있다. 이런 상황에서 점점 더 많은 스웨덴 사람이 보편적 보육제도가 여성, 가족, 영유아에게 미치는 부정적인 영향을 우려하고 있다. 자녀 양육에서 부모의 권한이 감소하고, 시간이 지남에 따라 보육품질이 저하되고 있으며, 영아기부터 부모와의 일대일 양육 시간이 크게 줄어 건강한 정서적 발달을 저해한다는 점을 재고할 필요가 있다(AEI, 2021). 가족관계에 대한 지원이 동시에 이루어지지 않으면 양질의 보육기관에 다니는 것만으로는 영유아에게 결핍이 있을 수 있기 때문이다. 그러므로 무상보육 시간이 증가하더라도 부모와 영유아기 자녀가 함께 참여할 수 있는 프로그램(예: 영국의 슈어스타트 프로그램)을 통해 가족관계를 지원해 주는 것이 필요하다.

프랑스는 대륙유럽형 보수주의라는 복지 유형으로서 영미 복지유형과 북유럽 복지유형의 중간 형태를 취한다. 가족이 누릴 수 있는 복지 수혜의 정도는 사회에서의 지위, 즉 가족의 수입에 근거한다. 그러나 보육 문제에서만큼은 프랑스와 일본은 과거 출산율 저하를 극복하기 위한 목적으로 각종 육아지원정책을 광범위하게 제공함으로써 다른 복지제도에 비해 보편적 복지로 정착되었다.

보육정책의 목표가 무엇이든 그 정책이 성공하려면 국민과 정부 및 시장경제가 소통하고 공감해야 한다. 무엇보다도 실효성 있는 보육정책을 실시하기 위해서는 재정 확보가 우선되어야 하고, 그것의 지속 가능성을 담보할 수 있어야 한다. 우리나라는 최근 저출산 극복을 위해 무상보육의 형태로 영유아 보육에 대한 투자를 확대하였다. 보육사업에 막대한 예산이 투입되고 있지만, 그에 따른 가시적 효과는 그리 크지 않다. 보육정책은 여성 고용안정과 양성평등, 일과 가정생활의 균형, 저출산 문제의 완화 등의 사회 문제를 해결하는 데 긍정적 효과를 산출해야 하지만, 동시에 영유아의 건강한 발달도 확보할 수 있어야 한다.

생각해 봅시다

1. 외국의 보육제도 중 특히 자신의 관심을 끄는 제도가 있는지, 있다면 어떤 점에서 그런지 생각해 봅시다.
2. 세계화로 인해 다문화가족 또는 이민가족이 증가하는 상황에서 보육제도와 관련해 이런 가족을 지원할 수 있는 방안에 대해 생각해 봅시다.

참고문헌

Clarke-Stewart, K. A. (1993). *Daycare*. Cambridge, MA: Harvard University Press.

Cohen, B. (1993). The United Kingdom. In M. Cochran (Ed.), *International handbook of child care policies and programs* (pp. 515-534). Westport, CT: Greenwood Press.

Moss, P. (1991). Day care for young children in the United Kingdom. In E. C. Melhuish & P. Moss (Eds.), *Day care for young children: International perspectives* (pp. 121-141). London: Tavistock/Routledge.

New, R. S., & Cochran, M. (2008). *Early childhood: An international encyclopedia* (Vol. 4, The countries). Westport, CT: Praeger.

Prochner, L. W. (2003). The american creche: 'Let's do what the French do, but do it our way'. *Contemporary Issues in Early Childhood*, 4(3). https://journals.sagepub.com/doi/pdf/10.2304/ciec.2003.4.3.4#:~:text=The%20cr%C3%A8che%20was%20established%20in,several%20options%20for%20infant%20care에서 2021년 10월 26일 인출.

Youcha, G. (1995). *Minding the children: Child care in America from colonial times to the present*. New York: Scribner.

스웨덴 교육국(2021). About preschool. https://utbildningsguiden.skolverket.se/forskolan/om-forskolan에서 2021년 10월 27일 인출.

스웨덴 정부(2021). In Sweden, it's possible to combine career with family life. Here's why. https://sweden.se/life/society/work-life-balance에서 2021년 10월 27일 인출.

신주쿠구(2021). Kodomoen. http://www.foreign.city.shinjuku.lg.jp/en/ikuji/ikuji_6/에서 2021년 10월 29일 인출.

안상훈(2021. 5. 24.). 안상훈의 복지국가 전략: 빈곤 줄이고 여성이 더 일할 수 있게…… '성장형 복지'는 가능하다. 조선일보. https://www.chosun.com/opinion/specialist_column/2021/05/24/WXSNITHYWNCHDGQ6JUVP4Y3LJ4/에서 2021년 10월 31일 인출.

일본 내각부(2021a). 子ども・子育て支援新制度. https://www8.cao.go.jp/shoushi/shinseido/index.html에서 2021년 10월 30일 인출.

일본 내각부(2021b). よくわかる「子ども・子育て支援新制度」. https://www8.cao.go.jp/shoushi/shinseido/sukusuku.html에서 2021년 10월 30일 인출.

일본 후생노동성(2020). Ministry of Health, Labour and Welfare Service Guide. Tokyo: Ministry of Health, Labour and Welfare. https://www.mhlw.go.jp/english/org/pamphlet/dl/pamphlet-about_mhlw.pdf에서 2021년 10월 30일 인출.

일본 후생노동성(2021). About Kurumin Mark/Platinum Kurumin Mark. https://www.mhlw.go.jp/stf/seisakunitsuite/bunya/kodomo/shokuba_kosodate/kurumin/index.html에서 2021년 10월 29일 인출.

중앙일보(2019. 12. 6.). 일본 저출산 극복 뒤엔 '가방끈 긴 신부' 있었다. https://www.joongang.co.kr/article/23650502#home에서 2021년 10월 30일 인출.

프랑스 교육부(2021). L'ecole maternelle. Coronavirus Covid-19: Mesures pour les ecoles, colleges et lycees pour l'annee scolaire 2021-2022. http://www.education.gouv.fr/cid166/l-ecolematernelle-organisation-programme-et-fonctionnement.html에서 2021년 10월 23일 인출.

AEI. (2021). Web event: The unintended consequences of universal childcare: Lessons from Sweden. March 2, 2021. https://www.aei.org/events/the-unintended-consequences-of-universal-childcare-lessons-from-sweden/에서 2021년 10월 27일

인출.

Arrous, J. (n.d.). Jean-Georges Stuber(1722-1797) et Jean-Frederic Oberlin(1740-1826): Une experience pedagogique revolutionnaire. p. 6. https://www.meirieu.com/PATRIMOINE/ARROUS_Stuber_Oberlin.pdf에서 2021년 11월 1일 인출.

Brewer, M., Cattan, S., Crawford, C., & Rabe, B. (2014, October 22). The impact of free early education for 3 year olds in England. https://ifs.org.uk/uploads/publications/docs/MISOC%20Childcare%20briefing%20paper.pdf에서 2021년 10월 19일 인출.

Bussemaker, J. (1997). Recent changes in European welfare state services: A comparison of child care politics in the U.K., Sweden, Germany, and the Netherlands. CES Germany & Europe Working Paper Series, 7(6). http://aei.pitt.edu/63647/1/PSGE_WP7_6.pdf에서 2021년 11월 1일 인출.

Center for Public Impact. (2018, June 7). Sweden's 1975 national preschool reform. https://www.centreforpublicimpact.org/case-study/swedens-1975-national-preschool-reform에서 2021년 10월 27일 인출.

Davis, A. (2016, February). Pre-school childcare in England, 1939-2010: Theory, practice and experience. History & Policy. https://www.historyandpolicy.org/historians-books/books/pre-school-childcare-in-england-1939-2010-theory-practice-and-experience에서 2021년 10월 19일에 인출.

European Commission. (2019). Key data on early childhood education and care in Europe. https://eacea.ec.europa.eu/national-policies/eurydice/sites/default/files/infoecec_final.pdf에서 2021년 10월 26일 인출.

European Commission. (2021). Sweden: Early childhood education and care. Eurydice. https://eacea.ec.europa.eu/national-policies/eurydice/content/early-childhood-education-and-care-80_en에서 2021년 10월 28일 인출.

Farquharson, C. (2021). Complicated, costly and constantly changing: The childcare system in England. Institute for Fiscal Studies. https://ifs.org.uk/publications/15612에서 2021년 10월 19일에 인출.

Figueroa, A. (2021, October, 4). Congress has a plan for universal pre-K. Would states opt in?. Missouri Independent. https://missouriindependent.com/2021/10/04/congress-has-a-plan-for-universal-pre-k-would-states-opt-in/에서 2021년 10월 13일 인출.

Fukui, I. (2017). Child education and care in Japan: Past, present, and future. http://apiems2016.conf.tw/site/userdata/1087/papers/0170.pdf에서 2017년 8월 3일 인출.

Gillard, D. (2018). Education in England: A history. Education in England: The history of our schools. www.educationengland.org.uk/history에서 2021년 11월 1일 인출.

Hughes, C. (2019, May 10). Japan provides free preschool, daycare in bid to boost birth rate. UPI. https://www.upi.com/Top_News/World-News/2019/05/10/Japan-provides-free-preschool-daycare-in-bid-to-boost-birth-rate/7651557501651/에

서 2021년 10월 30일 인출.

Jarvis, P., & Liebovich, B. (2015). British nurseries, head and heart: McMillan, Owen and the genesis of the education/care dichotomy. *Women's History Review*, *24*(6), 917-937. https://www.tandfonline.com/doi/full/10.1080/09612025.2015.1025662에서 2021년 10월 19일 인출.

Lloyd, E. (2021, September 27). Why the UK childcare system is at breaking point. The Conversation. https://theconversation.com/why-the-uk-childcare-system-is-at-breaking-point-168151에서 10월 20일 인출.

Michel, S. (2011). The history of child care in the U.S. Social Welfare History Project. http://socialwelfare.library.vcu.edu/programs/child-care-the-american-history/에서 2021년 10월 1일 인출.

Military Childcare.com (n.d.). About Military Child Care. https://public.militarychildcare.csd.disa.mil/mccu/ui/#/aboutprograms에서 2021년 10월 13일 인출.

Military on Source. (2021, May 10). Military Child Care Programs. Childcare. https://www.militaryonesource.mil/family-relationships/parenting-and-children/childcare/military-child-care-programs/에서 2021년 10월 13일 인출.

Munson, S. (2020, August 7). A brief history of nurseries. Daynurseries.co.uk. https://www.daynurseries.co.uk/advice/a-brief-history-of-nurseries.

NAEYC. (2018, July 31). Kiddie academy gaithersburg presented with national NAEYC accreditation following surprise visit. Kiddie Academy Gaithersburg Presented with National NAEYC Accreditation. https://www.naeyc.org/about-us/news/press-releases/kiddie-academy-accreditation.

Prochner, L. W. (2009). *A history of early childhood education in Canada, Austrailia, and Newzealand*. Vancouver: UBC Press.

Shirakawa, Y. (2010). Japan's early education and child care departing from their foundations. Child Research Net. https://www.childresearch.net/projects/ecec/2010_01.html에서 2021년 10월 29일 인출.

Simkin, J. (n.d.). Spartacus educational: Margaret McMillan. http://spartacus-educational.com/Wmcmillan.htm에서 2021년 11월 1일 인출.

SPLASH-db.eu (2014). Policy: "Family Policies: France"(Information provided by Olivier Thevenon). Available at: https://splash-db.eu [Date of access].에서 2021년 10월 26일 인출.

The Cleiss. (2021). The French social security system: IV-Family benefits. https://www.cleiss.fr/docs/regimes/regime_france4.html에서 2021년 10월 22일 인출.

The Week. (2021, September 13). Five big problems with the UK's childcare system. https://www.theweek.co.uk/news/society/954108/five-big-problems-with-the-uks-childcare-system에서 2021년 11월 30일 인출.

Umeda, S. (2014). Japan: Support for raising children of the next generation. Library of Congress. https://www.loc.gov/item/global-legal-monitor/2014-06-24/japan-support-for-raising-children-of-the-next-generation/에서 2021년 10월 30일 인출.

Wilson, S. (2021, June 26). Why are childcare costs in Britain so exorbitant? MoneyWeek. https://moneyweek.com/economy/uk-economy/603461/why-are-childcare-costs-in-britain-so-exorbitant에서 2021년 10월 20일 인출.

제**3**장

보육 유형과 보육정책

보육의 유형을 분류하는 기준은 다양하지만, 가장 일반적인 방법은 보육이 이루어지는 장소에 따라 가정보육과 기관보육으로 구분하는 것이다. 가정보육을 할 것인지 기관보육을 할 것인지는 부모의 선택사항이며, 가정에서 보육되는 영유아들을 위해서는 가정양육수당을 지급하고 있고, 보육기관인 어린이집에서 보육되는 영유아들에게는 표준보육비가 지원되고 있다. 한편, 보육정책은 법에 명시된 보육이념을 토대로 수립하여 실행된다. 우리나라는 5년을 주기로 중장기보육 계획을 수립하여 중앙정부와 지방자치단체, 보육전달체계와 협조하여 실행하고 있다. 따라서 이 장에서는 기관보육을 담당하는 어린이집의 유형, 특수보육을 담당하는 어린이집, 보건복지부 제3차 중장기보육 기본계획(2018~2022)에서 설정한 보육정책 과제를 추진하기 위해 보육현장에서 실행되고 있는 보육사업에 대해 살펴보고자 한다.

학습 내용

1. 기관보육을 담당하는 어린이집의 유형과 특징에 대해 알아본다.
2. 특수보육 대상과 특수보육 담당 어린이집의 유형 및 그 특징에 대해 알아본다.
3. 보육정책 구현을 위해 보육 현장에서 실행되고 있는 보육사업에 대해 알아본다.

1 보육 유형

1) 기관보육

「영유아보육법」에 따르면, 우리나라 어린이집은 국공립, 사회복지법인, 법인 · 단체 등 직장, 가정, 협동, 민간 어린이집으로 구분하고 있다. 어린이집 종류에 따라 상시보육 영유아의 수는 차이가 있다.

표 3-1 어린이집 종류별 상시보육 영유아의 수

어린이집 종류	국공립	사회복지법인, 법인 · 단체 등, 민간	직장	가정	협동
상시보육 영유아의 수	11명 이상	21명 이상	5명 이상	5명 이상 20명 이하	11명 이상

어린이집 종류의 정의, 규모 및 명칭, 설치 기준 및 절차 등은 매년 보건복지부가 발간하는 보육지침인 '보육사업안내'에 보다 구체적으로 제시되어 있다. '2022 보육사업안내'(보건복지부, 2022)에 따르면, 다음과 같다.

(1) 국공립어린이집

국공립어린이집은 국가나 지방자치단체가 설치 · 운영(위탁운영 포함)하는 어린이집(직장어린이집 제외)이다. 국공립어린이집은 상시 영유아 11인 이상을 보육해야 하며, 명칭은 "○○ 어린이집"으로 한다. 이의 설치 기준과 절차는 「영유아보육법」상의 설치 기준을 모두 갖추어야 하며, 노유자 시설에 설치해야 한다(〈참고 ①〉 참조). 단, 영유아 20인 이하를 보육하는 국공립어린이집은 단독주택이나 공동주택에도 설치할 수 있다.

참고 ❶ 노유자 시설

- 아동관련 시설(어린이집, 아동복지시설, 그 밖에 이와 비슷한 것으로서 단독주택, 공동주택 및 제1종 근린생활시설에 해당하지 아니하는 것을 말한다)
- 노인복지시설(단독주택과 공동주택에 해당하지 아니하는 것을 말한다)
- 그 밖에 다른 용도로 분류되지 아니한 사회복지시설 및 근로복지시설

출처: 「건축법 시행령」 제3조의5 관련 별표 1.

국공립어린이집은 국가나 지방자치단체의 장이 인가 절차 없이 직접 설치하되, 어린이집 수급계획 등을 포함한 보육계획을 사전에 수립하여 설치해야 한다. 저소득층 밀집지역, 농어촌지역 등 취약지역, 「산업입지 및 개발에 관한 법률」에 따른 산업단지 지역에 우선 설치해야 한다. 또한 지방자치단체는 「주택법」에 따른 500세대 이상 공동주택에 의무적으로 설치하는 어린이집을 국공립어린이집으로 운영해야 한다. 단, 500세대 이상 공동주택 입주자의 과반수가 국공립어린이집 운영에 찬성하지 않는 것을 서면으로 표시하거나, 해당 공동주택의 특성상 보육수요가 없는 등 국공립어린이집으로 운영이 필요하지 않다고 지방보육정책위원회에서 심의한 경우에는 국공립어린이집으로 운영하지 않을 수 있다. 지방자치단체에서 설치하는 경우에는 지방보육정책위원회의 심의를 거쳐야 한다. 한편, 국공립어린이집은 위탁체 선정관리 권장표준안을 참조하여 사회복지법인, 비영리법인, 단체(육아종합지원센터 등 포함) 또는 개인에게 위탁하여 운영한다.

(2) 사회복지법인어린이집, 법인·단체 등 어린이집, 민간어린이집

사회복지법인어린이집은 「사회복지사업법」에 의한 사회복지법인이 설치·운영하는 어린이집이고, 법인·단체 등 어린이집은 사회복지법인을 제외한 비영리법인인 각종 법인이나 단체 등이 설치·운영하는 어린이집으로서 대통령령으로 정하는 어린이집이며, 민간어린이집은 국공립, 사회복지법인, 법인·단체 등, 직장·가정·협동어린이집에 해당하지 않는 어린이집이다. 이러한 어린이집은 상시 영유아 21인 이상을 보육할 수 있는 시설을 갖추어야 하며, 명칭은 '○○어린이집'으로 한다. 어린이집에는 유치원, 학원 등 유사 기관으로 오인할 수 있는 명칭은 사용할 수 없다. 이러한 종류의 어린이집은 「영유아보육법」에서 제시한 모든 설치 기준을 갖

추어 관할 시장, 군수 또는 구청장에게 사전에 인가를 신청해야 한다.

(3) 직장어린이집

직장어린이집은 사업주가 사업장의 근로자를 위하여 설치·운영하는 어린이집으로서 국가나 지방자치단체의 장이 소속 공무원과 국가나 지방자치단체의 장과 근로계약을 체결한 자로서 공무원이 아닌 자를 위하여 설치·운영하는 어린이집을 포함한다. 직장어린이집은 상시여성 근로자 300인 이상 또는 근로자 500인 이상을 고용하고 있는 사업장일 경우 반드시 설치하여야 한다. 직장어린이집은 영유아 5인 이상을 보육해야 하고, 이를 설치하고자 할 경우에는 관할 시장, 군수 또는 구청장에게 사전 인가를 신청하여야 하며, 지역에서 요구하는 수요와는 관계없이 설치하여 운영한다. 직장어린이집은 「영유아보육법」상의 설치 기준을 모두 갖추어야 하는데, 직장 내에 설치하는 경우에는 안전사고와 재난에 대비한 시설을 갖추어 사옥 내 5층까지 설치할 수 있다. 상시 영유아 20인 이하를 보육하는 직장어린이집은 가정어린이집을 설치할 수 있는 곳에도 설치할 수 있다.

(4) 가정어린이집

가정어린이집은 개인이 가정이나 또는 그에 준하는 곳에 설치·운영하는 어린이집이다. 가정어린이집은 영유아 5인 이상 20인 이하를 보육해야 하며, 「영유아보육법」상의 설치 기준을 모두 갖추어 관할 시장·군수 또는 구청장에게 사전에 인가를 신청해야 한다. 공공임대 아파트 단지 내에 가정어린이집을 설치하여 운영할 경우에는 해당 공공주택사업자와 협의하여 인가할 수 있고, 상가 등을 주택으로 용도변경하여 설치 후 운영하고자 할 경우에는 내부 구조가 가정 또는 이에 준하는 곳으로 인정되어야 한다.

(5) 협동어린이집

협동어린이집은 보호자 또는 보호자와 보육교직원이 영리를 목적으로 하지 않는 조합을 결성하여 설치·운영하는 어린이집이다. 협동어린이집을 위한 조합은 보육 영유아를 둔 보호자 또는 보호자와 보육교직원 11인 이상이 상호 출자하여 공동으로 어린이집을 설치·운영할 것을 약정하고 결성해야 그 효력이 발생한다. 협동어린이집은 상시 영유아 11인 이상을 보육해야 하며, 이를 설치 · 운영하고자 하면 관할 시장, 군수 또는 구청장에게 사전에 인가를 신청해야 한다. 상시 영유아 20인 이하를 보육하는 협동어린이집은 가정어린이집을 설치할 수 있는 곳에도 설치할 수 있다.

2) 특수보육

특수보육은 영아, 장애아, 방과후 아동, 야간연장 보육 등 특수한 요구를 지닌 영유아를 위한 보육을 의미한다. 영아전담, 장애아전문, 장애아통합, 방과후, 야간연장, 24시간, 휴일 어린이집이 있다.

(1) 영아전담어린이집

영아전담어린이집은 만 3세 미만의 영아만을 20인 이상 보육하는 어린이집이다. 예전에는 영아전담어린이집을 별도로 지정하였으나, 2004년 이후부터 별도로 지정하지 않고 있다. 영아전담어린이집을 설치하여 운영할 경우에는 보육 정원을 기준으로 가능한 2세 미만(24개월 미만) 영아를 위한 반이 2세반(24개월 이상~36개월 미만)보다 더 많도록 편성해야 하며, 만 2세 이상 반만으로 운영할 경우에는 지정이 취소된다. 영아전담어린이집의 경우 원장과 보육교사는 월 지급액의 80%, 조리사 1명에 대해 100%의 인건비를 지원받는다.

(2) 장애아전문어린이집

장애아전문어린이집은 12명 이상의 장애영유아를 보육할 수 있는 시설을 갖춘 어린이집이다. 이는 미취학 장애아 9명 이상을 포함하여 상시 12명 이상의 장애아를 보육하는 어린이집 중 시장 · 군수 · 구청장이 장애아전문어린이집으로 지정하여 시 · 도지사를 거쳐 보건복지부장관이 인건비 지원을 승인한 어린이집이다. 장애아전문어린이집은 원장과 보육교사, 특수교사는 월 지급액의 80%, 치료사는 100%의 인건비를 지원받는다.

장애아전문어린이집의 교사 대 아동 비율은 1:3을 전제로 하며, 교사 3인 중 1명은 반드시 특수교사 자격증 소지자여야 한다. 특수교사, 장애영유아를 위한 보육교사 등의 자격을 갖추지 않은 보육교사가 장애아반을 전담하는 경우에는 장애아보육 직무교육 과정을 이수해야만 한다. 또한 장애아전문어린이집은 장애영유아를 대상으로 인근 장애아전문어린이집, 장애아통합어린이집 또는 장애인복지관과 연계하여 특수교육 진단평가, 개별화교육 프로그램(IEP) 등을 시행하여 장애영유아가 적절한 보호서비스를 받을 수 있도록 해야 한다. 시·군·구는 장애아전문어린이집이 장애아에게 적절한 서비스를 제공하지 못한다고 판단되면 보육교직원 인건비 등의 보조금 지원을 중단할 수 있다.

(3) 장애아통합어린이집

오늘날 통합교육은 장애아를 일반교육 환경에서 교육하도록 하지만, 이것이 불가능한 경우에는 필요한 정도만큼 일반교육 환경에서 분리해 특수교육적 조치를 취하는 것으로의 통합(inclusion)을 의미한다(한국보육교사교육연합회, 2021, p. 237). 이러한 통합의 개념에 따라 장애아통합 어린이집은 3명 이상의 장애영유아를 보육하는 어린이집이다. 이는 시장·군수·구청장의 지정을 받아 정원의 20% 이내에서 장애아 기본반을 편성·운영하거나, 장애아 기본반을 별도 편성하지 않고 미취학 장애아를 보육한다. 정부지원을 받는 국공립어린이집, 사회복지법인어린이집은 우선적으로 장애아통합반을 구성하여 운영해야 한다. 장애아통합어린이집은 장애아와 비장애아를 통합하여 운영하는데, 교사 대 아동 비율은 1:3을 전제로 하여 장애전담교사와 일반 보육교사를 1명씩 배치해야 한다. 장애전담교사나 특수교사를 별도로 채용하는 경우에만 인건비가 지원된다.

(4) 방과후 어린이집

방과후 어린이집은 초등학생을 대상으로 방과후 보육서비스를 제공하는 어린이집으로서 일일 4시간 이상(~19:30분까지) 보육서비스를 제공해야 한다. 방과후 어린이집은 영유아보육의 연계선상에서 초등학교 저학년을 우선 대상으로 한다. 맞벌이부부 등 아동을 맡길 곳이 없는 가정을 우선으로 하여 시설정원 범위 내에서 20%까지 보육할 수 있다. 다만, 장애아전문어린이집의 장애아 방과후 보육인 경우에는 총 정원의 50%를 초과하여 운영할 수 없다(보건복지부, 2022, pp. 423-424).

(5) 연장형 어린이집

연장형 어린이집은 야간연장 어린이집, 24시간 어린이집, 휴일 어린이집이 있다. 연장형 어린이집의 개념과 유형은 [그림 3-1]에 제시한 바와 같다.

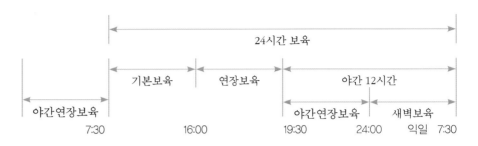

※ 그 밖의 연장보육: 24시간 보육(기본보육＋연장보육＋야간연장보육＋새벽보육), 야간연 장보육, 야간 12시간 보육(야간연장＋새벽보육), 휴일보육

그림 3-1 　그 밖의 연장형 보육 개념

출처: 보건복지부(2022). 2022 보육사업안내, p. 412.

① 야간연장 어린이집

야간연장 어린이집 기준 보육 시간(7:30~19:30)을 경과하여 최대 24:00까지 시간을 연장하여 보육하는 시설이다. 야간연장 어린이집은 연장보육 영유아를 보육하는 것이 원칙이지만, 주간에 다른 어린이집을 이용하는 영유아도 이용할 수 있다. 국공립 및 정부지원 비영리법인 시설의 경우 부모의 취업 등으로 1명 이상이 보육 시간 연장을 필요로 할 때는 야간연장보육을 의무적으로 시행해야 하며 위반 시 과태료가 부과된다. 또한 야간연장보육의 교사 대 아동 비율은 매일 1:5를 원칙으로 하되, 장애아, 0세아는 보육교직원의 업무량을 고려하여 일부 다르게 적용할 수 있으며, 유아로만 편성된 경우에는 1:7까지 조정할 수 있다.

② 24시간 어린이집

24시간 어린이집은 24시간 동안(7:30~익일 7:30) 보육서비스를 제공하는 시설이다. 2010년 3월부터는 24시간 지정 어린이집에서만 야간 12시간 보육 및 24시간 보육을 할 수 있다(보건복지부, 2022, p. 417). 야간 12시간 보육은 야간 시간대(19:30~익일 7:30)에 이루어지는 보육 형태이고, 24시간 보육은 주간보육 (7:30~19:30)과 야간 12시간 보육(19:30~익일 7:30)을 모두 이용하는 보육 형태다. 24시간 어린이집은 시·도지사가 지역 내 야간 12시간 및 24시간 보육서비스 수요 를 감안하여 정부지원시설 및 직장어린이집을 대상으로 지정할 수 있는데, 2019년 3월부터 정부 인건비 지원 어린이집과 직장어린이집에 대해서만 신규 지정을 하 고 있다. 야간 12시간 및 24시간 보육서비스의 이용 대상 아동은 부모가 야간에 경 제활동에 종사하는 가정, 한부모 또는 조손가정 등의 영유아로 야간 12시간 보육이 불가피하다고 판단되는 미취학 영유아로 이용 등록은 반드시 시·군·구에서 확인 후 등록을 승인해야 한다.

야간연장 및 24시간 보육 아동의 교사 대 아동 비율은 1:5를 원칙으로 한다. 다 만, 장애아, 0세아는 보육교직원의 업무량을 고려하여 일부 달리 적용할 수 있고, 기본반과 연장반은 연령에 따라 반 편성을 한다. 24시간 보육을 이용할 때는 보호 자와 어린이집 원장이 지켜야 할 준수사항과 의무가 있다. 이를 표로 제시하면 〈표 3-2〉와 같다.

표 3-2 ⟩ 24시간 보육아동 부모 등 보호자 준수사항과 어린이집 원장의 의무

부모 등 보호자 준수사항	어린이집 원장의 의무
• 최소한 주 3회 이상 아동과 전화 또는 방문 등의 방식으로 아동과 접촉해야 함 • 최소한 주 1회 이상 영유아를 가정에 데려가 보호해야 함 • 상시적으로 어린이집과 연락체계를 유지 해야 함 • 1개월 이상 아동의 보호 의무를 해태하거나 연락이 안 될 경우 시·군·구청장이 「아동 복지법」상 보호조치를 취할 수 있음을 유념 해야 함	• 24시간 보육아동 입소 시 보호자의 의무사항, 야간 12시간 및 24시간 보육 여건 및 프로그램 등에 대해 상세히 안내하고, 보호자에게 이용 신청서를 제출받아 비치하고, 시·군·구 승인하에 24시간 보육이 가능함 • 24시간 보육아동을 보육함에 있어 가급적이면 가정에서와 같은 환경(수면실 등)과 조·석식 을 포함한 균형적인 급·간식 제공 및 별도의 보육프로그램(기본생활 습관 형성, 가족과의 유대 강화 프로그램 등)을 시행함 • 시설 내에서 아동학대 및 안전사고가 발생 하지 않도록 예방교육 및 안전조치를 취해야 함

출처: 보건복지부(2022). 2022 보육사업안내, pp. 419-420.

아동의 보호자가 정당한 사유 없이 장기간(1개월 이상) 아동을 어린이집에 방치하였을 경우, 어린이집 원장은 시·군·구청장에게 통보하여 아동의 계속 보육 여부 및 「아동복지법」 제10조에 의한 보호조치의 필요성 등을 판단하도록 조치해야 한다. 시·군·구청장은 24시간 보육아동의 관리를 위해 아동복지 담당부서와의 협조체계를 유지해야 하며, 장기간 방치된 아동의 계속 보육 또는 「아동복지법」상 보호조치의 필요성을 판단하기 위해 관계 공무원 및 지역의 아동위원 또는 아동복지 전문가로 구성된 판정위원회를 둘 수 있다.

③ 휴일 어린이집

휴일 어린이집은 일요일 및 공휴일에 보육하는 시설로서 원래 시설 정원과는 별도로 휴일보육 정원을 책정할 수 있다. 휴일 어린이집은 공휴일에만 운영하기 때문에 기존에 인가받은 정원과는 별도로 보육 정원을 책정할 수 있다. 휴일보육의 교사 대 아동 비율은 1:5를 원칙으로 하지만, 장애아, 0세아는 보육교직원의 업무량을 고려하여 일부 달리 적용할 수 있고, 유아로만 편성된 경우에는 1:7까지 조정할 수 있다.

2 보육정책

보육정책은 각 나라의 보육이념을 실천하기 위한 정책이므로 우리나라 보육정책을 이해하기 위해서는 먼저 보육이념을 살펴볼 필요가 있다. 우리나라의 보육이념은 「영유아보육법」 제3조에 명시되어 있다. 즉, 보육은 영유아의 이익을 최우선적으로 고려하여 제공되어야 하며, 보육은 영유아가 안전하고 쾌적한 환경에서 건강하게 성장할 수 있도록 하고, 영유아는 자신이나 보호자의 성, 연령, 종교, 사회적 신분, 재산, 장애, 인종 및 출생 지역 등에 따른 어떠한 종류의 차별도 받지 아니하고 보육되어야 한다.

보육이념을 근거로 보건복지부는 다양한 수혜대상의 요구와 보육환경의 변화를 반영하고 관련 기관들과 협의하여 보육정책을 수립 및 실행하고 있다. 그리하여 보건복지부는 5년 주기의 중장기보육 기본계획을 수립하여 시행하고 있으며, 이는 2006년에 제1차 중장기보육 기본계획을 시작으로 현재 제3차 중장기보육 기본계획을 시행하고 있다. 제3차 중장기보육 기본계획(2018~2022)은 '영유아의 행복한 성장을 위해 함께하는 사회'라는 비전에 따른 목표 및 전략을 수립하여 다양한 정책을 시행하고 있다. 제3차 중장기보육 기본계획의 비전과 목표 및 전략은 [그림 3-2]에 제시한 바와 같다.

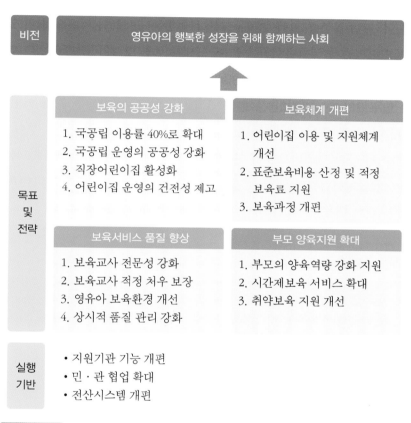

그림 3-2 제3차 중장기보육 기본계획(2018~2022) 비전 및 정책 과제 체계도

출처: 보건복지부(2017. 12.). 제3차 중장기보육 기본계획(2018~2022), p. 14.

보육정책과 관련하여 보육정책 과제와 지표 달성을 위해 보육 현장에서 시행되고 있는 사업 중 보육의 공공성 강화 분야 지표인 열린어린이집, 보육체계 개편 관련 지표인 보육지원체계 개편, 보육서비스 품질 향상 분야 관련 지표인 평가인증제도 개선에 따른 평가인증제에서 평가제로의 전환, 부모 양육지원 확대 분야 지표 달성을 위해 추진하는 육아종합지원센터 확충 및 시간제보육 서비스 확대에 대해 살펴보고자 한다.

1) 열린어린이집의 활성화

열린어린이집 관련 정책은 2015년 1월에 발표된 아동학대 근절 대책의 하나로 어린이집의 물리적 구조 · 프로그램 운영에서 개방적이고 부모의 일상적 참여가 이루어진다. 어린이집을 이용하는 부모에게 자녀를 믿고 맡길 수 있는 보육환경을 조성하여 어린이집을 활성화하기 위해 시행하고 있다. 이를 위해 보호자의 어린이집 참관권, 어린이집 운영위원회 학부모 대표 비율 50% 이상, 분기별 1회 이상 개최하는 것으로 「영유아보육법」을 개정하였다. 열린어린이집 활성화를 위해 지방자치단체에서는 열린어린이집 지정 기간에 교재 · 교구비 우선 지원, 공공형 어린이집 선정 시 배점 · 가점 부여, 국공립어린이집 재위탁 심사 시 배점 · 가점 부여, 보조교사 우선 지원 등의 인센티브를 부여하여 보다 많은 어린이집이 참여하도록 지원하고 있다. 열린어린이집의 개념, 선정 요건, 선정권자, 선정 및 재선정 기준과 선정 취소 등에 대한 내용은 〈표 3-3〉에 제시한 바와 같다.

표 3-3 열린어린이집 선정 요건

구분	내용
개념	• 어린이집의 물리적 구조 · 프로그램 운영에서 개방적이고 부모의 일상적 참여가 이루어지는 어린이집으로 지방자치단체의 장이 선정한 어린이집
선정 요건	• 개방성(참관실, 창문, 투명 창, 부모 공용 공간, 정보 공개 등) • 참여성(신입원아 부모오리엔테이션, 부모 개별상담, 운영위원회, 부모교육, 부모참여 프로그램, 부모만족도 조사, 부모 참관 등) • 지속 가능성(부모참여 활동 수요조사, 부모참여 활동 정기 안내 및 공지) • 다양성(부모참여 활동의 균형적 운영, 지역사회와의 연계 및 협력 활동 등) • 지방자치단체 선정기준
선정권자	• 지방자치단체의 장(시 · 도지사 또는 시 · 군 · 구청장)
선정 및 재선정 기준	• (신규) 지방자치단체의 장이 매년 선정기준에 따라 평정하여 80점 이상인 어린이집 중에서 선정 • (재선정) 지방자치단체의 장이 기존 지정된 열린어린이집을 평정하여 80점 이상인 경우 재선정
선정 취소	• 선정 취소 사유에 해당하는 경우, 선정한 지방자치단체의 장이 선정 취소 조치

출처: 보건복지부(2022). 2022 보육사업안내, p. 148.

2) 보육지원체계의 개편

부모가 어린이집을 적절하게 이용할 수 있도록 하기 위해 보육서비스 이용과 이용 시간을 선택할 수 있도록 한 취지에서 보육지원체계를 개편하여 시행하고 있다. 2013년부터 무상보육제도가 시행되며 부모의 맞벌이 여부에 관계없이 12시간 종일반을 이용하는 영유아가 증가하여 실제로 장시간 보육이 필요한 유아가 서비스를 받지 못하는 등의 문제가 발생하였다. 이에 보건복지부는 보육의 질을 높이고 교사의 근무 여건을 개선하기 위한 목적으로 영유아와 부모의 보육수요에 따른 이용을 지원하고자 하였다. 보육 시간을 '기본보육'과 '연장보육'으로 구분하면서 각 시간과 과정에 전담교사를 배치하고 연장 보육료를 지원하기 위해 2019년 4월에

추진 목적
아동 · 부모의 부모 수요 · 이용, 교사 근무 여건 개선을 반영한 지원 체계 마련
▶▶ 보육의 질 제고 및 교사 근무 여건 개선

추진 방향
보육 과정 및 시간 구분: 7:30~19:30 운영 → 기본교육＋연장교육
과정별 별도 지원 체계 마련: 연장보육 전담교사 및 연장 보육료 지원

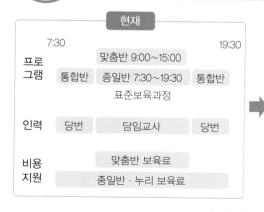

아동 ▶ 전담교사 배치로 정서적 안정감　　교사 ▶ 업무 부담 및 근무환경 개선

어린이집 ▶ 장시간 보육 운영 부담 완화　　부모 ▶ 부담 없이 필요한 만큼 이용

그림 3-3 보육지원체계 개편 방안

출처: 이윤신(2019). "온종일 활기찬 어린이집"을 위한 보육지원체계 개편. 육아정책포럼, 62, p. 28.

「영유아보육법」을 개정하여 2020년 3월부터 "'온종일 활기찬 어린이집'을 위한 보육 지원체계 개편"으로 이를 운영하고 있다(이윤신, 2019, p. 24). 개편된 보육지원체계에 의하면 보육 시간별로 교사를 배치할 수 있도록 하였다. 기본보육반 담임교사에게는 적정 시간 보육 업무를 한 후 휴게 시간과 준비 시간을 보장해 줌으로써 장시간 어린이집을 이용해야 하는 영유아가 정서적 안정감을 갖게 하고, 연장 보육료를 지원함으로써 장시간 보육 이용 수요를 충족할 수 있도록 하였다.

개편된 보육지원체계에 의하면 어린이집의 '기본보육' 시간은 오전 7시 30분부터 오후 4시까지이고, 돌봄 공백 영유아를 대상으로 오후 4시부터 오후 7시 30분까지 '연장보육'을 실시하여 이 시간에는 '연장보육' 전담교사를 배치하여 운영한다. 개편된 보육지원체계는 [그림 3-3]과 같다.

3) 어린이집 평가제

어린이집의 질적 수준을 향상하면서 체계적으로 관리하기 위해 정부는 2005년에 시범 운영한 후 2006년부터 전국의 어린이집을 대상으로 어린이집 평가인증제도를 시행하였다. 시행 당시에는 어린이집의 자발적 신청에 의해 운영되어 미인증 어린이집으로 인한 질 관리 사각지대가 존재하게 되었다. 그러나 최근 영유아 권리 보호, 영유아 학대 예방 등 영유아 인권과 안전 관리 강화에 대한 사회적 요구가 증가함에 따라 모든 어린이집에 대한 평가의 필요성이 제기되었다. 이에 정부는 '보육·양육에 대한 사회적 책임 강화' 실현과 영유아의 건강한 성장과 발달을 지원하기 위해 2018년에 「영유아보육법」을 개정하여 2019년 6월부터 전체 어린이집에 대한 의무평가제를 시행하고 있다.

(1) 평가제 목적

평가제는 보육의 질적 수준 향상과 유지를 위해 영유아의 안전과 건강, 조화로운 성장과 발달을 도모함으로써 부모가 믿고 안심할 수 있는 보육환경 조성에 기여하고자 하는 데 목적을 두고 (재)한국보육진흥원이 보건복지부의 위탁을 받아 시행하고 있다. 평가제의 목적은 다음과 같다(보건복지부, 한국보육진흥원, 2022, p. 9).

첫째, 상시적인 보육서비스 질 관리를 위해 주요 핵심지표를 중심으로 질 관리

표준을 제시하고, 어린이집 스스로 질적 수준을 제고하도록 한다.

둘째, 전체 어린이집에 대한 주기적 평가하여 보육서비스 품질 관리의 사각지대를 해소하고 전반적인 보육서비스 수준을 지속적으로 관리하여 국가의 책무성을 강화하고자 한다.

셋째, 궁극적으로 평가제를 통해 보육서비스의 질 향상을 제고함으로써 영유아의 안전과 건강, 조화로운 성장과 발달을 도모하고자 한다. 이를 위해 영유아의 인권과 놀 권리를 보장하고, 영유아가 건강하고 행복하게 성장할 수 있는 안심 보육 환경을 조성하며 보육교직원이 영유아 보육에 집중할 수 있는 여건을 조성한다.

(2) 평가제 특징

평가제는 전체 어린이집을 대상으로 주기적인 의무평가를 통해 결과 등급에 따라 관리한다. 만일 어린이집이 평가를 거부, 방해 또는 기피하거나 거짓, 그 밖의 부정한 방법으로 평가를 받을 경우에는 시정명령과 행정처분을 받을 수 있다. 평가제의 특징은 〈표 3-4〉에 제시한 바와 같다.

표 3-4 평가제 특징

구분	평가제
평가 대상	• 전체 어린이집
평가 절차	• 평가 대상 통보 → 기본사항 확인 및 자체점검 → 현장평가 → 종합평가(총 3개월) 대상 통보 (한국보육진흥원) ⇨ 기본사항 확인 및 자체점검 보고서 제출 (지자체, 어린이집) ⇨ 현장평가 (현장평가자) ⇨ 종합평가, 결과 통보 (종합평가위원회) • 참여수수료 전액 국가 부담 • 기본사항: 사전점검사항 5개, 위반이력사항 – 사전점검사항 미준수는 D등급 부여, 위반이력사항 발생 시 차하위 등급 부여 • 소위원회와 종합평가위원회에서 심의, 등급 결정 * 필수 지표 및 요소 미충족 시 A등급 불가 • 재참여, 재평가 과정 폐지

〈계속〉

평가 결과	• 4등급(A, B, C, D)
평가 주기	• A, B등급 3년 / C, D등급 2년
결과 공표	• 전체 어린이집의 결과 공시 – 평가 결과, 평가 이력 등 공개

사후 관리
및
등급 조정
	• 평가 후 관리
	   – 연차별 자체점검 보고서 제출(A, B등급)
	   – 사후방문지원(C, D등급 의무 실시)
	   – 확인점검(평가 관련 민원 발생, 법 위반 및 행정처분, 정보공시 부실어린이집
	     등에 대하여 불시점검)
	   – 평가등급 조정 및 관리
	   – 법 위반 및 행정처분 발생 시 최하위 등급 조정

결과 활용	• 평가등급별 행·재정적 지원 등 • 지도점검 연계(2회 연속 D등급 어린이집)

출처: 보건복지부, 한국보육진흥원(2022). 2022 어린이집 평가매뉴얼(어린이집용), p. 10.

(3) 평가제 운영체계

어린이집 평가 과정은 평가 대상 어린이집의 선정 및 통보로 시작되며, 기본사항 확인, 자체점검 보고서 제출, 현장평가, 종합평가 순으로 진행된다. 그러나 특정한 사유로 어린이집이 통보된 일정에 평가를 받기 어려운 경우에는 3개월 전·후로 평가 시기를 조정할 수 있다(보건복지부, 한국보육진흥원, 2022, p. 23). 어린이집 평가 운영체계는 [그림 3-4]와 같다.

(4) 평가제 지표

어린이집 평가지표는 평가 영역, 평가지표, 평가항목, 평가 내용(평가 요소)의 순으로 구성되어 있으며, 그 지표는 4개 영역 18개 지표, 59개 항목으로 구성되어 있다. 평가지표의 구성 체계와 평가지표와 필수 지표 및 요소는 [그림 3-5] 〈표 3-5〉 〈표 3-6〉과 같다.

준비

어린이집
상시 자체점검

육아종합지원센터
사전컨설팅

대상 선정 및 통보

한국보육진흥원
선정 통보(1차) ▶ 확정 통보(2차)

어린이집/지자체
대상 확인

기본사항 확인 및 자체점검

어린이집
자체점검 보고서 제출

지자체
기본사항 확인

현장평가

한국보육진흥원
현장평가 보고서 작성 및 검토

종합평가

한국보육진흥원
소위원회 ▶ 종합평가위원회
등급 조정 및 결정

결과 통보

한국보육진흥원
어린이집 개별 통보

소명심사위원회
소명심사

결과 공표

보건복지부
통합정보공시 홈페이지 공개

평가 후 관리

어린이집
−(A, B등급) 연차별 자체점검 보고서 제출
−(C, D등급) 자체개선 보고서 제출

한국보육진흥원/육아종합지원센터
−확인 점검
−사후방문 지원   *C, D등급 의무
−평가주기 조정 관리

보건복지부
최하위 등급 조정

그림 3-4 어린이집 평가 운영체계

출처: 보건복지부, 한국보육진흥원(2022). 2022 어린이집 평가매뉴얼(어린이집용), p. 18.

| 1 | 보육과정 및 상호작용 | 평가 영역 |

| 1-1 | 영유아 권리 존중 필수 | 평가지표 |

평가항목	결과
1-1-1	교사는 영유아를 존중한다.	☐ Y ☐ N
1-1-2	교사는 영유아를 차별 없이 대한다.	☐ Y ☐ N
합계	총계

지표 평정기준

☺ 우수: 2개의 평가항목 중 'Y' 개수가 2개

☺ 보통: 2개의 평가항목 중 'Y' 개수가 1개

☹ 개선 필요: 2개의 평가항목 중 'Y' 개수가 0개

1-1-1	**교사는 영유아를 존중한다.**
평가 내용	① 교사는 영유아의 개별적 요구나 질문을 주의 깊게 듣고 적절하게 반응함 ② 교사는 영유아가 이해할 수 있는 내용으로 눈을 마주치며 이야기함 ③ 교사는 인정과 격려를 통해 영유아의 말과 행동, 생각 및 감정을 지지해 줌 ④ 교사는 위협, 비난, 조롱 등 부정적 언어를 사용하지 않음
평가 기준	4개 모두 충족해야 Y로 평정

그림 3-5 **평가지표의 구성 체계**

출처: 보건복지부, 한국보육진흥원(2022). 2022 어린이집 평가매뉴얼(어린이집용), p. 55.

<table>
<tr><td colspan="2">표 3-5</td><td colspan="2">평가지표의 평가 영역 및 평가항목 수</td></tr>
</table>

평가 영역(항목 수)	평가지표	평가항목 수
1. 보육과정 및 상호작용(18)	1-1. 영유아 권리 존중(필수)	2
	1-2. 보육계획 수립 및 실행	6
	1-3. 놀이 및 활동 지원	3
	1-4. 영유아 간 상호작용 지원	4
	1-5. 보육과정 평가	3
2. 보육환경 및 운영 관리(14)	2-1. 실내 공간 구성 및 운영	4
	2-2. 실외 공간 구성 및 운영	3
	2-3. 기관 운영	4
	2-4. 가정 및 지역사회와의 연계	3
3. 건강·안전(15)	3-1. 실내외 공간의 청결 및 안전	3
	3-2. 급·간식	3
	3-3. 건강증진을 위한 교육 및 관리	3
	3-4. 등·하원의 안전	3
	3-5. 안전교육과 사고 예방	3
4. 교직원(12)	4-1. 원장의 리더십	3
	4-2. 보육교직원의 근무환경	3
	4-3. 보육교직원의 처우와 복지	3
	4-4. 보육교직원의 전문성 제고	3

* 3-2, 3-4, 3-5 지표 내 필수 요소 8개 포함
출처: 보건복지부, 한국보육진흥원(2022). 2022 어린이집 평가매뉴얼(어린이집용), p. 58.

<table>
<tr><td colspan="2">표 3-6</td><td colspan="2">평가지표의 필수 지표 및 요소</td></tr>
</table>

필수지표		1-1. 영유아 권리 존중
필수 요소	3-2-2-1	식자재는 신선한 것을 구입하고 이를 위생적으로 보관함
	3-2-2-2	유통기한 경과 식품(식자재 등)이 없음
	3-2-3-3	1회 조리된 음식은 당일 소모하고 재배식하지 않음
	3-4-1-4	영유아의 인계 과정이 규정에 따라 안전하게 이루어짐
	3-4-2-4	영유아를 두고 자리를 비울 때에는 책임 있는 성인에게 인계함
	3-4-3-4	운전자와 함께 차량에 동승한 성인은 영유아를 안전하게 보호함
	3-5-2-1	보육교직원을 대상으로 기본적인 안전교육을 정기적으로 실시함 (영유아 학대 예방교육 포함)
	3-5-2-4	영유아 학대예방 지침(체벌 금지 포함)을 준수함

출처: 보건복지부, 한국보육진흥원(2022). 2022 어린이집 평가매뉴얼(어린이집용), p. 68.

(5) 등급 평정 방식

제시된 어린이집 평가지표는 평가 영역별로 '우수' '보통' '개선 필요'의 세 개 등급으로 평가된다. 평가지표 중 '개선 필요' 등급이 하나라도 있을 경우에 '개선 필요'로 등급이 부여된다. 평가지표의 네 개 영역 모두 '우수'로 평정되고, 필수지표 1-1과 3영역의 필수 요소 8개를 충족해야 A등급을 받는다. 평가지표에 따른 평가등급의 평정방식은 [그림 3-6]과 같다.

- (평가지표) 지표별 평가항목의 '충족' 개수에 따라 3개 등급(우수, 보통, 개선 필요) 중 1개 부여
  * 평가항목은 체크리스트 방식에 의해 '충족(Y)' 또는 '미충족(N)'에 체크

평가항목 수	지표 평정		
	충족(Y) 항목 수		
2	2개	1개	0개
3	3개	2개	1개 이하
4	4개	2~3개	1개 이하
5	5개	3~4개	2개 이하
6	6개	3~5개	2개 이하
	⬇	⬇	⬇
	우수	보통	개선 필요

- (평가 영역) 각 영역별 평가지표 중 '우수' '개선 필요' 지표 개수에 따라 3개 등급(우수, 보통, 개선 필요) 중 1개 부여
  * 평가지표 중 '개선 필요' 등급이 하나라도 있을 경우 '개선 필요' 등급 부여

평가 영역(지표 수)	영역 평정		
1. 보육과정 및 상호작용(5)	'우수' 지표 4개 이상(필수 포함)		
2. 보육환경 및 운영 관리(4)	'우수' 지표 3개 이상	우수 및 개선 필요 등급에 해당하지 않는 경우	'개선 필요' 지표 1개 이상
3. 건강 · 안전(5)	'우수' 지표 4개 이상(필수 포함)		
4. 교직원(4)	'우수' 지표 3개 이상		
	⬇	⬇	⬇
	우수	보통	개선 필요

- (어린이집 등급) 4개 평가 영역 중 '우수' '개선 필요' 등급 개수에 따라 어린이집 등급(A, B, C, D) 중 1개 부여

〈평가등급 기준 및 평가주기〉

등급 구분	등급 부여 기준	평가주기
A	4개 영역 모두 '우수'인 경우(필수 지표 및 요소 모두 충족)	3년
B	'우수' 영역이 3개 이하이며, '개선 필요' 영역이 없는 경우	3년
C	'개선 필요' 영역이 1개인 경우	2년
D	'개선 필요' 영역이 2개 이상인 경우	2년

그림 3-6 어린이집 등급 평정방식

출처: 보건복지부, 한국보육진흥원(2022). 2022 어린이집 평가매뉴얼(어린이집용), p. 59.

(6) 평가 후 품질 관리

평가 후 평가 결과와 연계하여 어린이집이 평가주기 동안 일정 수준 이상의 보육서비스 질을 유지하고 지속적으로 향상할 수 있도록 다양한 방법으로 평가 후 품질 관리를 해야 한다. 어린이집이 평가 후 품질 관리를 해야 하는 부분과 그 내용은 〈표 3-7〉에 제시한 바와 같다.

표 3-7 평가 후 품질 관리 유형과 내용

품질 관리 유형	관리 내용
연차별 자체 점검	• 평가 결과에서 A, B등급의 어린이집은 평가주기 동안 스스로 보육서비스의 질적 수준을 점검하여 개선·보완하도록 매년 자체 점검을 실시하고 그 결과를 제출함
사후방문 지원 (컨설팅)	• 평가 결과에서 C, D등급의 어린이집은 개선이 필요한 지표, 보육과정 운영 등 어린이집 운영 전반에 대한 방문 지원(컨설팅), 교육 및 정보 제공 등을 지원함
평가 관련 보육교직원 교육과 정보 제공	• 보육교직원을 대상으로 교육(온라인 교육 포함) 등을 통해 평가지표 관련 지식과 정보를 제공함
확인 점검	• 평가받은 어린이집 중 일부를 불시방문하여 보육서비스의 질 유지 수준을 확인함 • 대상 - 평가지표와 관련된 민원 발생 어린이집 - 평가 후 법 위반 및 행정처분을 받은 어린이집 중 인증 취소 사유 및 등급조정 사유에 해당하지 않는 어린이집 * 법 제45조의2(과징금 처분), 3백만 원 미만 비용 및 보조금의 반환 명령, 6개월 미만 운영 정지 등 - 연차별 자체점검 보고서를 제출기한 내 미제출한 어린이집 - 평가 후 대부분의 교사(80%)가 이직한 어린이집

〈계속〉

확인 점검	– 정보공시 항목(7개 항목, 18개 범위)을 미공시하거나 공시 시기를 미준수한 어린이집 – 평가지표 3영역 필수 요소 8개 중 4개 이상을 미충족한 어린이집 – 종전 운영자 변동 없이 국공립어린이집 전환 전 평가(인증) 결과를 승계한 어린이집 – 확인 점검 결과 1개 이상 영역이 '개선 필요'인 어린이집 　* '21. 3. 1. 이후 실시한 확인 점검
최하위 등급 (D등급) 조정	• 평가받은 어린이집에서 법 위반 및 행정처분이 발생한 경우 기존 평가등급을 최하위 등급(D등급)으로 조정함
평가주기 조정 관리	• 평가받은 어린이집에서 변경인가 등 평가주기 조정 사유가 발생한 경우 해당 어린이집의 평가주기를 조정함

출처: 보건복지부, 한국보육진흥원(2022). 2022 어린이집 평가 매뉴얼(어린이집용), pp. 43-49의 내용을 요약 · 정리 제시함.

4) 육아종합지원센터의 확충

육아종합지원센터는 보육사업 전달체계 중 하나로서 「영유아보육법」과 지방자치단체 조례에 근거하여 설립된 기관이다. 중앙육아종합지원센터와 지방육아종합지원센터의 두 개 유형이 있다. 저출산이 심각한 국가적 당면 과제로 부각됨에 따라 정부에서는 출산율 제고 방안의 하나로 2013년 「영유아보육법」을 일부 개정하여 가정양육지원을 센터의 법적 기능에 추가하고, 명칭을 보육정보센터에서 육아종합지원센터로 변경하면서 가정양육지원 기능을 강화하였다.

(1) 현황

육아종합지원센터는 중앙육아종합지원센터 1개소와 시 · 도 육아종합지원센터 18개, 시 · 군 · 구 육아종합지원센터 105개가 있어 총 124개가 설치되어 운영 중이다(〈표 3-8〉 참조). 중앙육아종합지원센터는 (재)한국보육진흥원에 위탁하여 운영하고 있으며, 시 · 도에 18개와 시 · 군 · 구에 105개소는 지방자치단체가 설치하여 운영하고 있다. 이 중 경기도는 경기도센터와 경기북부센터로 분리하여 설치 · 운영되고 있다.

표 3-8 **육아종합지원센터 현황**

중앙	시 · 도	시 · 군 · 구	계
1개	18개	105개	124개

출처: 중앙육아종합지원센터 홈페이지. http://central.childcare.go.kr/lcentral/d1_10000/d1_10007.jsp#central.childcare.go.kr에서 2021. 12. 31. 인출.

2. 보육정책 ⇨

(2) 기능 및 역할

① 기능

중앙육아종합지원센터는 보건복지부장관이 보육에 관한 정보의 수집·제공 및 상담을 위해 설치·운영하며, 지방육아종합지원센터의 업무를 지원한다. 지방육아종합지원센터는 시·도지사 또는 시·군·구청장이 보육에 관한 정보의 수집·제공 및 상담을 위해 설치·운영하며, 관할 지역 내 어린이집과 보육수요자를 대상으로 지역 특성에 기초한 서비스, 보육 및 양육에 관한 정보의 수집·제공 및 보육교직원·부모상담 등을 제공하기 위해 보건복지부장관과 지방자치단체의 장이 설치·운영하는 육아지원 거점기관이다. 즉, 육아종합지원센터는 어린이집 지원·관리 및 보호자에 대한 가정양육 지원을 위해 보육교직원 교육 및 상담, 보육정보 제공, 보육컨설팅 등 어린이집 지원 기능과 부모에 대한 상담 및 교육, 시간제보육 서비스 등 가정양육 지원 기능을 수행한다(보건복지부, 중앙육아종합지원센터, 2020, p. 5).

 참고 ❷ **육아종합지원센터의 기능**

1. 중앙육아종합지원센터와 지방육아종합지원센터
   ① 시간제보육 서비스 제공
   ② 보육에 관한 정보 수집 및 제공
   ③ 보육프로그램 및 교재·교구(敎具) 제공 또는 대여
   ④ 보육교직원에 대한 상담 및 구인·구직 정보 제공
   ⑤ 어린이집 설치·운영 등에 관한 상담 및 컨설팅
   ⑥ 장애아 보육 등 취약보육(脆弱保育)에 대한 정보의 제공
   ⑦ 부모에 대한 상담·교육
   ⑧ 영유아의 체험 및 놀이 공간 제공
   ⑨ 영유아 부모 및 보육교직원에 대한 영유아 학대 예방 교육
   ⑩ 그 밖에 어린이집 운영 및 가정양육 지원 등에 관하여 필요한 사항

2. 중앙육아종합지원센터는 지방육아종합지원센터의 업무를 지원하고, 지방육아종합지원센터는 관할 지역의 어린이집과 보육수요자에 대해 지역 특성에 기초한 서비스를 제공하여야 한다.

출처: 「영유아보육법 시행령」 제13조.

② 역할

육아종합지원센터는 보육사업 전달체계로서 중앙, 시·도 및 시·군·구 센터가 다양한 역할을 수행하는데 그 역할은 〈표 3-9〉에 제시한 바와 같다.

| 표 3-9 | **중앙육아종합지원센터 및 지방육아종합지원센터의 역할** |

구분	역할
중앙	• 전국 단위 보육정보의 수집 데이터베이스 구축 및 제공 • 전국 공통사업 강사(컨설턴트) 양성 및 인력풀 관리, 매뉴얼·자료 제작, 실적 관리 등 시·도 및 시·군·구 센터 사업 지원 • 통합 홈페이지의 운영 및 업무관리 시스템 관리, 원격교육 등 온라인 서비스 수행 및 지원 • 센터 직원 등에 대한 연수 및 운영 지원 • 센터 자체평가 지원 및 우수사례 발굴 • 센터 홍보 및 이용자 만족도 조사 실시
시·도	• 지역의 보육 관련 정보의 수집 및 제공 • 지역 특성을 고려한 보육 프로그램 및 콘텐츠의 개발 및 보급 • 지자체 특수사업 매뉴얼 개발, 자료제작 등 지자체 특수사업 총괄·지원 • 어린이집 보육컨설팅, 보육교직원 교육·상담 등 어린이집 운영 지원 • 영유아·보호자에 대한 양육정보 제공, 교육, 상담 등 가정양육 지원 • 시·군·구 센터 대상 교육 및 컨설팅, 실적 관리 지원 • 시·도 센터와 시·군·구 센터 간 정기적인 회의 구성 및 관리 • 소외 지역에 찾아가는 서비스 제공 등 시·군·구 센터 미설치 사각지대 지원 • 이용자의 욕구조사 등 프로그램 개선을 위한 정보 수집 • 지역의 전문인력, 유관기관 연계 등 지역사회와의 네트워크 구축 　*시·도 센터는 관할 지역의 시·군·구 센터가 모두 설치된 경우와 일부만 설치된 경우 등 센터의 특성이 다를 수 있으므로 지역적 상황을 고려한 사업 수행 및 서비스 제공
시·군·구	• 지역의 보육 관련 정보의 수집 및 제공 • 지역 특성을 고려한 보육 프로그램 및 콘텐츠의 개발 및 보급 • 지방자치단체 특수사업 수행 • 어린이집 보육컨설팅, 보육교직원 교육·상담 등 어린이집 지원 • 영유아·보호자에 대한 양육정보 제공, 교육, 상담 등 가정양육 지원 • 시·도 센터 교육, 회의 등 참여 및 지원, 컨설팅 협력 • 이용자의 욕구조사 등 프로그램 개선을 위한 정보 수집 • 지역의 전문인력, 유관기관 연계 등 지역사회와의 네트워크 구축

출처: 보건복지부(2022). 2022 보육사업 안내, pp. 488-490의 내용을 요약·정리 제시함.

5) 시간제보육

시간제보육은 가정양육 부모, 시간제 근로자 등이 병원 이용, 외출, 단시간 근로 등을 이유로 어린이집 이용이 필요한 경우에 활용할 수 있도록 제공하는 보육서비스로서 2015년부터 시작되었다. 이는 부모나 보호자가 시간 단위로 시간제보육 제공기관인 어린이집, 육아종합지원센터 등을 이용하고 이용한 시간만큼 보육료를 지급한다(보건복지부, 한국보육진흥원, 한국사회보장정보원, 2021, p. 3). 시간제보육 제공기관은 육아종합지원센터와 시·군·구로부터 시간제보육 제공기관으로 지정받은 어린이집 및 시간제보육 서비스의 제공이 가능한 시설로서 비영리법인 또는 단체가 설치·운영하는 보육 관련 시설이다.

 참고 ❸ 보육 관련 시설

• 「아동복지법」 제52조 제1항 제7호에 따른 아동전용시설(아동회관 등)
• 「도서관법」 제2조 제4호 바목에 따른 어린이도서관
• 그 밖에 보건복지부장관이 인정하는 보육 관련 시설

출처: 보건복지부, 한국보육진흥원, 한국사회보장정보원(2021). 2021 시간제보육 사업안내, p. 7.

시간제보육 서비스 이용 대상자는 보육료 또는 유아학비를 지원받지 않고, 양육수당을 수급 중인 6~36개월 미만의 영아이며, 1개반 정원 기준은 영아 3명이다. 구체적인 이용과 지원 시간은 〈표 3-10〉과 같다(보건복지부, 한국보육진흥원, 한국사회보장정보원, 2021, p. 13).

시간제보육 이용 희망자는 월요일~금요일 9:00~18:00시 사이에 이용할 수 있으며 주말 및 공휴일은 운영하지 않는다. 시간제보육을 이용하고자 하는 부모는 임신육아종합포털 아이사랑(www.childcare.go.kr)에 회원가입 후 '시간제보육 아동 등록'을 하여 이용할 수 있다. 시간제보육을 이용하려는 부모가 회원가입과 아동 등록이 어려운 경우에는 관리기관과 제공기관에서 아동 등록을 하여 이용할 수 있는데 이러한 경우에는 전화로 예약해서 사용할 수 있다.

시간제보육에서는 원칙적으로 급·간식을 제공하지 않지만, 이용 부모가 요청 시에는 제공기관과 협의하여 부모가 비용을 부담하는 조건으로 제공해 줄 수 있다.

표 3-10   시간제보육 이용 및 지원 시간

구분		내용
이용 대상		6~36개월 미만 영아
지원 대상		양육수당 수급 가구
지원 시간		월 80시간
보육료	이용 단가	시간당 4천 원
	정부 지원	시간당 3천 원
	부모 부담	시간당 1천 원

※ 보육료 또는 유아학비를 지원받는 아동이 시간제보육반을 이용할 경우에는 전액 본인 부담(시간당 4천 원)
※ 양육수당 수급자가 15일 이전에 보육료, 유아학비 등으로 변경 신청을 한 경우, 변경 신청일 이전까지 이용한 시간제보육 이용 시간에 한해 시간제 보육료 지원(16일 이후 변경 신청한 경우, 당월 말일까지 시간제보육료 지원)

시간제보육 담당 보육교사는 보육교사 1~3급 자격을 소지하고 총 보육경력 3년 이상인 경우에 자격이 있다. 시간제보육 이용 대상자가 36개월 미만 영아이므로 시간제보육 담당교사는 영아보육 특별직무를 이수해야 한다.

생각해 봅시다

1. 현재 우리나라에서 운영되고 있는 어린이집 종류의 특징과 운영의 개선 방안에 대해 생각해 봅시다.
2. 24시간 보육의 긍정적인 효과와 부정적인 효과를 부모와 영유아 및 교사의 측면에서 각각 생각해 봅시다.
3. 2020년 3월부터 시행되고 있는 기본보육과 연장보육 분리 등의 보육지원체계 개편에 따른 교사의 휴게 시간 제공과 연장보육 전담교사를 두었을 때의 장단점에 대해 생각해 봅시다.

참고문헌

(사)한국보육교사교육연합회 편(2021). 원장 사전직무교육. 경기: 양성원.

김은미, 전유영(2021). 어린이집 연장보육제도에 대한 운영 실태와 원장과 연장보육교사의 인식 및 요구. 유아교육연구, 41(3), 359–386.

보건복지부(2017. 12.). 제3차 중장기보육 기본계획(2018~2022). 세종: 보건복지부.

보건복지부(2019). 보육지원체계 개편 세부시행방안. 세종: 보건복지부.

보건복지부(2020). 2020 열린어린이집 가이드라인(어린이집용). 세종: 보건복지부.

보건복지부(2021). 2020년 보육통계. 세종: 보건복지부.

보건복지부(2022). 2022 보육사업안내. 세종: 보건복지부.

보건복지부, 중앙육아종합지원센터(2020). 육아종합지원센터 설치 매뉴얼. 서울: 중앙육아종합지원센터.

보건복지부, 한국보육진흥원(2022). 2022 어린이집 평가매뉴얼(어린이집용). 서울: 한국보육진흥원.

보건복지부, 한국보육진흥원, 한국사회보장정보원(2021). 2021 시간제보육 사업안내. 세종: 보건복지부.

이윤신(2019). "온종일 활기찬 어린이집"을 위한 보육지원체계 개편. 육아정책포럼, 62, 24–31.

국가법령정보센터. https://www.law.go.kr. 「영유아보육법」「영유아보육법 시행령」「사회복지사업법」「건축법시행령」「주택법」「산업입지 및 개발에 관한 법률」「아동복지법」「도서관법」

중앙육아종합지원센터. http://central.childcare.go.kr/lcentral/d1_10000/d1_10007.jsp#central.childcare.go.kr.

제**4**장

영유아기 발달과 보육사상

　영유아가 발달에 적합한 환경 속에서 안전한 보호와 적절한 지도를 받는 것은 그들이 올바른 가치관을 가지고 사회에 공헌할 수 있는 사회인으로 성장하는 데 중요한 영향을 미친다. 특히 보육교직원은 영유아와 하루 중 대부분의 시간을 함께 보내기 때문에 영유아의 발달을 이해하여 그들에게 적합한 보육을 제공해 줌으로써 영유아의 전인 발달을 도모해야 한다. 이를 위해 보육교직원은 보육의 근간을 이루는 사상을 이해함으로써 자신의 보육관을 수립할 필요가 있다. 영유아보육의 가치와 중요성 및 방향 등에 관한 사상은 고대 그리스와 로마에서 그 기원을 찾을 수 있고, 중세 유럽에서 다양한 보육 철학과 사상을 고찰할 수 있다. 따라서 이 장에서는 영유아기의 연령별 발달 특징을 살펴보고, 고대부터 현대까지 영유아 보육프로그램을 계획하고 실행하는 데 영향을 미쳤던 대표적인 사상가들의 사상을 살펴보고자 한다.

1. 보육프로그램의 근간이 되는 영유아의 발달 특징에 대해 알아본다.
2. 영유아 보육에 영향을 미친 시대별 보육사상에 대해 알아본다.
3. 각 보육사상의 공헌점과 비판점을 비교한다.

1 영유아기 발달

인간발달은 유전적 특성과 환경 간의 상호작용에 의해 이루어진다. 특히 인간의 발달과정 중 생의 초기인 영유아기는 급속한 성장과 발달이 이루어지는 시기며, 이 시기의 발달은 이후 인간의 전 생애 발달에 중요한 영향을 미친다. 그러므로 영유 아에게는 발달을 지원해 줄 수 있는 양질의 환경과 적절한 양육을 제공해 주어야 한다. 모든 영유아는 고유의 독특한 기질을 갖고 태어나며, 다양한 사회문화적 맥 락에서 성장한다. 그에 따라 보육교사는 해당 연령의 보편적 발달 특성에 근거하여 개인 영유아의 발달 속도와 개인차 등을 충분히 이해함으로써 영유아를 위한 보육 프로그램을 운영해야 한다. 영유아기는 24개월 미만의 영아기와 24개월 이후부터 초등학교 입학 전 시기의 유아기로 나눌 수 있다. 이 장에서는 각 시기의 발달 특징 을 신체·운동 능력 발달, 인지발달, 언어발달, 사회·정서 발달로 구분하여 살펴 보고자 한다.

1) 영아기 발달 특징

영아는 걷기와 말하기를 시작한 이후 신체, 인지, 언어, 사회·정서 등의 제반 발 달과 관련한 기본 기술을 발달시킨다. 이 시기의 영아는 매우 활발하게 움직이고 작은 일에도 열중하며 호기심이 많다. 특히 13~24개월 사이에 영아는 언어발달이 급속히 이루어지면서 초보적이지만 자기 의사를 표현하는 등의 의사소통 능력이 발달하여 다른 사람의 질문에 대해 상황에 맞게 비교적 적절하고 정확한 답을 할 수 있다. 또한 자아개념이 발달하면서 자기주장이 강해져 고집을 부리고 반항하기 도 하지만, 사회적 관계도 발달하기 시작한다. 뿐만 아니라 이 시기의 영아는 새로 운 기술과 행동을 학습하는 능력과 기억력이 현저히 발달하기도 한다.

(1) 신체·운동 능력 발달

① 신체발달

생후 1년 동안 영아는 일생 중 가장 빠른 신체 성장을 보인다. 「2017 소아청소년 성장도표」에 따르면, 생후 12개월 영아의 신장은 남아 71.3~80.2cm, 여아 69.2~78.9cm이며, 체중은 남아 7.8~11.8kg, 여아 7.1~11.3kg이다. 24개월이 되면 영아의 신장은 남아 81.4~92.9cm, 여아 79.6~91.8cm이며, 체중은 남아 9.8~15.1kg, 여아 9.2~14.6kg이다(보건복지부 질병관리본부, 대한소아과학회, 2017, pp. 18, 23, 28, 33). 이러한 신체 성장은 개인차가 있으며, 생후 1년경에는 출생 시 체중의 약 3배, 2세 때는 약 4배 정도가 된다.

한편, 출생 시 닫혀 있지 않던 두개골에 위치한 6개의 숫구멍(천문)이 18개월경 닫히고, 뼈는 그 수가 점차 늘어나며 단단해진다(조성연 외, 2017, pp. 222, 243). 특히 영아기는 뇌 성장의 급등기로서 6개월경 뇌 무게는 성인의 50%, 2세경에는 성인의 75% 수준에 도달한다(이영 외, 2017, p. 169). 머리둘레도 생후 1년이 되면 남아 43.6~48.5cm, 여아 42.3~47.5cm가 되고, 2세가 되면 남아 45.7~50.8cm, 여아 44.6~49.8cm가 된다(보건복지부 질병관리본부, 대한소아과학회, 2017, pp. 64, 66). 18개월경 영아는 머리둘레보다 가슴둘레가 커지면서 전체적인 신체 외형이 성인과 비슷해지지만 여전히 머리가 크고 배가 불룩한 영아 특유의 모습을 보인다. 또한 생후 6개월경 아래쪽부터 유치(젖니)가 나기 시작하여 2세 반경 20개의 유치가 모두 난다(조성연 외, 2017, p. 244).

② 운동 능력 발달

영아는 생후 1년이 되면 다른 사람의 도움 없이 걷기 시작하고, 2세가 되면서 달리기, 공차기, 공 던지기를 할 수 있다. 생후 1년경 계단을 오를 때는 양손과 다리를 모두 사용하지만, 2세가 되면 혼자 계단을 오를 수 있다. 하지만 2세 영아는 발을 바꿔 가며 계단을 오르거나 내려가기는 어렵다. 이 시기에 매우 짧지만 한 발로 균형을 잡고 서 있을 수도 있다. 2세경의 영아는 간단한 공 던지기도 가능해서 처음에는 원하는 방향으로 던지지 못하지만, 점차 두 팔을 이용하여 큰 공을 원하는 방향으로 던질 수 있다.

소근육과 협응 능력이 발달하면서 6개월경 영아는 물건을 응시하여 잡을 수 있으며, 1세에는 조금 큰 물건을 잡기 위해 두 손을 함께 사용한다. 영아는 1세경 컵을 사용하여 물을 마실 수 있으나 능숙하지는 않다. 또한 영아는 숟가락 잡기를 연습하기도 한다. 이러한 것이 능숙해지면서 영아는 두 손으로 컵을 잡고 물을 마실 수 있으며, 2세가 되면 한 손으로도 컵을 잡을 수 있다. 뿐만 아니라 영아는 물건을 스스로 집었다 놓을 수 있게 되면서 주변의 물건이나 놀잇감을 이리저리 옮기는 것을 즐긴다. 1세 이후 영아는 옷이나 신발을 벗을 수 있으며, 2세경 눈과 손의 협응 능력이 더 발달하여 물건을 비교적 쉽게 잡을 수 있고 큰 단추와 지퍼를 스스로 채울 수도 있다.

(2) 인지발달

영아는 신체의 감각기관을 통해 들어온 자극을 해석하고 조직하는 과정을 통해 사물을 인식하고 그에 대한 정보를 학습한다. 생후 초기에 영아는 놀잇감을 입으로 가져가 빠는 행동을 반복하며, 손으로 잡고 있다가 내려놓거나 주변 사람에게 놀잇 감 보여 주기를 즐긴다.

1세 미만의 영아는 인지적으로 미숙하므로 한 번에 여러 가지 놀잇감을 갖고 놀지 못하지만, 1세 정도가 되면 한 손에 물건을 잡은 채 다른 손으로 새로운 놀잇감을 받으려는 행동을 한다. 2세경 영아는 숨바꼭질 놀이나 물건을 감추고 찾는 놀이를 좋아한다. 이는 대상영속성 개념이 발달하면서 가능해지는데, 대상영속성 (object permanence)은 사물이 우리의 바람이나 생각과는 상관없이 독립적으로 존재하는 것을 이해하는 것이다(이영 외, 2017, p. 194). 이는 영아가 주변을 탐색하고 적응하도록 도우며, 엄마나 아빠가 당장 눈앞에 없더라도 집이나 회사에 있을 것이라고 생각할 수 있도록 해 준다.

2세 이후 영아는 놀잇감을 가지고 다양한 방법으로 놀기 시작한다. 특히 영아는 자신의 놀잇감을 단순하게 분류할 수 있으며, 제법 오랜 시간 동안 자신이 선택한 활동에 몰두하여 놀이를 할 수도 있다. 또한 이 시기의 영아는 물건 간의 관계를 이해할 수 있게 되면서 그릇 속에 숟가락을 넣거나 컵을 컵받침 위에 놓는 등 어울리는 것끼리 짝을 맞추며 노는 것을 좋아한다. 이와 함께 영아는 사건의 인과관계를 조금씩 이해할 수 있게 되어 똑같은 일을 반복하면서 실험해 본다. 그러나 영아는 놀이나 주의집중 시간이 짧아 호기심이 생기는 물건이나 소리가 나면 이리저리 분주하게 이동한다. 뿐만 아니라 영아는 물활론적 사고를 하므로 주변 사물이나 놀잇 감이 살아 있다고 믿는다.

(3) 언어발달

영아는 표현하고 싶은 것은 많지만, 언어발달이 미숙하여 말하는 것이 서툴다. 1세 미만의 영아는 미소, 울음, 목 울리기, 옹알이 등의 음성적 요소인 소리를 통해 자신의 의사를 표현하며, 1세가 되어서야 비로소 1음절의 초보적인 언어로 의사소통을 할 수 있다. 이 시기에 영아가 말하는 1음절의 언어는 상황에 따라 여러 가지 의미를 지닌다. 예를 들면, '엄마'라는 단어는 맥락에 따라 "엄마 안녕." "엄마 미워." "엄마 도와주세요." 등과 같은 다양한 의미를 지닌다. 이후 영아는 2음절 언어를 사용하게 되면서 "아빠 안녕." "맘마 더." 등과 같이 두 단어로 의사를 표현한다. 이는 전치사나 접속사 등이 빠지고 주로 단어로만 구성되기에 '전보식 언어'라고도 한다. 이 시기 영아는 성인의 간단한 지시를 따를 수 있고, 의사소통할 때 행동이나 몸짓을 많이 사용하고 표정을 바꾸면서 의사를 표현하기도 한다.

1세경 영아가 말할 수 있는 단어의 수는 평균 5개(이영 외, 2017, p. 206)로 주로 영아와 친숙한 가족, 놀잇감, 동물 등 명사이다. 또한 영아는 노래나 음률에 따라 말하기를 즐기고, 특이한 소리를 모방하는 것을 좋아한다. 이후 18개월이 되면 영아는 급속히 단어를 습득하는 '언어 폭발기(naming explosion)'에 이르러 "이게 뭐야?"라는 질문을 자주 던짐으로써 어휘를 확장해 간다. 2세경 영아는 250~300개의 단어를 이해하고, 약 50개의 단어를 사용할 수 있다(이영 외, 2017, pp. 206, 211). 또한 영아는 주로 2개의 단어로 구성된 문장을 사용하여 자기 생각과 감정을 표현한다. 그러나 아직은 문법적으로 미숙하여 '나 엄마.' '나 인형.' 등과 같은 소유격이나 "안 밥 먹어." 등과 같이 문법에 맞지 않는 부정문을 사용하기도 한다.

한편, 영아는 스스로 책장을 넘길 수 있게 되면서 그림책 보기를 좋아한다. 좀 더 성장하면 그림책에서 아는 그림이 나올 때 영아는 그것을 가리키면서 소리나 동작으로 표현하려고 한다. 이러한 행동은 그림 속 사물과 그것이 가진 특징(예: 소리, 냄새, 동작 등)을 관련 지어 연상하는 인지 능력의 발달과도 관련이 있다. 또한 영아는 크레용 등을 이용하여 끼적거리기를 할 수 있다. 처음에는 주먹으로 크레용을 잡고 팔이 가는 대로 일관성 없이 끼적이지만 점차 규칙성을 갖춘다(한유미 외, 2013, pp. 120-128).

(4) 사회 · 정서 발달

① 사회성 발달

영아기의 가장 큰 사회 · 정서 발달 과업은 양육자와의 안정적인 애착 형성이다. 애착은 영아와 양육자 간의 친밀한 정서적 결속으로서 영아와 양육자 간의 조화로운 관계를 형성할 수 있도록 해 주며, 이후 바람직한 사회관계 형성의 기초가된다. 안정적 애착을 위해 양육자는 영아의 기질을 이해하는 것이 중요하다. 기질(temperament)은 개인의 행동 양식과 정서적 반응 유형이다(Rothbart & Bates, 2006, p. 100).

6~15개월경 영아는 애착 행동인 낯가림이나 분리불안을 나타내고, 12개월 이후 영아는 뽀뽀, 안아 주기 등의 표현을 즐긴다. 12~24개월의 영아는 다른 영아가 옆에 있으면 관심을 보이지만 함께 놀지는 않는다. 이 시기의 영아는 주변 친구의 놀이를 모방하고 지켜보기는 하나 혼자 노는 것을 좋아한다. 또한 영아는 놀잇감에 대한 소유욕이 커지고, 조금씩 독립심이 생기면서 옷 입기, 신발 신기, 음식 먹기, 목욕하기 등과 같은 행동을 성인의 도움 없이 스스로 하고 싶어 하며, 성공하지 못하면 짜증을 내기도 한다.

② 정서발달

영아기에는 정서 표현이 점차 분화되고 정서를 점진적으로 이해하며, 초보적인 정서조절을 시작할 수 있다. 영아는 태어나서 수개월 내에 기쁨, 슬픔, 분노, 놀람, 공포 등의 기본 정서를 표현한다. 이후 18개월경 질투나 수치심과 같은 인지 능력과 결합한 2차 정서가 출현한다. 또한 생후 6~7개월이 되면 다른 사람의 웃는 얼굴과 찡그린 얼굴을 인식하고, 12~18개월이 되면 다른 사람의 불편함을 이해하고 공감하는 표현을 할 수 있다. 2세경 언어 능력의 발달로 자신과 타인의 정서를 '슬프다' '기쁘다' 등의 단어로 표현할 수 있다. 또한 2세경 영아는 어떤 정서를 표현하고 어떤 정서를 표현하면 안 되는지, 정서를 어떻게 표현하는 것이 적절한지를 이해하기 시작하며 정서를 조절하게 된다(조성연 외, 2017, p. 288).

2) 유아기 발달 특징

유아는 영아기 성장과 발달을 토대로 주변에 대한 관심이 더 많아지면서 자신의 관심과 능력을 끊임없이 시험하려고 한다. 3세 유아는 양육자와의 대립이 적어지고 다소 차분해지며 또래들이나 다른 성인들과 보다 협동적으로 활동할 수 있다. 유아는 성인의 지시를 따르고 참을성도 증가하며 자기중심적인 생각에서 조금씩 벗어나 주변 환경에서 새로운 것을 발견하는 기쁨을 느끼기도 한다. 4세가 되면 유아는 끊임없이 질문하며 적극적으로 활동한다. 이 시기의 유아는 모든 일에 열정적이며 무한한 상상력을 펼치기도 하지만, 성인에게서 독립된 자신만의 세계를 가지려고 한다. 5세 유아는 신체적으로나 감정적으로 자신을 더 잘 조절할 수 있고, 외향적이며 자신감도 더 많아진다. 특히 유아는 친구와의 우정과 집단생활을 중요하게 여긴다. 이 시기의 유아는 이전에 획득한 기술을 연습하고 숙달하여 다양한 분야에 적용하면서 발달해 나간다.

(1) 신체 · 운동 능력 발달
① 신체발달

유아기의 신체 성장은 영아기에 비해 속도는 다소 둔화되지만 여전히 왕성하다. 「2017 소아청소년 성장도표」에 따르면, 3세 유아의 신장은 남아 89.7~104.4cm, 여아 88.1~103.0cm며, 출생 시의 2배 정도가 된다. 체중은 남아 12.3~17.7kg, 여아 11.7~17.0kg으로 이후 1년에 평균 2kg씩 증가한다(보건복지부 질병관리본부, 대한소아과학회, 2017, pp. 19, 24, 29, 34). 이 시기 유아는 머리둘레와 가슴둘레가 같아지고, 머리 크기와 몸의 비율이 균형을 이루면서 성인의 신체 비율과 유사해질 뿐만 아니라, 젖살이 빠지면서 목이 길어져 비교적 성인과 같은 외모를 갖는다.

4세 유아의 신장은 남아 95.6~111.2cm, 여아 94.5~109.8cm, 체중은 남아 13.8~20.9kg, 여아 13.3~20.3kg이며, 5세 유아의 신장은 남아 101.6~118.0cm, 여아 100.7~116.7cm, 체중은 남아 15.4~24.3kg, 여아 14.9~23.7kg이다(보건복지부 질병관리본부, 대한소아과학회, 2017, pp. 19, 24, 29, 34).

② 운동 능력 발달

유아의 운동 능력 발달은 대·소근육의 발달과 밀접한 관련이 있다. 대근육 발달의 경우 3세 유아는 발을 교대로 사용하여 계단을 올라갈 수 있고, 세발자전거나 큰 바퀴가 있는 탈것의 페달을 밟을 수 있으며, 큰 공을 차거나 크게 튀는 공을 양팔로 잡을 수도 있다. 4세 유아는 한 발로 제자리 뛰기를 할 수 있으며 바닥에 그려진 줄 위를 똑바로 걸을 수도 있다. 또한 유아는 도움을 받아 발을 교대로 사용하여 계단을 내려갈 수 있으며, 두 팔을 머리 위로 올려 비교적 정확한 거리에 맞춰 공을 던질 수도 있다. 5세 유아는 몸의 균형 감각이 향상되어 성인과 같이 안정감 있게 걷는다. 또한 성인의 도움 없이도 발을 바꾸면서 긴 계단을 내려갈 수 있으며, 10초 동안 한 발로 서 있을 수도 있다. 이 시기의 유아는 자전거 타는 기술도 향상되어 속도를 낼 수 있고 효과적으로 방향을 통제할 수도 있다.

소근육 발달의 경우, 유아는 더 정교한 동작을 할 수 있다. 3세 유아는 물이 담긴 컵의 물을 덜 흘리면서 다른 컵으로 옮길 수 있고, 주전자의 물을 다른 용기에 따를 수도 있다. 이 시기 유아는 엄지, 검지, 중지의 세 손가락을 사용하여 크레용을 쥐고 가로와 세로 및 둥근 선을 그릴 수 있다. 4세가 되면 실로 작은 구슬을 꿸 수 있고 크레용을 바르게 잡을 수 있다. 이 시기 유아는 의도가 있는 그림을 그리지만 대부분 뜻대로 되지 않는 경우가 많고 그림을 그린 후 다른 제목을 붙이기도 한다. 5세가 되면 유아는 손 움직임이 더욱 정교해져 가위로 대부분의 모양은 선을 따라 자를 수 있고, 연필을 바르게 잡을 수 있으며 선 안으로 색을 칠할 수도 있다(조성연 외, 2017, pp. 318-319).

(2) 인지발달

유아기 사고의 특징을 보면, 이전 시기보다 더 복잡한 상징적 사고를 할 수 있으며 표현 능력은 향상되지만, 자기중심적이며 논리적 사고가 어렵다. 그러나 이 시기 동안 유아는 공간과 수 개념, 인과관계 등을 더 잘 이해하게 되면서 상징적 사고도 점차 원활해진다. 또한 집중하기와 정보 처리하기를 더 빠르고 효율적으로 하게 되고, 기억력도 점차 발달한다(이영 외, 2017, p. 275).

3세 유아는 책에 있는 그림이나 가족을 주제로 이야기하는 것을 즐기며, 가상놀이를 하면서 주먹을 쥐고 컵으로 물 마시는 흉내를 내는 것처럼 물체를 상징적으로 표현할 수 있다. 또한 3세 유아는 놀이를 하면서 기본색이나 세모, 네모, 동그라미 등의 도형을 이해하고, 물체를 색, 모양, 크기 등과 같은 한 가지 속성이나 기준으로 분류하거나 순서대로 늘어놓을 수 있으며, 간단한 수 세기를 할 수도 있다. 그리고 이 시기의 유아는 '가장 큰' '같은' '더 많은' 등의 비교를 나타내는 단어나 말을 이해하고 사용할 수 있다.

4세가 되면 유아는 1부터 20까지의 수를 셀 수 있으며, 간혹 100까지 셀 수 있는 유아도 있다. 4세 유아는 일상적으로 일어나는 사건의 순서를 이해하고 앞뒤 상황에 맞춰 이야기하는 것을 좋아하며, 상황에 따라 무엇을 해야 하는지도 이해할 수 있다. 또한 식물이 어떻게 성장하는지를 이해하고 관찰 능력도 향상되어 그림에서 차이가 있는 부분을 찾아내거나 숨은 그림을 찾아낼 수도 있다.

5세가 되면 유아의 인지 능력은 빠른 속도로 발달하여 달력과 시계를 볼 줄 알며, 돈의 단위와 저금의 개념을 이해할 수도 있다. 또한 5세 유아는 호기심이 많아 질문을 많이 하고 부분과 전체의 개념을 이해하며 단계별로 분류할 수도 있다. 더불어 이 시기의 유아는 '같다'와 '다르다'의 개념을 알고 그에 따라 물건을 구분할 수 있다.

(3) 언어발달

유아들은 언어의 습득을 통해서 사고와 추론 기술을 발달시킨다. 유아기는 언어가 빠르게 발달함에 따라 '언어적 민감기'라고도 한다. 특히 유아기에는 어휘와 문법, 문장 체계의 급속한 발달과 자기중심적인 언어에서 점차 사회화된 언어로 변화하는 것이 특징이다. 유아는 세 단어 이상의 문장을 사용할 수 있고, 이전 시기의 전보식 문장에서 벗어나 문법적 형태소를 사용한다. 이때 유아는 "친구가 했어."를 "친구이가 했어."라는 것처럼 문법 규칙을 과잉 적용하기도 한다.

3세 유아는 계절 등과 같은 좀 더 추상적인 주제에 대해 이야기할 수 있고, 간단한 질문에 답할 수도 있어 대화가 가능할 뿐만 아니라, 이야기가 10분 이상 길어져도 끝까지 들을 수 있다. 이 시기의 유아는 대화 주제가 변해도 따라갈 수 있으며 사회적 인사말의 의미를 알고 사용할 수도 있다. 3세 유아가 사용하는 어휘 수는 평균 900개로 늘어난다(이영 외, 2017, p. 301).

4세 유아는 평균 1,600개 단어를 사용할 수 있으며(조성연 외, 2017, p. 338), 자신의 성과 이름, 형제 이름을 말할 수 있고, 일부 유아는 부모의 핸드폰 번호도 말할 수 있다. 이 시기의 유아는 다른 사람이 알아듣기 쉽게 분명하게 말하며 시제를 올바르게 사용하고, 때로 간단한 노래나 운율이 있는 동시를 외울 수도 있다. 4세 유아는 몇몇 친숙한 글자를 읽을 수 있으며, 완전하지는 않지만 간단한 그림책의 문장을 읽으려고 시도하기도 하면서 이야기를 만들거나 과장하기를 좋아한다. 또한 유아는 글자의 기본 도형을 그리면서 이를 더욱 발전시켜 글자와 비슷한 문자를 쓸 수도 있다. 이 시기의 유아는 자기 이름, 좋아하는 과자, 놀잇감 등 특별한 의미를 갖는 몇 가지 단어를 비교적 정확하게 쓰기도 하지만, 아직까지 인지적으로 미숙하여 글자를 거꾸로 쓰거나 돌려쓴다.

5세 유아는 평균 2,500개의 단어를 사용할 수 있고(조성연 외, 2017, p. 338), 책에 있는 그림을 보며 이야기할 수도 있으며 친구와 함께 책 읽는 것을 좋아한다. 이 시기의 유아는 유머를 이해하여 농담을 좋아하고 재미있는 이야기를 하고 싶어 하며, 수수께끼, 단어 맞추기, 단어 이어 가기와 같은 언어 게임을 즐긴다. 5세 유아는 긴 문장을 어법에 맞게 구사할 수 있고, 다른 사람에게 전화를 걸 수도 있으며 간단한 메시지를 전달할 수도 있다. 또한 유아는 연필을 바르게 잡을 수 있고, 소수이지만 친구나 가족에게 간단한 편지를 쓸 수도 있으며, 자신이 의도한 대로 비교적 분명하게 그림을 그리고 이를 말로 설명할 수도 있다.

(4) 사회 · 정서 발달
① 사회성 발달

유아는 다른 사람의 존재와 자신을 구별할 수 있어 자신을 독립된 개체로 인식하면서 자아개념과 더불어 자기통제 능력이 발달한다. 특히 의사소통 능력의 발달과 함께 이 시기의 유아는 다른 사람의 생각과 감정을 이해하면서 친한 친구가 생기는 등 또래관계를 형성해 나간다. 또래와의 풍부한 경험은 사회성 발달의 중요한 요인이다.

3세 유아는 자신에 대해 이야기하는 것을 좋아하고 자신보다 어린 아기에게 애정을 표현하기도 한다. 또한 3세 유아는 자신이 특별히 좋아하는 놀잇감이나 인형을 가지고 놀며, 자신이 놀고 있는 장난감을 친구가 가져가는 등의 행동을 하면 때리기, 밀기와 같은 공격적인 행동이 나타나기도 한다.

4세 유아는 간단한 게임이나 짧은 시간 동안 대집단 활동에 참여하는 등 집단 활동을 좋아하지만, 자기중심적 특성으로 인해 게임 순서를 지키지 않는 경우도 자주 발생한다. 또한 이 시기의 유아는 자기조절 능력이 발달하여 갈등 상황에서 신체적 공격보다는 크게 소리를 지르거나 말로 겁을 주는 행동을 하기도 한다.

5세 유아는 친구관계를 중요하게 생각하면서 특별한 또래집단을 형성하고 그들과 함께하는 집단 활동을 즐긴다. 이 시기의 유아는 다른 사람의 입장을 이해할 수 있고, 친구들이나 다른 사람을 기쁘게 하는 것을 좋아한다. 또한 5세 유아는 타인에게 인정받는 것을 중요하게 생각하여 인정받기 위해 노력함으로써 부모와 교사에게 칭찬받을 때 자부심을 느낀다.

② 정서발달

유아기는 이전 시기보다 정서에 대해 더 많은 것을 이해하고 표현할 수 있으며 정서조절 능력이 급속하게 발달한다. 이 시기의 유아는 다른 사람의 감정을 느끼고 남을 돕는다는 것의 의미를 깨닫기 시작한다. 그래서 유아는 다치거나 울고 있는 친구를 위로할 수 있고 때로는 좋아한다는 감정을 과하게 표현하기도 한다. 또한 이 시기의 유아는 자주 짜증을 내고 참을성이 없으며 일을 순서대로 진행하는 것이 어렵고, 떼를 쓰기 시작하면 이성적으로 통제하기 힘든 경우도 많다. 한편, 유아는 좌절하거나 화가 나면 신체적 공격을 보이기도 하는데, 이러한 행동은 언어표현 능력이 발달하면서 점차 감소한다.

3세 유아는 자주 웃고 대부분 기분이 좋은 편이지만, 때때로 악몽을 꾸고 어둠, 괴물, 불 등에 대해 두려움을 나타낸다. 4세 유아는 기분 변화나 감정 기복이 심한 편이다. 5세 유아는 비교적 자신의 감정을 잘 조절하는 편이지만, 가끔은 폭발적이거나 격한 감정을 보일 때도 있다. 유아는 자신과 다른 사람의 정서를 이해하고, 긍정적이고 생산적인 방식으로 정서를 표현하는 방법을 배워야 한다.

2 보육사상

영유아 보육의 가치와 중요성 및 방향 등에 관한 사상은 유럽에서 그 기원을 찾을 수 있다. 고대부터 현대까지의 많은 사상이 영유아 보육 프로그램을 계획하고 실행하는 데 영향을 미쳤다. 이 장에서는 영유아 보육이나 교육에 영향을 미친 대표적인 사상가를 중심으로 고대, 17~18세기, 19세기, 20세기로 나누어 각 사상가의 영유아관, 교육관, 공헌점 및 비판점 등을 살펴보고자 한다.

1) 고대

고대 그리스에서는 지덕체를 갖춘 인간상을 추구하면서 심신의 조화를 강조하였다. 그리스의 대표적인 폴리스인 아테네는 인문주의적 자유주의를 지향하고 심신의 조화, 도덕적 교양, 시민적 책임을 갖춘 전인적인 자유 시민 양성을 교육목적으로 하면서 교육의 책임과 중심을 가정에 두었다. 반면, 스파르타는 도시국가에 대한 충성과 봉사에 가치를 두면서 이를 교육의 목적으로 삼았다. 스파르타는 사회 전체가 학교라고 할 정도로 사회기관의 교육적 기능을 강조하였으며, 용기와 군사전략, 법, 복종심, 존경심 등을 배워 건강하고 탁월한 전투 능력을 갖춘 군인을 양성하는 것에 주안점을 두었다(황해익 외, 2009; 양옥승 외, 2015, pp. 37-38 재인용).

아테네와 스파르타 등 다수의 폴리스로 구성된 고대 그리스에는 Socrates, Platon, Aristoteles 등 뛰어난 철학자들이 많았다. 대표적으로 Socrates는 청년들의 영혼을 일깨워 이들을 훌륭한 교사로 양성하고자 하였는데, 그를 따랐던 제자로 Platon과 Aristoteles를 들 수 있다.

(1) Platon

Platon(B.C. 427~347)은 아테네의 부유한 귀족 집안에서 태어났다. 그는 20세에 Socrates를 만나 8년간 제자로서 가르침을 받았으나, 스승의 죽음에 큰 충격을 받아 12년간 해외를 방랑하였다. 방랑 생활을 끝낸 Platon은 아테네로 돌아와 학원

Platon
(B.C. 427~347)

(academia)을 창설하여 제자를 양성하면서 이곳에서 여생을 보냈다.

Platon은 피타고라스학파의 이원론으로부터 영향을 받아 인간은 몸과 정신으로 이루어졌다는 이원론의 입장을 취하였다. 또한 그는 세상은 끊임없이 생성하고 변화하는 물질과 초월적이며 변화하지 않는 세계, 즉 이데아(ideas)로 구분된다고 믿는 이기이원론(理氣二元論)을 주장하였다. 이데아는 정신 또는 마음의 소산으로서 관념이라고 할 수 있는데, 이는 물질과 대립되는 개념이다. Platon의 이기이원론은 지성이나 영혼을 중요하게 생각하면서 육체는 영혼을 떠받드는 도구 정도로 여겼다. Platon에게 있어서 교육은 이성적 요소이자 절대적 관념인 이데아를 잘 훈련하여 이성과 조화를 이루는 것이었다.

① 영유아관

Platon은 인간의 본성은 아름다움과 선함으로 이루어졌고, 인간에게는 무한한 능력이 있다고 보았다. 그는 이러한 인간의 능력에는 차이가 있어 어떤 교육을 받느냐, 어떤 사회적 영향을 받느냐에 따라 어떤 인간이 되는지가 결정된다고 보았다. 또한 그는 인간은 관심, 능력, 인격 등에 개인차가 있어 사람마다 소질이 다르므로 적합한 일도 다르다고 보았다. 그리하여 Platon은 개인의 타고난 본성을 교육하여 이성과 조화를 이루도록 해야 한다고 함으로써 교육의 힘을 강조하였다.

② 교육관

Platon은 유아교육에 대해 직접 언급하지는 않았으나, 그의 여러 저서를 통해 유아기 교육에 관심이 있었다고 유추할 수 있다. 특히 『국가론(The Republic)』(B.C. 380)에는 그의 교육관이 잘 나타나 있다. 『국가론』에서 Platon은 인간 본성을 최대한 계발하려면 적성과 능력에 맞는 교육을 할 수 있는 사회적 조건이 마련되어야 한다고 주장하였다. 즉, 그는 교육의 목적을 각 개인의 타고난 능력을 발견하여 각자가 맡은 일을 능률적으로 수행함으로써 조화로운 공동체를 형성할 수 있도록 하는 시민교육에 두었다.

◆ 국가 중심의 교육

Platon은 영유아 교육에 있어서 국가가 가정보다 더 적절한 역할을 수행할 수 있다고 보았다. 그는 당시의 지나친 가정중심적인 몰사회적 풍조를 우려하여 유아를 한 가정의 자녀가 아닌 국가의 자녀로 키워야 한다고 보고, 자녀와 재산의 공유제를 주장하기도 하였다. 또한 그는 일반 서민층의 자녀는 가정에서 교육받아도 되지만, 지도자가 될 사람은 우수한 남성과 여성이 결혼하여 탄생할 수 있는데 이런 자녀는 일찍부터 부모와 격리해 국가가 양육해야 한다고 주장하였다.

◆ 엘리트 중심 교육

Platon은 교육 시 연령별, 계층별로 내용과 방법을 달리 해야 한다고 언급하면서 엘리트 중심 교육을 주장하였다. 즉, 그는 연령 단계마다 교육 내용을 다르게 제공하고, 우수한 사람만이 다음 단계로 진행해야 한다고 주장하였다. 또한 Platon은 금, 은, 동 계급을 구분하여 계급에 적합한 교육을 실시해야 한다고 주장하였다. 그는 금 계급은 통치자 계급으로서 정치가가 이에 속하고, 은 계급은 수호자 계급으로서 군인이 이에 속하며, 동 계급은 생산자 계급으로서 평민이 이에 속한다고 보았다(김희태, 정석환, 2012, p. 38).

◆ 조기교육 강조

Platon은 윤리, 도덕의식은 유아기부터 시작된다고 생각하여 교육은 가능한 한 일찍부터 실시해야 한다고 주장하면서 조기교육의 중요성을 강조하였다. 그는 5세까지의 경험이 20세까지 발달의 절반을 형성한다고 보고 유아기 경험의 중요성을 강조하였다. 그는 유아기가 모방이 쉬운 시기라서 바람직한 모델이 제시되면 틀이 잘 잡히므로, 비합리적인 것이나 비속한 것은 유아가 모방할 위험이 있어 금지해야 한다고 주장하였다.

◆ 놀이와 문학의 강조

Platon은 놀이를 통해 유아는 인간의 기본적인 가치, 즉 아름다움과 추함, 선과 악 등을 구분할 수 있다고 보았다. 그에 따르면 유아는 놀이에 몰두하면서 자신의 성품을 드러내므로 부모와 교사는 유아의 놀이 방법을 살펴보고 파악하여 지도해야 한다. 또한 Platon은 문학이 건전한 인격을 형성하는 데 적합한 교과라고 보고 문학의 중요성을 강조하였다. 특히 Platon은 다양한 문학 속에 등장하는 인물들의 사고, 행동, 가치, 성향 등을 통해 유아가 다양한 삶의 모델을 만날 수 있으므로 유아에게 동화와 신화를 기반으로 문학을 경험할 수 있는 기회를 주어 상상력을 발달시킬 수 있도록 하는 것이 유아에게 적합한 교육이라고 보았다(김희태, 정석환, 2012, pp. 40-41).

◆ **음악과 체육 중심 교육**

Platon은 놀이를 기반으로 한 음악과 체육 중심의 교육을 주장하였다. 그는 음악과 체육의 어느 한쪽을 강조하기보다 균형을 이루어 통합적으로 교육하는 것이 중요하다고 보았다(김희태, 정석환, 2012, p. 38). 먼저, Platon에게 음악은 음악의 본래 활동뿐만 아니라 문학, 서사, 여러 예술 활동을 포괄하는 것이다. 그러므로 Platon은 음악이 훌륭한 성격을 갖추기 위한 자양분이기 때문에 유아기부터 음악을 가까이 하는 것은 유아의 도덕성 형성에 도움을 준다고 보았다. 또한 Platon은 유아의 체육은 특정화된 종목이 아니라 놀이에 수반되는 신체 활동을 의미하는 것이므로 유아는 다양한 놀이 활동을 통해 체력을 단련해야 한다고 하였다(김희태, 정석환, 2012, p. 40).

③ 공헌점 · 비판점

Platon이 주장한 조기교육의 강조, 발달단계에 따른 다양한 교육 내용 제공, 놀이와 문학의 강조, 음악과 체육의 강조 등은 유아교육에 시사하는 바가 크다. 그러나 소수만을 위한 엘리트 교육, 계급에 따른 차별화된 교육, 가정보다 국가가 경영하는 육아원 또는 학교에서 교육이 이루어져야 한다는 국가 주도의 교육, 훌륭한 사람은 좋은 혈통에서만 태어난다고 보고 국가가 결혼과 출산을 규제해야 한다는 생각 등은 교육의 기회를 제한하고 소수의 지적 엘리트만을 대상으로 하였으므로 현대 사회에 적합하지 않다는 비판을 받는다(김희태, 정석환, 2012, p. 38).

(2) Aristoteles

Aristoteles(B.C. 384~322)는 마케도니아 근처의 스타게이라라는 작은 도시에서 마케도니아 왕 주치의의 아들로 태어나 의술을 견습하였다. Aristoteles는 아버지가 돌아가신 후 18세 때 Platon의 아카데미아에 들어가서 Platon이 사망할 때까지 20년간 머물렀다. 후에 Aristoteles는 자신의 학교인 리세움(Lyceum)을 세우고 이곳에서 광범위한 연구와 강의, 저술에 몰두하였는데, Platon의 이기이원론과 달리 이기일원론(理氣一元論)을

Aristoteles
(B.C. 384~322)

주장하였다. 그는 현실 속에서 이데아가 존재한다고 보고 행복을 궁극의 선으로 보았다. 말년에 그는 아테네에서 반마케도니아 운동이 일어나자 아테네를 도망쳐 나와 다음 해에 병사하였다.

① 영유아관

Aristoteles는 인간이 신체와 영혼으로 이루어졌다고 보고, 영혼에는 욕망이나 열정과 같은 비이성적 부분과 이성이라는 이성적 부분이 있다고 하였다. 그에 의하면 인간은 3단계로 발달하는데, 첫째 단계에서 신체적 성장이 이루어지고, 둘째 단계에서 영혼의 비이성적 부분이 두드러지며, 셋째 단계에서 이성이 발달한다(신차균, 안경식, 유재봉, 2013, p. 191). 그는 인간의 가장 보편적인 최고의 선은 이성이며 이성을 실현하는 것이 인간의 최고 행복이라고 보았다. 이러한 단계에 맞춰 Aristoteles는 각 단계의 발달을 촉진하는 신체교육, 인격교육, 지력교육이 필요하다고 주장하였다.

② 교육관

Aristoteles는 교육의 공공성을 강조하였다. 즉, 그는 국가는 하나의 목적을 가지고 있으므로 교육도 하나여야 하고 모든 시민에게 공적으로 똑같이 제공되어야 한다고 주장하였다. 그러므로 그는 모든 국민이 개인적으로 각자 원하는 방향과 방법으로 교육을 해서는 안 된다고 주장하였다. 이러한 교육에 대한 생각은 이기적인 목적으로 자녀를 교육해서는 안 된다는 것을 강조한 것이라고 볼 수 있다(곽노의,

홍순정, 2000, p. 42). 그는 교육을 통하여 모든 시민이 행복하고 자유로워질 수 있으며 그에 따라 국가도 발전한다고 보았다. 또한 Aristoteles도 Platon처럼 유아교육의 중요성을 강조하였다. 그는 유아기의 신체적 단련, 놀이의 중요성, 교육환경의 정화 등을 지적함으로써 유아교육의 문제를 Platon보다 더 구체적으로 제시하였다.

◆ 모방과 습관의 형성

Aristoteles는 교육의 목표를 모방과 습관의 형성으로 보고, 이는 유아기부터 시작되어야 한다고 주장하였다. 그는 유아는 충분한 영양을 섭취하고 적절한 운동이 포함된 놀이를 통하여 신체를 단련하며, 이를 토대로 습관을 형성하고 지성을 훈련함으로써 도덕적인 시민이 될 수 있다고 보았다.

◆ 놀이 강조

Platon에서 Aristoteles로 이어지는 놀이에 대한 생각은 인간의 본성을 신뢰하고 존중하는 입장에서 출발하였다. Aristoteles는 놀이가 유아의 자연스러운 본성에 가장 적합한 활동이며 인간 활동의 가장 순수한 표현이라고 보고, 5세까지는 모든 학습과 강제적인 활동을 삼가야 한다고 하였다. 그는 놀이를 통해 건전한 신체와 정서 발달을 이루는 것이 도덕적 이상을 개발하기 위한 기본 준비 과정이라고 보았다.

◆ 가정의 중요성 강조

Aristoteles는 Platon과 달리 가정의 중요성을 강조하며, 유아는 7세까지 가정에서 양육되어야 한다고 주장하였다. 그러나 유아들에게 들려주는 동화나 놀이를 감시하고 그것이 적절한지를 확인하기 위해서는 가정교사라 불리는 관리가 있어 입회해야 한다고 주장하였다. 이는 유아를 대상으로 한 교육도 여전히 국가의 통제권에 있어야 한다는 점을 시사한다.

◆ 교육적 환경의 정화

유아는 가정과 사회의 영향을 크게 받는다. 특히 인간은 태어난 후 처음 접하는 환경의 영향을 많이 받으므로 Aristoteles는 가정과 사회의 교육환경을 정화하는 것이 가장 시급한 과제라고 보았다.

③ 공헌점 · 비판점

Platon이 특정 계급과 엘리트 중심의 교육을 주장했던 것과 달리 Aristoteles는 도시국가의 대부분을 차지하는 일반 시민을 교육 대상으로 보았다. 그는 교육을 개인 내부의 발달로 보고 특정 정치체제에 적합한 시민을 기르는 것이 아니라 보편적인 인간의 삶을 고양하는 것이라는 개념을 확립하였다. 그리하여 그는 인간을 이성적 동물로 규정하여 이성을 계발하기 위해 모든 시민을 교육 대상으로 확장하였다(신차균 외, 2013, p. 193).

한편, Aristoteles가 주장한 모든 시민은 남아만을 말하는 것이었다. 여성 경시, 인간 불평등설 같은 비민주적 관점을 지지하는 등 그의 교육관은 비민주적이었다. 또한 Aristoteles는 교육의 통제권을 국가에 둘 것을 강조하여 국가 주도의 통제된 교육관을 초래하였다. Platon의 계급주의 교육관과 주장하는 바는 비록 상이하지만, Aristoteles가 지향하는 목적은 유사하다는 비판을 받기도 한다(김희태, 정석환, 2012, pp. 50-51).

2) 17~18세기

르네상스와 종교개혁 이후 18세기에 이르는 시기 동안 철학적 사상은 인간의 이성과 합리성을 강조하는 데 역점을 두었다. 그에 따라 17세기는 사실과 자연과학을 강조하는 실학주의가 대두하였다. 18세기는 모든 전통의 구속에서 벗어나 자유롭고 선입견 없이 학문, 종교, 도덕 등에 대해 비판적이고 합리적인 태도를 고취하면서 일반 민중의 사상 수준을 향상하고자 하는 계몽주의가 대두하였다. 이 시대의 대표적인 사상가로는 Comenius, Locke, Rousseau 등을 들 수 있다.

(1) Comenius

Johann Amos Comenius
(1592~1670)

Comenius(1592~1670)는 감각적 실학주의자로서 현재의 체코슬로바키아인 모라비아에서 태어났다. 신앙이 돈독한 가정에서 성장한 그는 신학교에 들어가 성직자가 되었으며, 기독교 사상을 토대로 유아기 교육의 중요성을 인식하고 도덕교육, 실물 교육 및 감각교육을 제시하였다. 그는 세계 최초의 교육학서인『대교수학(Didactica Magna)』(1632), 가족을 공공교육제도의 중요한 요소로 간주함으로써 가정교육을 통한 유아교육의 중요성과 방법을 제시한『유아학교(The School of Infancy)』(1633), 유아기 놀이의 교육적 가치를 제시한『유희학교(Schola Ludus)』(1654) 등을 출판하였다. 이후 그는 1658년에 그림이 들어 있는 세계 최초의 교과서인『세계도회(Orbis Pictus)』(1658)를 출판하였는데, 이 책은 모든 주제를 그림으로 설명한 유아용 그림 교재로서 시청각 교육의 효시라 할 수 있다.

① 영유아관

Comenius는 인간은 덕성, 지식, 신에 귀의하는 마음을 가지고 있어 본래 선하므로 영유아기부터 기독교적 종교관에 따라 선한 인간의 본성을 바람직하게 길러 주어야 한다고 주장하였다. 이러한 Comenius의 사상은 당시 원죄설에 입각한 영유아관과 영유아를 성인의 축소판으로 생각하는 것이 지배적이었던 시대에 상당히 진보적인 것이었다. 그는 자신이 출판한『유아학교』(1633)에서 유아는 원죄가 없는 순수성을 지니고 있고, 신의 가장 순수하고 사랑스러운 재산이며, 성인이 지녀야 할 겸손, 자비, 선행, 친절 등 기독교적 미덕을 비추어 주는 거울이라고 주장하였다(윤기영, 손영빈, 2010, p. 67). 그는 영유아는 신을 위해 태어나고 신에 의해 우리에게 맡겨지며 스스로 자기 잠재력을 발현할 수 있는 가소성을 지니고 있으므로, 부모나 교사는 그들을 보호하고 올바르게 교육해야 할 의무와 필요성이 있다고 주장하였다. 또한 Comenius는 인간은 이성적인 존재로서 완전할 수 있는 잠재력을 가지고 있으므로 도덕과 신앙을 접목한 교육이 필요하며, 특히 이러한 바탕이 형성되는 6세 이전의 교육이 중요하다는 것을 강조하였다.

② 교육관

◆ 영유아기 교육 강조

Comenius는 영유아기는 인생의 기초를 형성하는 시기로서 많은 관심과 보살핌이 필요하며, 그렇지 못하면 삶에 부정적인 영향이 누적되므로 어린 시기에 올바른 교육이 필요하다고 주장하였다. 특히 그는 이 시기 가정교육의 중요성을 강조하여 어머니의 무릎학교(Mother's knee school)를 통해 어머니의 무릎에서 교육을 시작해야 한다고 하였다. 그는 어머니의 무릎학교에서 영유아가 배워야 하는 교육 내용으로 종교, 도덕, 지식, 건강을 언급하였다.

◆ 활동 · 감각 중심 교육

Comenius는 영유아에게 가장 효과적인 교육방법은 다른 사람의 관찰 내용이나 가르침을 듣는 것이 아니라 스스로 사물을 알고 탐구하는 감각적 직관과 실물을 통한 감각교육이라고 주장하였다. 그는 영유아는 감각을 통해 지성에 이를 수 있다고 보았으며, 지식은 감각을 통해 얻어지기 때문에 감각기관의 훈련이 필요하다고 주장하였다. 특히 그는 영유아에게 놀이는 중요한 교육방법이므로 놀이를 통한 감각교육이 모든 학습의 기초가 된다고 주장하여 영유아에게 실제적 형상을 직접 제공하였다.

◆ 범교육론

Comenius는 근대적인 학교체제의 창시자로서 사람은 누구나 교육받을 권리가 있다는 범교육론을 주장하였다. 그리하여 그는 모든 계급의 남녀 아동을 동일한 학교에서 교육해야 한다는 공립형 집단교육이 필요하다고 하였다. 특히 그는 서민교육을 바탕으로 한 공교육을 강조함으로써 보편교육을 주장하였다.

③ 공헌점 · 비판점

Comenius는 17세기 이후 서양의 교육사상에 큰 영향을 미쳤다. 그는 17세기의 주요 흐름인 실학주의를 바탕으로 실학주의 교육학의 기초를 마련하였고, 인간의 발달단계와 자연에 기초한 교수학을 통해 18세기의 계몽주의와 자연주의 교육사상 및 19세기의 신인문주의 교육사상에까지 영향을 미쳤다. 그는 중세의 원죄론과 전성설에 입각한 영유아관에서 벗어나 유아를 독립된 인격체로 보고, 그들에 대한 교육의 중요성을 강조하여 유아교육이 체계적 학문으로 발전하는 데 중요한 역할을 하였다. 특히 그는 유아기에 어머니에 의한 가정교육의 중요성을 강조하였고 유아교육을 학교체제의 첫 단계로 인정하였다. 또한 그는 감각교육을 중시하여 감각적 직관에 따르는 실물교육, 시청각을 이용한 교수방법, 인간의 마음에 초점을 둔 자연주의 교육 원리, 자연과학과 실학주의를 주축으로 하는 교육 내용 등을 강조하기도 하였다. 이러한 그의 교육 사상과 원리 및 방법은 이후 Locke, Rousseau, Pestalozzi, Fröbel뿐만 아니라 Piaget, Montessori 등 현대 유아교육사상가에게도 영향을 미쳤다. 한편, Comenius는 기독교 교리에 입각하여 신비주의적이고 종교적이라는 비판을 받기도 한다.

(2) Locke

John Locke
(1632~1704)

Locke(1632~1704)는 영국의 경험주의 철학자, 정치학자, 경제학자, 의사이자 교육철학자다. 그는 영국의 서머싯에서 태어나 런던의 웨스트민스터 학교와 옥스퍼드의 그리스도 교회 대학을 거치면서 라틴어, 그리스어, 문학, 화학, 철학, 수사학, 문법, 기하학, 물리학, 역사, 히브리어, 의학 등을 두루 섭렵하였다. Locke는 1667년에 정치계에 입문하여 여러 관직을 수행하다가 네덜란드로 추방되기도 하였다. 망명생활 중 교육에 대한 조언을 한 편지들을 썼는데, 후에 이를 편집하여『교육에 관한 몇 가지 생각(Some Thoughts Concerning Education)』(1693)이라는 저서로 발간하였다(김희태, 정석환, 2012, p. 104).

① 영유아관

Locke가 살던 시대는 원죄설에 의한 영유아관이 지배적이어서 대부분의 사람은 영유아를 엄격하게 훈육해야 한다고 생각하였다. 그러나 Locke는 영유아는 선하지도 악하지도 않게 자유를 가지고 백지 상태로 태어난다고 봄으로써 백지설(tabula rasa, blank state)을 주장하였다. 백지설은 백지에 어떤 그림을 그리느냐에 따라 작품이 달라지듯 영유아가 어떤 환경에서 어떤 교육과 훈육을 받으며 성장하느냐에 따라 인간상이 달라질 수 있다고 보는 것이다. 이는 인간의 발달은 후천적으로 학습되고 형성된다는 의미를 지님으로써 유전보다 환경이 중요하다는 환경결정론의 모체가 되었다. 그러므로 Locke는 성인은 영유아의 자유를 침해하지 말아야 하며, 영유아에게는 무엇이든 가르칠 수 있으므로 영유아가 좋은 습관을 형성할 수 있도록 적절한 학습과 경험을 제공해 주어야 한다는 것을 강조하였다.

② 교육관

Locke는 『교육에 관한 몇 가지 생각』(1693)에서 교육의 목적은 건전한 인격을 형성하는 것이라고 주장하였다. 여기서 인격은 이성에 의해 자신을 통제할 수 있는 사람과 신사도를 갖춘 사람을 말한다. 이에 신사가 갖추어야 할 덕목으로 덕성 (virtue), 지혜(wisdom), 예의(breeding), 지식(learning)의 네 가지를 제시하였다. 이를 통해 그는 지덕체를 겸비한 조화로운 인간 양성을 교육의 목적으로 보았다(신차균 외, 2013, pp. 282-283). 교육의 목적을 달성하기 위해 Locke는 경험과 조기교육 및 가정교육을 강조하였다.

◆ 경험·조기교육 강조

Locke는 인간의 지식이 외부의 자극을 지각하고 받아들이는 것에서 형성된다고 보았다. 그는 영유아의 감각 기능을 개발할 수 있는 경험이 중요하다고 보고, 감각 기능을 개발할 수 있는 다양한 교육방법을 제시하였다. 또한 그는 영유아의 마음은 물과 같아서 기울이는 대로 쏠린다고 하며 조기교육을 강조하기도 하였다.

◆ 가정교육의 중요성

Locke는 학교에서 교사는 여러 명의 영유아를 상대하므로 영유아의 개성에 따라 지도하는 것이 어렵기 때문에 학교교육보다 가정교육을 더 중요하게 생각하였다. 그는 부모가 성실하고 근면하며 현명하고 자제력을 갖추고 있을 때 영유아는 부모를 모델로 삼아 바른 인격을 형성한다고 보았다.

③ 공헌점 · 비판점

Locke는 영유아의 자유와 자연성을 존중하여 새로운 영유아관의 기틀을 마련하였다. Locke의 경험론은 18세기 교육과 계몽주의 교육철학 및 중세 이후의 영유아에 대한 생각에 큰 영향을 미쳤다. 특히 백지설은 현대 행동주의 이론의 기초가 되었다. 그는 중세까지의 가장 보편적인 교육방법이었던 강제적인 주입식과 암기식 교육방법을 배제하였고, 오늘날 보육과 유아교육에서 강조하는 놀이 중심의 교육방법을 강조하였다. 이는 보육과 유아교육의 교수학습 방법에 중요한 공헌을 하였다.

한편, Locke는 상류계층의 자녀는 가정에서 양육하고, 노동자의 자녀는 탁아소에서 양육하며 영유아기부터 노동 습관을 들여 근면성을 길러야 한다는 차별적인 양육 방법을 제시함으로써(이영석, 이항재, 1998, p. 45) 귀족주의적인 사고방식에서 벗어나지 못하였다. 그가 제시한 탁아소는 일종의 노동학교(working school)로서 3~14세의 빈민 자녀를 위한 강제적인 무상 공립학교다. 그는 교육의 기회균등이라는 차원에서 빈민 자녀까지 포함하여 누구나 교육의 혜택을 받아야 한다고 지적한 점에서는 공헌한 바가 있으나, 계층을 구분하여 교육한다는 점에서는 불평등한 교육을 주장하였다. 또한 Locke는 영유아를 성인이 가르치는 대로 따르는 수동적인 학습자로 보았다는 점에서도 비판을 받는다.

(3) Rousseau

Jean-Jacques Rousseau
(1712~1778)

Rousseau(1712~1778)는 계몽사상의 대표적 인물로서 스위스에서 출생하였다. 어릴 때 어머니가 돌아가신 후 Rousseau는 여러 곳을 전전하며 일을 하고 공부를 하였다. 결혼 후 다섯 명의 자녀를 두었으나, 그들을 모두 양육시설에 맡기어 자녀를 직접 양육하고 교육하지는 않았다. 그는 『인간 불평등 기원론』(1753), 『사회계약론』(1762), 『에밀(Emile)』(1762) 등 유명한 저서를 출간하였으나, 『에밀』에서 기성 종교를 비판하고 자연종교를 제창한 이유로 박해를 받고 여러 나라를 떠돌다가 생을 마감하였다.

① 영유아관

Rousseau는 인간은 순진하고 선하게 태어난다는 성선설(性善說)의 입장을 견지하면서, 사회가 이러한 자연적 경향성을 방해하지 않는 한 영유아는 긍정적인 방향으로 발달한다고 보았다. 그는 영유아는 발달단계에 따라 자연스럽게 발달하는 능동적 존재이므로 자연적 성장이나 발달에 따라 교육해야 하며, 불확실한 미래를 위해 현재를 희생시켜서는 안 된다고 하였다. 따라서 이를 위해 영유아의 주변 환경을 자연으로 되돌리는 것이 가장 중요하다고 주장하였다. 이런 점에서 Rousseau의 사상은 자연주의와 아동존중이 중심이다.

② 교육관

Rousseau에게 교육은 영유아에게 내재한 자연성을 발현시키는 것으로서 인간의 자연적 본성을 따르는 것이다. 그는 자유, 평등, 박애가 실현될 수 있는 사회를 건설하는 데 교육의 목적을 둠으로써 자연인을 이상적인 인간으로 생각하여 개인의 자연스러운 성장을 도모하고자 하였다.

◆ 자연주의 사상

Rousseau는 영유아를 진정한 한 인간으로 존중하고 영유아의 발달단계를 인정함으로써 자연의 원리에 따른 교육을 강조한 자연주의 사상가다. 이 원리를 합자연의 원리라 하는데, 이때 자연은 인간의 선천적 특성과 능력을 의미한다. 그러므로 합자연의 원리에 따른 교육은 인간이 타고난 각 기관과 능력을 자연이 제시하는 법칙에 따라 자연스럽게 발달해 나갈 수 있도록 지도하는 것을 의미한다.

◆ 아동중심 사상

Rousseau는 영유아가 일련의 발달단계에 따라 성장하므로 그들의 선한 본성을 이해하여 단계마다 나타나는 독특한 흥미와 호기심을 반영해 주어야 한다는 아동중심 교육을 주장하였다. 그래서 그는 영유아가 성장함에 따라 나타나는 발달 특징을 단계별로 기술하고 그에 적합한 발달단계별 교육방법을 제시하였다.

◆ 단계별 교육

Rousseau는 그의 저서 『에밀』(1762)에서 에밀이라는 남자 주인공을 통해 인간의 성장과정과 교육과정을 5단계로 구분하고 단계별 교육방법을 제시하였다.

1단계인 유아기(1~5세)는 영유아의 신체적 발육을 중심으로 자연의 질서에 따라 양육하는 시기다. 2단계인 아동기(6~12세)는 아동에게 자연성이 자유롭게 발휘되도록 지식교육을 멀리하고 감각과 경험을 통해 교육하는 소극적 교육 시기다. 3단계인 소년기(13~15세)는 소년이 사물에 대한 판단력과 비판력이 생기고 이성적 사고가 작용하는 시기로서 지적인 교육이 가능하므로 이 시기부터 사회 문제에 관심을 갖게 하는 등 보다 적극적으로 교육하는 시기다. 4단계인 청년기(16~20세)는 청년의 정욕이 발생하는 시기이므로 도덕적 생활이 필요한 시기다. 5단계인 시민교육기(20세 이후)는 배우자를 선택하여 독립하는 시기이므로 성교육이 필요한 시기다(신차균 외, 2013, p. 291).

◆ 가정교육의 중요성

Rousseau는 영유아의 심신 상태는 연약하고 무지하므로 따뜻한 사랑이 있는 가정에서 교육하는 것이 중요하다고 보았다. 그는 어머니는 모유로 자녀를 키우면서 자연의 보모로서의 역할에 충실해야 하며, 아버지는 자녀의 교육을 담당하면서 신체적 발육에 중점을 두어야 한다는 점을 강조하였다.

◆ 소극적 교육

Rousseau는 잘못된 조기교육을 비판하면서 영유아에게 성인사회의 사고나 도덕을 직접 주입하는 적극적 교육보다는 바람직한 환경 속에서 영유아가 스스로 발달할 수 있는 소극적 교육이 더 적합하다고 주장하였다. 소극적 교육은 합자연의 원리에 따른 발달을 방해하고 인위적으로 영향을 미치는 모든 요소를 제거하여 영유아가 자연스럽게 발달할 수 있도록 도와주고, 영유아 스스로 보고 느끼며 자신의 이성으로 판단하여 행동하도록 하는 것이다. Rousseau는 영유아 교육 시 사물에 관한 경험을 중심으로 한 교육과 감각 훈련을 중요시하여 언어 습득과 오감각을 연습하도록 하는 등 12세까지는 경험을 통한 소극적 교육을 실시해야 한다고 보았다.

③ 공헌점 · 비판점

Rousseau의 사상은 오늘날의 교육에도 중요한 영향을 주고 있다. 특히 그는 아동중심사상을 통해 전통적 교육을 비판하면서 주지주의(主知主義) 교육에서 주정주의(主情主義) 교육으로 전환을 시도하였다. 그리하여 그의 아동 중심, 개성 중심, 생활 중심, 활동 중심, 현재(now) 상황 강조 등의 교육관과 교육방법은 교육 개혁에 영향을 미쳐 새로운 교육운동의 기초가 되었다. Rousseau의 이러한 교육사상은 Pestalozzi, Fröbel, Dewey 등으로 계승 · 발전되었다.

반면, Rousseau는 지나친 자연주의에 따른 형식적 도야(formal discipline)를 강조함으로써 도덕교육과 직업교육을 경시하고 지적 교육을 배척하였다. 그의 영향을 받은 Dewey조차 그가 자연적인 발전만을 기대하고 외부의 영향이나 사회적 환경의 중요성을 소홀히 했다고 지적하였다. 또한 Rousseau의 주장은 지나치게 낭만적이어서 현대의 교육 상황에 적용하기에는 무리가 있다(팽영일, 2017, p. 168).

3) 19세기

19세기는 18세기의 합리주의, 주지주의, 공리주의(公理主義), 개인주의에 따른 계몽사상에 대한 반동으로 신인문주의(新人文主義) 사상이 대두되었다. 계몽주의가 기계적이고 실리와 실용을 중요시하여 인간을 직업적 · 기계적으로 본 반면, 신인문주의는 미적이고 조화로운 인간성의 형성을 추구하였다(신차균 외, 2013, pp. 309-310). 19세기의 대표적인 신인문주의 교육개혁가로는 Pestalozzi와 Fröbel을 들 수 있다.

(1) Pestalozzi

Pestalozzi(1746~1827)는 스위스에서 태어났으며, 인류애를 근본정신으로 하여 빈민교육을 위해 일생을 바친 교육실천가이자 교육사상가다. 그는 취리히 대학교에서 신학을 공부하던 중 루소의 『에밀』(1762)을 읽고 그의 자연주의 교육관을 받아들였다. 그는 교육을 통해 사회를 개혁할 수 있다고 생각하고 가난한 아이들을 위한 빈민학교를 열어 노작교육을 통한 인간교육을 위해 헌신하였다.

Johann Heinrich Pestalozzi
(1746~1827)

① 영유아관

Pestalozzi는 성인에게 성인의 세계가 있듯이 영유아에게도 고유의 세계가 있어 그들의 내면은 아직 피지 않은 꽃봉오리로서 인간성의 전 능력이 내재하고 있다고 생각하였다. 즉, 그는 영유아의 본성에는 인간 창조의 무한한 지혜와 사랑과 믿음의 힘이 내재되어 있다고 보았다.

② 교육관

Pestalozzi에게 교육이란 인간성을 계발하기 위해 인간의 내적 능력을 끄집어내어 키워 줌으로써 인간의 지적 · 도덕적 · 신체기능적 능력을 조화롭게 성장하도록 도와주는 것이다. 이러한 그의 교육사상은 Rousseau의 교육관을 계승한 것이다(신차균 외, 2013, p. 318). 그는 교육의 목적을 인간 개혁과 사회 개혁에 둠으로써 인간을 도야하고, 이를 통해 사회 개혁을 이루고자 하였다. 그는 교육의 본질적 수단으로 가정교육을 중시하면서 교육을 할 때 합자연의 원리, 자기 활동의 원리, 직관의 원리, 조화와 균형의 원리 등을 적용할 것을 주장하였다.

◆ 가정교육의 중요성

Pestalozzi는 교육의 출발점을 가정으로 봄으로써 가정은 시간적 제약을 받지 않는 자연스러운 교육의 장이며, 부모는 자연스러운 교사로 보았다. 그는 가정에서 부모의 애정과 권위에 의해 언어와 사물에 관한 지식, 예절 등의 행동 규칙과 습관 형성, 협동 정신, 책임감, 도덕의식, 신앙심 등과 같은 광범위한 교육을 할 수 있다고 보았다. 그리하여 그는 가정에서 부모는 영유아의 욕구와 충동, 흥미, 감정을 존중하고 인간성을 조화롭게 통합할 수 있도록 교육해야 한다고 주장하였다.

◆ 합자연의 원리

Pestalozzi에게 합자연의 원리는 인위적인 방법이나 기교에 의한 교육을 지양하고 일상생활을 자연과 더불어 조화롭게 진행하는 것이다. 그러므로 그는 영유아의 내부 세계와 그 발전과정, 그들의 주위를 둘러싸고 있는 자연의 성질과 발전 법칙을 이해함으로써 영유아를 자연과 일치하도록 교육할 것을 주장하였다.

◆ 자기 활동의 원리

Pestalozzi는 영유아의 내면에서 능력을 끌어내어 발전시키는 것이 교육이라고 보았다. 자기 활동의 원리는 영유아가 스스로 자발적으로 활동함으로써 교육하는 것이다. 이를 위해 양육자나 교사는 영유아의 개성을 존중하고 영유아가 자연스럽고 조화롭게 발달하도록 모든 조건을 제공해 줌으로써 영유아의 선천적 소질을 계발해 주어야 한다.

◆ 직관의 원리

Pestalozzi는 인간은 사물을 직관하여 감각적 인상에서 추상적 사고력을 개발할 수 있으므로 외부 세계의 인상을 결합하여 능동적으로 개념을 구성하는 직관의 원리를 교육에 적용할 수 있다고 보았다. 그는 영유아도 구체적 사물을 관찰하는 직접 경험을 통해 직관에 의한 교육을 실시해야 한다는 실물교육(object lessons)을 강조하였는데, 이는 유아교육의 기초를 형성하였다. 실물교육은 언어와 암기에 의한 단순한 교육방법을 개선하고 직접 체험을 통해 살아 있는 교육을 하는 것이다. 영유아는 구체적인 경험의 대상이 있을 때 직관을 더 잘 발달시킬 수 있으므로 Pestalozzi는 영유아가 사물에 대한 개념을 형성할 때는 실물을 가지고 교육하는 것이 중요하다고 보았다. 즉, 직관의 원리에 따른 실물교육을 통해 영유아는 자연 대상물을 지각하는 훈련을 받아 추상적 도형, 언어, 수의 원리를 깨달을 수 있다.

◆ 조화와 균형의 원리

Pestalozzi는 인간의 지적(head), 도덕적(heart), 신체기능적(hand) 능력의 세 가지를 3H로 설명하였다. 그는 3H를 선천적 능력으로 보고, 이를 조화롭고 균형 있게 발달시키는 것을 교육의 이상으로 삼았다. 지적 능력은 실물교육을 통한 읽기, 쓰기, 셈하기 등의 기초교육을 통해, 도덕적 능력은 가정에서의 교육을 통해, 신체기능적 능력은 생활 속에서의 노동과 활동 등의 노작(勞作)교육을 통해 이루어질 수 있다.

◆ 노작교육

Pestalozzi는 노동과 작업을 신성하게 여겼으며, 이러한 근로정신과 생산 활동은 어린 시절부터 교육해야 한다고 주장함으로써 노작교육을 강조하였다. 노작은 그 자체가 목적이며 인간 생명의 창조적이고 자발적인 활동이므로 Pestalozzi는 노작을 직업에 대한 준비라기보다는 인간 생명의 발전을 위한 자발적 활동으로 보았다. 또한 그는 읽기, 쓰기, 셈하기의 기초교육뿐만 아니라 도덕교육, 일하기 등의 실제 교육과 노작교육을 함께 실시해야 한다고 주장하였다.

③ 공헌점 · 비판점

Pestalozzi는 계급이나 재산에 관계없이 인간은 누구나 평등하며 존중받아야 할 가치가 있다고 생각하여 평생 빈민교육에 힘쓰고 민중교육에 공헌하였다. 아동에 대한 이해를 바탕으로 모든 아동을 위한 인간교육을 주장한 그의 생각은 19세기 이후 현대교육의 기초를 마련하는 계기가 되었다. 또한 그의 교수방법에 대한 생각이나 실제는 후에 많은 교육가에게 이론적 탐구의 출발점을 제공했을 뿐만 아니라, 교육은 구체적이고 단순한 직관에서 시작되어야 한다는 그의 논리는 시대를 앞서가는 탁월한 사상이었다. 그가 강조한 3H의 조화로운 발달은 전인교육을 목표로 하는 유아 교육과 보육에 시사하는 바가 크고, 가정교육의 중요성과 실제 경험을 통한 실물교육 등은 오늘날 영유아 교육과 보육 현장에서의 중요한 교수방법이나 철학의 기초가 되었다. Pestalozzi의 사상은 Fröbel로 이어져 그가 유치원(Kindergarten)을 설립하는 초석이 되었다.

반면, 성인에게는 단순한 것이 아동에게는 단순한 것이 아닐 수 있기 때문에, Pestalozzi의 교수이론은 초보적인 관념이나 단순한 학습에는 타당하지만 논리적 추론이나 고차원적인 학습 단계에서는 적용하기 어려운 한계가 있다(신차균 외, 2013, p. 323).

(2) Fröbel

Fröbel(1782~1852)은 독일의 철학자이자 교육자다. 그는 대학교 졸업 후 초등학교 교사가 되어 학생들을 가르치다가 그만두고 가정교사 생활도 하였다. 그는 Pestalozzi를 만나 그의 교육사상과 정신에 감명받고 교육자로서의 역할과 생애

에 가치를 두었다. Fröbel은 자신의 이론과 사상을 펼
치고자 1816년 카일하우(Keilhau)에 5~18세 아동을 위
한 독일 일반교육원(German General Education Institute)
을 설립하였다. 또한 그는 1837년 놀이와 활동 교육
소(Play and Activity Institute)를 세웠으며, 1840년에 이
를 독일 일반유치원(German General Kindergarten)으
로 재명명하면서 세계 최초의 유아교육 시설인 유치원
(Kindergarten)을 설립하였다. 그는 기독교적인 배경을

Friedrich Wilhelm August Fröbel
(1782~1852)

가지고 영유아는 자신이 가지고 있는 능력을 외적인 다양한 자극에 의해 펼쳐 나간
다고 생각하고, 이를 위해 은물(gifts)을 고안하였다.

① 영유아관

Fröbel은 인간은 선을 추구하는 존재이므로 외부의 방해가 없으면 선한 활동을
함으로써 자유롭고 사색적이며 자발적인 인간성을 형성할 수 있다는 인간관을 주
장하였다. 그에 따라 그는 영유아는 신과 같은 본성을 지니고 있고 자발성을 가진
존재이므로, 영유아를 교육할 때 성인은 영유아의 자기 활동을 중시하여 영유아 스
스로 내적 동기를 가지고 자연스럽게 자신을 발전시키며 성장해 나갈 수 있도록 도
와주어야 한다고 보았다. 그는 출생 시부터 영유아의 본성에 따라 대해 주고 영유
아가 내적 힘을 발휘할 수 있도록 환경을 마련해 준다면 영유아는 어려움 없이 자
랄 수 있다고 보았다(이윤경 외, 2020, p. 84).

② 교육관

Fröbel에게 신은 우주를 지배하는 영원한 법칙의 주체이기 때문에 그는 신성을
중시하여 신과 인간과 자연이 일치하는 교육을 강조하였다. 따라서 Fröbel의 교
육 목적은 신성한 삶을 충실히 표현함으로써 자발적으로 자신의 능력을 계발하고
원만한 사회적 관계를 맺을 수 있는 인간을 만드는 데 있다(정금자, 석은조, 김춘화,
2014, pp. 120-122). 특히 그는 영유아의 교육은 놀이를 통해 이루어져야 한다는 점
을 강조하여 자신이 제작한 은물을 이용하여 신과 인간의 합일을 이루고자 하였다.

◆ 만유재신론과 인간신성론

Fröbel의 사상은 만유재신론(萬有在神論)과 인간신성론(人間神性論)을 기반으로
한다. 만유재신론은 우주의 모든 것은 신에 의해 창조되었으며, 신은 모든 것 속에
있고 모든 것을 지배하며, 신이 우주 만물에게 생명을 부여했다고 생각하는 것이
다. 또한 인간신성론은 인간의 마음속에는 신의 마음이 들어 있고, 자연 속에 신의
섭리가 내포되어 있다고 생각하는 것이다. 그리하여 Fröbel은 인간의 본성은 자연
과 신의 섭리로 가득 차 있으므로 인간도 끊임없이 창조하고 활동하면 신과 인간이
합일을 이룰 수 있다고 주장하였다.

◆ 발달순응적 교육

인간에게 내재한 신성을 자연스럽게 발달시키기 위해 교육은 가능한 한 방해받
지 않아야 한다는 소극적 개념의 교육은 Rousseau부터 시작하여 Fröbel에서 더욱
발전하였다. Fröbel은 이를 발달순응적 교육(education by development)이라는 개념
으로 설명하였는데, 이는 교육이란 근본적으로 명령적이고 규정적인 간섭을 하지
않아야 한다는 것이다(정금자 외, 2014, p. 132). 이러한 관점에서 Fröbel은 영유아를
무리하게 교육하면 이들은 부자연스러운 성품을 지닌 인간으로 성장하게 되어 전
인적으로 조화로운 발달을 할 수 없게 된다고 주장하였다. 그러므로 Fröbel이 주장
한 발달순응적 교육은 단순히 수동적인 교육이 아니라 영유아에 대해 끊임없이 주
의를 기울이고 보호해 줌으로써 필요할 때는 즉시 적극적이고 능동적으로 개입하
는 것이다.

◆ 놀이를 통한 교육

Fröbel은 놀이 활동을 통해 영유아의 본성과 개성에 맞추어 교육을 해야 한다고
주장하였다. 그에게 놀이는 영유아의 필요와 요구에 따라 자신의 내면세계를 스스
로 표현하는 것이다. 즉, 놀이는 영유아기의 가장 순수한 정신적 산물이고 인간 생
활 전체의 모범이다. 그러므로 그는 모든 선의 원천은 놀이에 있고 놀이에서 나오
므로, 놀이는 인간 성장의 근본 요소이며 놀이 자체가 교육이라고 보았다(정금자
외, 2014, pp. 123-124).

◆ 은물과 작업

Fröbel은 놀이를 통한 교육을 강조하면서 놀잇감과 교구를 제작하고 보급하는 데도 노력을 기울여 자신이 직접 은물(恩物, Spielgabe, gifts)이라는 놀잇감과 작업(occupation)을 고안하여 활용하였다. 그는 은물과 작업을 통해 인간과 자연과 신의 합일을 이루려고 하였다.

은물은 신이 주신 선물이란 뜻으로 세계 최초의 영유아 교구로서 블록 교구의 효시라 할 수 있다. 은물은 형태(1~6은물), 면(7은물), 선(8은물), 점(9은물), 재구성(10은물)의 다섯 영역 10개로 구성되었다. 은물은 단순한 것에서 복잡한 것으로, 구체적인 것에서 추상적인 것으로, 가벼운 것에서 무거운 것으로, 잘 알려진 것에서 덜 알려진 것으로 활동할 수 있도록 구성되었다. 영유아는 교사의 지시에 따라 은물을 가지고 활동하면서 형태, 크기, 색뿐만 아니라 수 세기, 비교하기, 크기 측정 등도 배울 수 있다.

한편, 작업은 조립하거나 분해하는 활동을 통해 정신운동적 기능을 발달시키고자 하는 11가지 활동이다. 이는 점, 선, 면, 형태 영역에서 구체화되었는데, 점 영역에서는 구멍 뚫기(1작업), 선 영역에서는 바느질하기(2작업)와 그리기(3작업), 면 영역에서는 색칠하기(4작업), 종이말이 잇기(5작업), 매트 짜기(6작업), 종이접기(7작업), 오리기·찢어 붙이기·음영그림 만들기(8작업) 그리고 형태 영역에서는 콩으로 만들기(9작업), 상자 만들기(10작업), 찰흙놀이(11작업)로 구성되었다.

◆ 유치원 창설

Fröbel은 세계 최초의 유치원인 킨더가르텐(Kindergarten)을 설립하였는데, 이는 녹색이 짙은 어린이 정원이라는 뜻이다. 유치원에서 영유아는 놀이를 통한 교육으로 단순한 보호나 지식교육과 차별화되는 놀이 활동을 하였다.

③ 공헌점 · 비판점

Fröbel은 Pestalozzi의 교육 이념을 영유아 교육에 구현하였다. 그는 은물과 작업을 통해 Pestalozzi의 교육방법과 자신의 사상에 기초한 교육을 실시하였고, 이를 위해 유치원을 설립하였다. 그가 만든 은물과 작업은 현재까지도 영유아 교육 현장에서 널리 활용되고 있으며, 그의 교육사상은 Dewey와 Montessori에게 많은 영향을 주었다.

반면, Fröbel은 지나치게 신(神) 중심적인 사상을 영유아의 놀이와 관련 지어 인위적이고 추상적이라는 비판을 받는다. 또한 그는 은물의 자유로운 사용을 금하였기 때문에 영유아의 자발성이나 창의성 등의 발전을 제한했다는 비판도 받는다.

4) 20세기

현대에 들어서면서 중세 이후의 사상과 교육방법은 점차 폭넓어져 영유아에 대한 새로운 개념을 정립하기 시작하였다. 즉, 영유아는 성인의 종속물이나 축소판이 아닌 하나의 독립된 인격체로서 인정받았고, 무능한 존재가 아니라 무한한 잠재력과 가능성을 지닌 존재로 자리매김하게 되었다. 20세기 들어 다양한 심리학 이론이 등장하면서 영유아에 대한 새로운 관점이 제기됨에 따라 영유아 교육 및 보육은 더욱 다양한 관점에서 이루어졌다. 이에 따라 1920년에서 1960년 사이에 심리학과 교육학 관련 이론에서 다양한 영유아 교육과 보육프로그램을 개발하여 현장에 적용할 수 있게 되었다. 뿐만 아니라, 이후 다양한 유형의 영유아 교육 · 보육 기관을 설립하여 운영하였으며, 교육방법도 전통적인 방법에서 진보적인 방법에 이르기까지 매우 다양해졌다(곽노의, 2015, pp. 260-261). 현대의 영유아 교육 · 보육에 영향을 미친 심리학자와 교육학자가 많지만, 여기서는 대표적인 학자로 Dewey와 Montessori에 대해 살펴보고자 한다.

(1) Dewey

John Dewey
(1859~1952)

Dewey(1859~1952)는 미국에서 태어났으며, 진보주의와 실용주의 교육철학을 교육에 적용하였다. 그는 1896년 시카고 대학교 부속으로 '실험학교(Laboratory School)'를 설립하여 자신의 교육철학 이론을 실제에 적용하였다. 실험학교는 4~14세 아동을 대상으로 하였는데, 이 중 4~6세를 대상으로 한 학급을 유치원이라 부르며 기존의 유치원 교육과 다른 교육을 시도하였다. 1920년대 미국에서는 Dewey의 교육철학을 중심으로 진보주의 교육운동이 전개되었고, 이는 영유아 교육에도 많은 변화를 가져왔다. 당시 미국에서는 Fröbel의 교육철학이 확산되고 있었는데, Dewey의 진보주의적 교육방법이 등장함에 따라 Fröbel의 은물과 작업에 대한 비판이 일기 시작하였다. 즉, 교육 현장에서는 형식적인 은물과 작업 활동을 지양하고 더욱더 통합적인 과정에서의 교육 활동에 따라 Dewey의 진보주의적 교육철학이 지지받게 되었다.

① 영유아관

Dewey는 기독교적인 원죄의 개념을 부인하고 영유아를 선하고 순진무구한 존재로 인식하였다. 그는 영유아도 문제 상황을 해결하기 위하여 자신의 지적 능력을 사용할 수 있고, 환경에 따라 행동하면서 배우고 경험하는 존재라고 주장하였다. 또한 Dewey는 영유아가 무기력하지만 풍부한 가능성을 가지고 발전해 나갈 수 있는 존재로서, 이러한 발전 가능성을 '가소성(plasticity)'으로 언급하였다. 그는 가소성으로 인해 영유아는 적극적이고 발전적인 사회적 관계를 형성할 수 있으며, 상호의존적인 인간사회를 만들 수 있다고 보았다(정금자 외, 2014, p. 205).

② 교육관

Dewey는 모든 것을 행위와 관련하여 파악함으로써 과학적 방법론을 강조하고 실용주의 철학에 기초한 진보주의 교육사상을 제시하였다. 이러한 입장에서 Dewey는 이상주의적이고 기계적인 교육을 비판하면서 교육의 실용성을 강조하였다(공인숙 외, 2013, p. 37). Dewey는 Fröbel의 기본 정신과 교육에 대한 철학, 영유아에 대한 존중과 놀이에 대한 중요성은 인정하였으나, Fröbel의 이상주의적 교육방법은 비판하였다. 그에게 교육은 실생활 자체이며 현재 생활의 일부여서 Dewey는 교육의 구체적인 방법이나 환경 구성에 있어 아동 중심의 활동, 생활 중심의 활동을 강조하였다.

◆ 아동중심 사상

Dewey는 Rousseau의 아동중심 사상을 행동으로 구체화하여 교육에 적용함으로써 영유아의 흥미와 욕구를 중시하는 아동 중심의 교육방법을 제안하였다. Dewey의 아동중심 교육은 민주사회를 건설하고 이에 적응할 수 있는 인간과 산업 사회의 발전에 필요한 지적 · 도덕적 생활양식을 가진 인간을 육성하는 데 목적이 있다. Dewey는 교과 중심보다는 흥미 중심의 교육을 강조하였으며, 놀이도 아동 중심으로 이루어져야 한다고 보았다.

◆ **경험중심 사상**

Dewey는 전통적인 교사 중심과 교과서 중심의 교육을 비판하면서 영유아의 직접 경험과 경험의 재구성을 강조하였다. 그에게 있어 교육은 경험을 통해 사고를 재구성하는 것이므로 Dewey는 '행함으로써의 학습(learning by doing)'을 강조하였다. 또한 그는 영유아가 접하는 모든 일상 체험은 영유아의 발달과 직결된다고 보았다. 그리하여 그는 영유아가 구체적인 경험을 쌓을 수 있도록 교육 내용을 실제 생활과 밀접한 경험으로 제공해 줌으로써 영유아의 발달과 흥미에 맞게 재구성할 것을 제안하였다. 이를 위하여 그는 영유아가 가능한 한 직접적이고 구체적인 교구나 교재와 상호작용할 수 있도록 하였으며, 영유아가 생활 주변에서 자주 접하는 실제적이고 직접적인 경험을 표현하고 재현하는 상상놀이의 중요성을 강조하기도 하였다.

◆ **생활중심 사상**

Dewey는 아동의 경험을 중심으로 교육해야 한다고 주장함으로써 생활중심 교육을 강조하였다. 그는 읽기, 쓰기, 셈하기의 기본적인 암기 위주의 교육보다 실제 생활을 통해 의사소통, 계산, 정서 표현 등의 다양한 기능을 익히는 것이 더 중요하다고 보았다. 또한 그는 현재는 미래를 위한 준비 기간이 아니라 현재의 생활 자체를 중요하게 생각하였다. 그리하여 그는 교육은 '지금-여기(here and now)' 당면한 생활과정 그 자체이며 영유아는 그런 생활과정 속에서 직접 경험하고 행동함으로써 학습할 수 있다고 보았다. 즉, 그에게 있어 영유아가 접하는 생활 공간은 바로 학습 장소이다. 그러므로 Dewey는 영유아가 직면하는 실제 장면에서 교사와 직접 경험하고 활동함으로써 영유아는 새롭고 구체적인 지식을 구성해 나가는 것이 중요하다고 보았다(윤애희 외, 2003, p. 72).

③ 공헌점 · 비판점

Dewey는 Rousseau 이후 꾸준히 주장되었던 아동중심 사상을 행동으로 구체

화하여 실제 교육에 적용하였다. 그의 사상은 1920년대 개혁유치원에 영향을 주
었다. 이를 통해 교육 활동과 놀잇감을 변화시켜 실생활을 경험해 볼 수 있는 견학
활동이 교육 활동으로 도입되는 계기가 되었다. 또한 Dewey가 주장한 진보주의적
교육방법은 Fröbel의 상징주의적 영유아 교육·보육 과정에서 벗어나게 하는 전환
점을 마련해 줌으로써 오늘날까지도 지속적으로 영유아 교육과 보육 현장에 영향
을 미치고 있다.

반면, 1950년대 말부터 Dewey의 진보주의 사상에 의한 생활중심의 교육은 지나
치게 영유아의 흥미와 욕구를 존중하여 사회·정서 발달만을 강조함으로써 기본
교과 학습을 무시했다는 비판을 받게 되었다. 이에 따라 미국 내 경험중심 교육과
정은 다시 학문중심 교육과정으로 바뀌게 되었다.

(2) Montessori

Montessori(1870~1952)는 이탈리아 최초의 여의사
로서 교육을 통해 지적장애아를 구제하려고 하였다.
Montessori는 Seguin과 Itard의 영향을 받아 지적장애
아를 위한 교육 방법과 교구를 개발하였고, 이를 발전
시켜 정상아의 교육에 적용하였다. 그리하여 그녀는
1907년 로마 근교에 빈민아동을 위한 '어린이집(Casa dei
Bambini)'을 설립하여 자신이 개발한 교구를 활용한 교
육방법을 실시하였다. 이후 그녀의 교육 이념과 방법은
교육 현장에 큰 영향을 주어 1929년 국제몬테소리협회
(Association Montessori Internationale: AMI)가 창립되었다.

Maria Tecla Artemisia Montessori
(1870~1952)

① 영유아관

Montessori는 영유아는 무한한 잠재력을 지닌 능동적이고 자발적인 존재로서 영
유아의 성장과 발달을 자발적인 과정으로 보았다. 즉, 영유아는 주변 환경에서 정
보를 수집하여 독자적으로 탐색하고 학습하며 스스로 환경과 상호작용한다. 그러
므로 Montessori는 성인이나 교사는 영유아의 자발적인 활동을 존중해 주어야 한
다고 주장하였다. 그녀의 주장은 영유아의 내적 잠재력과 능력이 적절한 지도를 받

으면 자연의 법칙에 따라 발달한다는 Rousseau, Pestalozzi, Fröbel 등의 자연주의 사상의 영향을 받은 것이다(윤애희 외, 2003, p. 77).

Montessori는 영유아는 내면의 발달단계에 따라 학습이 이루어지는데 그 발달 속도에는 개인차가 있다고 보았다(이윤경 외, 2020, p. 93). 그러므로 그녀는 영유아에게 발달수준에 적합한 교구를 제공해 주면 영유아는 스스로 학습하면서 즐거움을 느끼므로 영유아에게 학습을 강요할 필요가 없다고 보았다.

② 교육관

Montessori는 교육의 목적을 영유아의 정신 발달을 조성하는 데 두어 육체는 정신을 담는 그릇이라고 봄으로써 정신을 육체보다 더 우선시하였다. Montessori는 자신만의 독특한 용어를 사용하여 영유아의 발달과 교육방법에 대해 설명하였다.

◆ 정상화

정상화(normalization)는 영유아가 준비된 환경에서 소극적 역할을 수행하는 교사의 지도에 따라 Montessori 교구를 활용하여 자신의 발달 속도에 맞춰 내적 균형을 이루어 나가는 것이다. 유아의 정상화는 특별한 성향에 대해 민감성을 보이는 민감기, 환경을 받아들여 구성하는 흡수정신, 끊임없는 내적 훈련, 독립심, 준비된 환경, 교사의 도움 등을 통해 실현된다.

◆ 민감기

민감기(sensitive period)는 발달에서의 결정적 시기(critical period)와 유사한 개념으로 유전적으로 계획된 기간이며, 특정 행동에 대한 감수성이 예민해져 그 행동을 쉽게 배울 수 있는 시기다. 민감기는 영유아가 감각적 자극에 매우 민감한 0~6세 사이에 나타나며, 행동의 종류에 따라 나타나는 시기는 모두 다르다. 민감기에는 질서에 대한 민감기(1개월~2세), 세부에 대한 민감기(1~2세), 양손 사용에 대한 민감기(18개월~3세), 걷기에 대한 민감기(18개월~3세), 언어에 대한 민감기(0~3세) 등이 있다. Montessori는 영유아가 민감기에 따른 행동을 경험하지 못하면 발달에 장애를 초래한다고 설명하였다.

◆ 흡수정신

영유아는 내부에 잠재해 있는 흡수하는 정신 능력, 즉 흡수정신(absorbent mind)을 통해 환경을 받아들이고 스스로 경험하며 배운다. 흡수정신의 발달은 무의식적 단계와 의식적 단계로 구분한다. 무의식적 단계는 보기, 듣기, 맛보기, 냄새 맡기, 만지기 등의 감각 자극을 무의식적으로 흡수하는 3세까지의 시기다. 의식적 단계는 무의식적 흡수정신에서 이루어진 기본 능력을 통합하고 좀 더 정교하게 새로운 능력을 학습하는 3~6세까지의 시기다. 이 시기에 영유아는 계획적으로 환경과 상호작용하며 좋아하는 것을 직접 경험하려는 의지를 강하게 나타낸다.

◆ 준비된 환경

Montessori는 영유아의 올바른 성장과 발달을 이끌어 줄 자극을 주는 교육환경을 준비된 환경(prepared environment)이라고 하였다. 이는 성인이 계획해 주는 환경으로서 이를 통해 영유아는 자기 형성 욕구를 충족하며 개인적 성장과 발달을 도모할 수 있다. 준비된 환경은 시설, 설비, 교재, 교구 등의 물리적 환경뿐만 아니라 영유아, 또래, 부모, 교사 등의 인적 환경도 포함한다. 준비된 환경에서 교사는 영유아의 정신을 존중함으로써 그들의 활동을 주의 깊게 관찰하여 도움이 필요할 때마다 도움을 제공해 주지만, 영유아의 활동을 직접 지도하거나 간섭하지는 않는다.

◆ 자동교육

자동교육(auto education)은 영유아가 자발적인 성장 동기를 가지고 교재·교구의 작업 활동을 통해 자발적인 학습과 인격 형성을 하는 것이다. 영유아는 준비된 환경에서 스스로 선택한 교구를 가지고 능동적으로 활동할 때 스스로 학습하며 자기 발전과 독립된 인격적 존재로서의 성취감을 달성할 수 있다(김희태, 정석환, 2012, p. 183). 이를 위해 Montessori는 여러 가지 자기 수정적 교구를 개발하여 영유아들에게 제공하였다. Montessori 교구는 영유아가 활동하는 동안 스스로 실수와 오류를 발견하여 수정하고 조정할 수 있는 자기 오류의 수정 기능이 있는 자동교육을 한다. 이때 교사는 영유아가 이런 교구를 적극적으로 활용할 수 있도록 관심을 기울이며 호기심을 자극해 주는 역할을 한다.

◆ Montessori 교구와 교육 내용

Montessori는 Fröbel의 교육사상 중 작업을 통한 자기 활동의 원리를 받아들여 자신만의 독특한 교구를 개발하였다. Montessori 교구는 지식이나 기술의 획득과 같은 외적인 측면보다 교구와의 상호작용을 통해 영유아의 자기 수정이나 정신 발달과 같은 내적 측면에 도움을 줌으로써 영유아가 자신의 내적 욕구를 충족해 나갈 수 있도록 구성되었다(박경희, 이성숙, 2011, p. 72). Montessori 교구를 통해 영유아는 구조화된 순서를 경험하여 감각의 질서와 순서를 알아내는 과업을 스스로 성취할 수 있다. 또한 Montessori는 기본생활 습관과 오감각의 활용 및 훈련을 중요시하여 자신이 개발한 교구는 단순한 것에서 복잡한 것으로, 구체적인 것에서 추상적인 것으로 표현할 수 있도록 만들었다. 영유아에게 교구를 통한 감각적 활동은 그 자체로 끝나는 것이 아니라 미래 학습을 위한 준비다.

Montessori 교육 내용은 교구를 활용한 일상생활 훈련, 감각교육, 언어교육, 수학교육, 문화교육의 다섯 가지로 구성되었다(박찬옥 외, 2021, pp. 180-181).

첫째, 일상생활 훈련은 일상생활에 필요한 기본적이고 개인적인 기술을 익히도록 한다. 여기에는 옷 입기, 손 씻기 등 사람에 대한 배려, 청소하기, 잡초 뽑기 등 환경에 대한 배려, 예절교육, 감사하기 등 사회에 대한 배려, 선 위 걷기, 침묵 게임 등 활동의 분석과 통제의 네 가지 실천 유형이 있다.

둘째, 감각교육은 감각기관을 통해 받아들일 수 있는 다양한 인상을 직접 분류할 수 있도록 도와주는 것으로 오감각을 발달시키는 감각 교구를 사용한다.

셋째, 언어교육은 말하기, 읽기, 쓰기의 의사소통 능력을 발달시키기 위해 언어 습득과 언어를 효과적으로 사용할 수 있는 구체적인 기술을 발달시킨다.

넷째, 수학교육은 논리적 사고력을 발달시키기 위해 다양한 교구를 활용하여 정확성, 동일성, 서열, 양, 차이 등의 개념을 가르친다.

다섯째, 문화교육은 지리, 생물, 역사, 과학, 미술, 음악 등의 영역을 학습함으로써 사회 안에서의 인간과 인간의 습관, 예술, 문학, 삶의 형태를 이해할 수 있게 한다.

◆ 교사의 역할

Montessori 학교의 교사는 일반 학교의 교사와 그 역할이 달라 그녀는 교사라는 용어 대신 안내자(guider) 또는 지도자(director)라는 용어를 사용하였다. Montessori

학교의 안내자는 영유아에게 가르치려는 특정 교육 내용에 대한 학습목표가 없으며, 실제로 가르치지도 않는다. Montessori는 영유아가 내적인 힘에 의해 능동적으로 학습하는 존재이므로 안내자의 지시나 강요가 불필요하다고 보았다. 그러므로 Montessori 학교의 안내자는 관찰자, 보호자, 촉진자로서의 역할을 한다.

③ 공헌점 · 비판점

Montessori는 영유아 존중 사상을 가졌고, 영유아를 자기 교수적인 존재로 인식했으며, 이를 위해 영유아의 발달에 적합한 교구를 제작하여 활용하였다는 점에서 유아교육에 기여한 바가 크다. Montessori는 Rousseau, Pestalozzi, Fröbel 등의 교육철학을 교육에 어떻게 효과적으로 적용할 수 있는지, 즉 영유아의 자발적인 성향에 따라 영유아가 교구를 통해 어떻게 스스로 배울 수 있는지를 증명해 주었다. 또한 그녀는 영유아를 객관적 · 과학적으로 이해하기 위해 관찰의 중요성도 제안하였다.

반면, Montessori의 교육방법은 교사나 다른 영유아와의 상호작용이 거의 없이 주로 교구에 의존함으로써 영유아의 창의성을 제한할 수 있고 학습을 비인간적인 것으로 만들었다는 점, 사회적 · 정서적 생활을 도외시하여 인지발달만을 강조했다는 점에서는 비판받는다. 또한 그녀는 영유아의 자유를 존중하면서도 엄밀하게 통제된 교구 사용과 엄격한 예의범절을 요구했다는 점에서 영유아의 진정한 자유를 보장하지 않았다는 비판도 있다.

생각해 봅시다

1. 영아기와 유아기 발달 특징을 연속선상에서 생각해 봅시다.
2. 영유아의 발달을 도모하기 위해 영유아 교육과 보육 현장 및 가정에서 어떻게 교육하고 지도하면 좋을지에 대해 생각해 봅시다.
3. 고대부터 현대 사상가들의 사상이 유아교육 또는 보육에 주는 시사점에 대해 생각해 봅시다.

참고문헌

공인숙, 한미현, 김영주, 권기남(2013). 최신 보육학개론. 경기: 교육과학사.

곽노의(2015). 유아교육사조: 유아교육의 역사와 철학. 서울: 문음사.

곽노의, 홍순정(2000). 유아교육사상. 서울: 문음사.

김희태, 정석환(2012). 유아교육 사상사. 서울: 파란마음.

박경희, 이성숙(2011). 몬테소리교육의 이론과 실제. 경기: 공동체.

박찬옥, 구수연, 유경숙, 이예숙, 조현정, 황지영(2021). 보육학개론. 경기: 정민사.

보건복지부 질병관리본부, 대한소아과학회(2017). 2017 소아청소년 성장도표. 청주: 보건복지부 질병관리본부.

신차균, 안경식, 유재봉(2013). 교육철학 및 교육사의 이해(제2판). 서울: 학지사.

양옥승, 나은숙, 신은미, 조유나, 황혜경(2015). 유아교육개론. 경기: 정민사.

윤기영, 손영빈 편(2010). 유아교육사상사. 경기: 양서원.

윤애희, 김온기, 박정민, 곽윤숙, 주영은, 박정문, 정정옥, 임명희, 정지영(2003). 보육 개론과 영·유아 보육 프로그램. 서울: 창지사.

이영, 이정희, 김온기, 이미란, 조성연, 이정림, 박신진, 유영미, 이재선, 신혜원, 나종혜, 정지나, 문영경(2017). 영유아발달(개정판). 서울: 학지사.

이영석, 이항재(1998). 최신 유아교육학 개론. 서울: 교육과학사.

이윤경, 문혁준, 안선희, 김민정, 김지은, 나종혜, 안지영, 임희옥, 천희영, 최은미, 황혜신, 황혜정(2020). 유아교육개론(제4판). 서울: 창지사.

정금자, 석은조, 김춘화(2014). 유아교육사상사. 경기: 정민사.

조성연, 천희영, 심미경, 황혜정, 최혜영, 전효정(2017). 영유아발달. 서울: 신정.

팽영일(2017). 유아교육사상사. 경기: 교육과학사.

한유미, 김혜선, 권희경, 양연숙, 백은정(2013). 영유아 언어교육의 이해: 이론과 실제(제3판). 서울: 학지사.

황해익, 서정현, 송연숙, 이경화, 최혜진, 정혜영, 김남희, 이혜은, 손유진, 박순호, 손원경, 남미경, 김인순, 고은미, 유수경(2009). 유아교육개론(제2판). 경기: 공동체.

Rothbart, M. K., & Bates, J. E. (2006). Temperament. In W. Damon, R. Lerner, & N. Eisenberg (Eds.), *Handbook of child psychology, Vol. 3: Social, emotional, and personality development* (6th ed., pp. 99-106). New York: Wiley.

제5장

보육환경과
보육프로그램

영유아기는 인간의 발달단계 중 가장 빠른 성장을 나타내는 시기이므로 이 시기의 환경은 영유아의 성장과 발달에 큰 영향을 미친다. 특히 어린이집에 다니는 영유아는 하루 중 많은 시간을 기관에서 보내므로 어린이집의 물리적 환경은 영유아의 발달에 매우 중요하다. 영유아가 발달에 적합한 양질의 보육환경에서 안전한 보호와 적절한 지도를 받는 것은 미래에 건강한 사회인으로 성장하는 데 중요한 영향을 미친다. 보육교직원은 영유아 발달에 적절한 보육프로그램을 제공함으로써 영유아의 전인 발달을 도모해야 한다. 따라서 이 장에서는 영유아의 성장과 발달에 직간접적으로 영향을 미치는 어린이집의 물리적 환경에 대해 살펴보고자 한다. 이와 함께 우리나라 보육활동의 근간이 되는 0~2세 표준보육과정과 3~5세 누리과정에 대한 소개와 이를 근간으로 한 보육프로그램의 계획과 실행 및 평가에 대해 살펴보고자 한다.

1 보육환경의 중요성

하루 중 많은 시간을 어린이집에서 보내는 영유아에게 어린이집은 단순히 물리적 공간이 아니라 놀이를 통해 영유아의 흥미와 호기심을 충족시키면서 성장하는 곳이다. 물리적 환경은 영유아의 놀이와 탐색, 또래와 교사와의 상호작용 등 보육의 질을 결정짓는 중요한 요소다. 보육교사는 영유아에게 양질의 보육환경을 제공해 줌으로써 영유아의 건강과 안전을 보장하고 성장과 학습을 촉진할 뿐만 아니라, 영유아와의 양질의 상호작용을 통해 자신의 역할을 보다 더 효과적으로 수행할 수 있다. 이를 통해 보육교사는 영유아의 선택을 존중하고 격려해 주며 계획한 보육 프로그램을 더 효율적으로 운영할 수 있다.

2 보육환경의 성격

양질의 보육환경은 영유아 발달에 적합한 경험과 학습을 촉진할 수 있는 기초가 된다. 양질의 보육환경은 다음과 같은 몇 가지 사항을 충족시킬 수 있어야 한다.

첫째, 보육환경은 영유아의 발달에 적합해야 한다. 보육환경은 영유아의 연령과 발달수준 및 개인차를 고려하여 구성해야 한다. 예를 들면, 영아를 위한 보육환경은 수유나 기저귀 갈기 등 생리적 활동의 비중이 큰 반면, 유아를 위한 보육환경은 교육적 욕구를 충족하기 위한 흥미 영역을 보다 다양하게 제공해 주어야 한다. 즉, 영아를 위한 보육환경은 양육과 관련된 개인 욕구가 충분히 반영되어야 하지만, 유아는 놀이와 학습의 비중을 더 늘려야 한다.

둘째, 보육환경은 안전하고 위생적이어야 한다. 안전하고 위생적인 보육환경은 영유아의 안전사고 및 건강과 직결되므로 영유아에게 위험 가능성이 있고 비위생적인 보육환경 내 모든 요소는 철저히 차단되어야 한다. 이를 위해 어린이집은 적절한 실내 온도와 습도를 유지해야 하고, 주기적인 실내 환기와 청소, 정기적인 소독, 안전한 공간 제공 등에 주의를 기울여야 한다.

셋째, 영유아는 균형 잡힌 환경에서 자신의 에너지를 조절하고 다양한 활동에 집중할 수 있으므로 보육환경은 균형을 이루어야 한다. 균형 잡힌 보육환경이란 정적인 활동과 동적인 활동, 함께하는 활동과 혼자 하는 활동, 단순한 활동과 복잡한 활동, 안정감을 주는 친근한 환경과 도전적인 새로운 환경, 부드러움을 느끼게 하는 환경과 단단하고 강한 느낌을 주는 환경 등의 요소가 적절하게 어우러진 것을 의미한다(고경화 외, 2014, p. 196).

넷째, 어린이집은 영유아와 성인이 함께 생활하는 곳이며 지역사회를 위한 서비스를 제공할 수 있어야 하므로 보육환경은 이를 지원할 수 있어야 한다. 어린이집은 영유아 외에도 원장, 보육교사, 사무원, 취사부 등의 보육교직원과 부모 등이 함께 이용한다. 그러므로 어린이집의 시설과 설비는 영유아의 신체 크기에 적절할 뿐만 아니라 보육교직원의 업무 효율성을 증진하고 그들의 욕구도 충족시킬 수 있어야 한다. 또한 어린이집은 부모와 가족 및 지역사회 구성원에게 다양한 지식과 기술 제공, 문화와 여가 공유를 위한 장 마련 등 포괄적 서비스를 제공해 주어야 한다.

3 보육환경의 구성

보육환경은 영유아의 연령, 활용 목적이나 용도 등에 따라 다양한 공간으로 구성된다. 즉, 영유아의 놀이와 학습이 이루어지는 놀이 공간, 영유아의 휴식, 관찰, 수납과 보관을 위한 영유아 실내활동 지원 공간, 식사와 간식, 손 씻기, 화장실 가기 등 집과 같이 영유아 활동을 지원해 주는 홈베이스 공간, 어린이집의 청소, 세탁, 비품 정리 등을 유지·관리하는 서비스 공간, 보육 관련 업무, 교수활동 준비나 부모 상담 등의 사무관리 공간 등이 있다.

1) 놀이 공간

놀이 공간은 영유아의 보호와 교육이 이루어지는 공간으로 보육실, 실내 놀이실(유희실), 실외 놀이터로 구분할 수 있다.

(1) 보육실

보육실은 영유아가 하루 중 대부분의 시간을 보내는 장소로 흥미 영역이나 활동 영역으로 구성된다. 흥미 영역은 영유아의 놀이나 활동 특성에 따라 다양한 자료를 영역별로 배치한 공간이다. 이는 보육실의 크기, 생활 주제, 영유아의 연령과 흥미, 보육목표, 보육프로그램 등에 따라 통합하거나 세분화하여 배치할 수 있는데, 최소 연 2회 이상 변화를 주는 것이 좋다. 흥미 영역에는 조형(그리기 · 만들기) 영역, 역할놀이(소꿉놀이) 영역, 쌓기놀이 영역, 언어 영역, 수 · 조작(탐색) 영역, 과학 영역, 대근육 활동 영역, 음률 영역, 컴퓨터 영역, 목공놀이 영역, 요리 영역, 물 · 모래 놀이 영역 등이 있다.

(2) 실내 놀이실(유희실)

실내 놀이실은 실내에서 할 수 있는 다양한 활동이 진행되는 공간일 뿐만 아니라 비나 눈, 더위나 추위 등으로 바깥 활동이 어려운 경우에 활용될 수 있는 공간이다 ([사진 5-1] 참조). 실내 놀이실에서는 미끄럼틀, 평균대, 매트, 볼풀 등의 놀이기구를 이용하는 대근육 활동과 체육 활동, 음률 활동뿐만 아니라 동영상 감상, 인형극 공연이나 발표회 등과 같은 활동을 실시하기도 한다. 또한 실내 놀이실은 강당이나 부모교육 장소 등으로도 활용된다.

사진 5-1 ▶ 다양한 실내 놀이시설

출처: 푸르니 보육지원재단. http://www.puruni.com/images/center/environment3_con.jpg; 조성연 외(2018). **최신 보육학개론**, p. 266 재인용.

(3) 실외 놀이터

영유아는 실내에서 하기 힘든 다양한 신체 활동과 자연을 체험해 볼 수 있기에 바깥놀이 시간을 매우 좋아한다. 실외 놀이터에서 영유아는 대·소근육을 발달시킬 수 있고 거칠고 시끄럽고 지저분한 놀이를 마음껏 할 수 있으며 또래와 사회관계를 형성하는 데 필요한 기술도 익힐 수 있다. 그러므로 실외 놀이터는 영유아의 발달 수준과 연령에 적합한 활동적인 놀이와 조용한 놀이, 구조화된 놀이와 모험적이며 창의적인 놀이, 혼자 놀이와 대·소집단 놀이를 할 수 있는 공간 구성과 다양한 놀이시설을 갖추어야 한다(〔사진 5-2〕 참조).

① 위치

실외 놀이터의 위치는 해가 잘 드는 남향이 가장 좋다. 또한 실외 놀이터는 보육교사가 영유아의 활동을 관찰하고 감독하기에 용이해야 할 뿐만 아니라, 실내·외

사진 5-2 다양한 실외 놀이시설

출처: 푸르니 보육지원재단. http://www.puruni.com/images/center/environment3_con.jpg; 조성연 외(2018). 최신 보육학개론, p. 267 재인용.

연결이 잘되어 보육교사나 영유아가 물건이나 놀잇감을 안팎으로 옮기기 쉽고 화장실 사용이 편리해야 한다. 지상에 실외 놀이터를 만들기 어려운 경우 옥상에 설치할 수도 있다([사진 5-2] 참조). 이런 경우에는 영유아의 안전을 고려하여 반드시 보호난간과 기타 안전에 필요한 장치를 설치해야 하며, 비상재해 대비시설도 마련해야 한다.

② 공간 구성

실외 놀이터는 신체활동 영역, 자연학습 영역(동물사육장, 식물재배장), 물·모래 놀이 영역, 사회적 영역, 조용한 놀이와 휴식 영역 등의 공간으로 구성된다. 특히 실외 놀이터에는 영유아가 혼자 또는 또래와 함께 있을 수 있고, 다른 영유아를 관찰할 수 있으며, 그림 그리기, 책 읽기 등의 조용한 활동을 할 수 있는 공간을 제공해 주는 것이 좋다. 또한 실외 놀이터에는 통로, 창고 등의 공간도 필요하다. 창고에는 놀이기구와 다양한 놀이용품을 보관할 수 있다. 통로는 다른 영역으로 가는 전이 공간, 자전거 등의 탈것이 다니는 길, 각 놀이 영역을 탐색하기 위한 공간으로 사용 목적에 따라 표면을 다르게 제공하는 것이 좋다. 즉, 탈것이 다니는 통로는 넘어져도 다치지 않도록 비교적 단단하게 바닥을 구성해야 하고, 이동을 위한 전이 공간이나 잡기놀이 등을 하는 통로는 오솔길 같은 느낌이 들도록 흙바닥이나 나무껍질 등으로 처리할 수 있다.

2) 실내활동 지원 공간

실내활동 지원 공간으로 영유아의 휴식 공간, 수납 공간, 사물함, 관찰실 등을 들 수 있다.

(1) 휴식 공간

휴식 공간은 영유아가 어린이집에서 지치거나 심리적·신체적 스트레스가 있을 때 행동을 잠시 멈추고 휴식을 취하거나 감정을 추스르는 곳이다. 그러므로 휴식 공간은 조용하고 아늑한 창가나 계단 밑, 은신처와 같이 움푹 파인 공간(alcove) 등에 만들 수 있고 텐트 등으로도 구성할 수 있다. 별도의 휴식 공간을 마련하기 어려

운 경우에는 보육실 한편에 영유아가 편안하게 쉴 수 있는 아늑하고 조용한 공간을
마련하여 활용할 수도 있다.

(2) 수납 공간과 사물함

수납 공간에는 영유아의 물건을 보관할 수 있는 수납장, 깨지기 쉽거나 위험한 물
건, 기자재와 교사 개인의 물품을 넣어 두는 교사용 수납장, 폐품 등의 재활용품을
보관하는 수납장 등을 둔다. 수납장은 개방된 선반, 닫힌 선반, 내부가 보이는 정리
장 등의 다양한 형태로 만들어 활용할 수 있다. 또한 사물함은 영유아의 가방, 신발,
외투, 영유아가 만든 작품 등 개인 물건을 보관하는 곳이다. 사물함은 영유아가 물
건을 쉽게 꺼내고 스스로 정리할 수 있도록 영유아의 신체 크기에 맞아야 한다.

(3) 관찰실

관찰실은 영유아의 행동을 관찰하는 곳으로 어린이집의 규모나 상황, 보육철학
에 따라 다양하다. 관찰실은 보육실 내 한쪽 구석에 마련하거나 별도의 공간에 일

혼합:
보육실의 한 코너에
관찰 장소 마련

〈보육실 내에 있는 관찰실〉

2방향

비참여적
관찰창이나
칸막이로
분리된
관찰 장소

〈일방경이 있는 관찰실〉

어두운 조명 처리를 한
관찰실

일방경이나 스크린

노출된 혹은 숨겨진 출입구를
통해 관찰실 진입

〈창이나 칸막이로 분리된 관찰실〉

그림 5-1 관찰실 유형

출처: 이연숙(1997). 어린이집 실내 공간의 이론과 실제, p. 103 참고하여 재작업함.

방경(one-way mirror)을 설치할 수도 있다. 일방경은 창이나 칸막이를 이용하여 공간적으로는 분리하지만, 시청각적으로는 분리되지 않을 수도 있다([그림 5-1] 참조).

3) 홈베이스 공간

홈베이스 공간은 집과 같은 환경을 제공해 주는 곳으로 영아의 수유와 이유 영역, 기저귀 갈이 영역, 화장실과 욕실, 조리실, 식사 영역, 낮잠 영역 등으로 구성한다.

(1) 기저귀 갈이 영역

영아반은 보육실 내에 별도의 기저귀 가는 공간을 두는 것이 좋지만, 공간에 여유가 없는 어린이집에서는 기저귀 갈이 영역을 따로 마련하기 쉽지 않다. 기저귀 갈이 영역은 조용하고 편안하며 아늑한 느낌이 들도록 구성한다. 이 영역은 영아를 씻길 수 있는 장소와 가까이 있고 기저귀 갈이대와 기저귀 갈이 시 필요한 용품들을 비치해 둔다.

(2) 화장실과 욕실

화장실에는 영유아의 신체 크기에 맞춘 세면대, 변기를 설치하고, 욕실에는 욕조, 샤워기 등을 설치한다. 화장실과 욕실은 최대한 자연광이 많이 들어올 수 있도록 배치하여 밝고 상쾌한 느낌을 주며, 청결하고 위생적이면서 사용하기 편리하고 아늑한 느낌이 들도록 한다. 화장실과 욕조의 바닥재는 영유아의 안전을 위해 미끄럽지 않은 재질을 사용하고, 낮잠 영역 가까이에 배치하여 영유아가 잠자기 전후에 쉽게 사용할 수 있도록 한다.

(3) 조리실(부엌)과 식사 영역(식당)

조리실(부엌)은 급·간식을 준비하여 영유아에게 영양을 공급해 주는 곳으로 무엇보다 청결한 상태를 유지하는 것이 가장 중요하다. 조리실은 불을 사용하는 공간으로 영양사와 조리사만 사용할 수 있도록 공간을 분리하여 영유아가 쉽게 접근할 수 없도록 안전하고 위생적으로 관리해야 한다. 또한 식사 영역(식당)은 조리실(부엌) 옆에 배치하여 교사가 영유아에게 직접 배식하거나 유아가 배식이 용이하도록

사진 5-3 식사 영역

출처: 푸르니 보육지원재단. https://www.puruni.com/care/env.do.

배치하는 것이 좋다([사진 5-3] 참조). 어린이집에서 식사 영역(식당)을 두기 어려운 경우에는 보육실 내에 영유아의 신체 크기에 맞는 테이블과 의자를 마련하여 거기서 좌식이나 입식으로 급·간식이 가능하도록 할 수도 있다.

(4) 낮잠 영역

낮잠 영역은 안락하고 조용한 곳에 별도로 혹은 놀이실 내에 마련한다. 낮잠 영역은 통풍이 잘되는 곳에 침구류와 이를 보관하기 위한 문이 있는 수납장이 있어야 한다. 창문에 커튼이나 블라인드를 설치하여 영유아가 낮잠 자는 동안 햇빛을 가릴 수 있어야 하고 빛의 밝기를 조절할 수 있도록 간접조명을 설치한다. 영유아용 침구류는 땀을 잘 흡수하는 면 소재 제품으로 영유아별로 준비한다. 낮잠 영역은 낮잠을 자고 난 후 먼저 잠에서 깬 영유아가 다른 영유아의 잠을 방해하지 않도록 어린이집 내에 별도의 낮잠 영역이 있는 것이 가장 이상적이다. 그러나 대부분의 어린이집에서는 공간 부족으로 인해 별도의 낮잠 영역을 위한 공간을 마련하는 것이 쉽지 않다.

4) 서비스 공간

서비스 공간은 어린이집의 유지와 관리 및 영유아의 안전과 위생 등을 위해 필요한 곳으로 양호실, 세탁실 등이 있다.

(1) 양호실

양호실은 영유아가 어린이집에서 다쳤거나 아플 때 간단히 치료를 받고 안정을 취할 수 있는 곳으로 응급처치에 필요한 의약품이나 기타 물품 수납장, 침대 등을 비치한다. 양호실은 원장이나 보육교사가 감독하기 쉽고 화장실 가까이에 두는 것이 좋다. 어린이집에 별도의 양호실을 마련하기 어려운 경우에는 원장실이나 교사실 한쪽에 침대와 비품을 준비하여 운영할 수도 있다([사진 5-4] 참조).

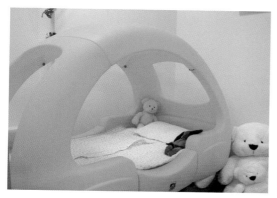 

사진 5-4 양호실

출처: 조성연 외(2018). 최신 보육학개론, p. 272.

(2) 세탁실

어린이집은 더러워진 옷이나 이불, 침대 커버, 수건 등을 세탁하기 위해 세탁실을 갖추어야 한다. 세탁실은 급·배수 시설이 잘되어야 하며, 물을 많이 사용하기 때문에 바닥은 청소하기 쉬운 재질을 사용한다. 세탁실은 안전관리상 영유아들이 드나들 수 없도록 반드시 잠금장치를 해 두고, 기저귀 가는 공간, 욕실, 화장실과 가까운 곳에 배치하는 것이 좋다.

5) 사무관리 공간

사무관리 공간은 어린이집의 제반 사무를 관리하고 부모나 지역 주민, 방문객 등이 이용할 수 있는 장소다. 이 공간에는 원장실, 사무실, 교사실, 자료실, 상담실, 방문자 및 부모 대기실, 주 출입구(현관) 등이 포함된다.

(1) 원장실과 사무실

원장실은 원장이 어린이집의 운영과 관리를 위해 사무를 보는 공간이면서 외부인의 출입이 잦은 공간이다. 그러므로 원장실과 사무실은 방문객이 쉽게 드나들 수 있는 곳에 위치해야 한다. 영유아나 외부 사람에게 좋은 인상을 줄 수 있도록 밝고 부드러운 분위기여야 하며, 드나드는 사람을 잘 볼 수 있도록 출입구 쪽으로 창을 두는 것이 좋다. 공간이 넓은 어린이집은 원장실 옆에 별도의 사무실을 두지만, 공간이 좁은 어린이집은 원장실과 사무실을 한 공간 안에 두기도 한다.

(2) 교사실

교사실은 보육교사가 수업 준비를 하고 휴식을 취할 수 있는 곳이다. 이곳은 보육 활동을 위한 각종 자료뿐만 아니라, 보육계획안을 준비하는 데 필요한 책상과 의자, 컴퓨터, 복사기, 사무용 기기 등의 각종 사무용 비품 그리고 보육교사의 휴식을 위한 간이부엌, 소파 등을 마련해 둔다.

(3) 자료실

자료실은 교수용 자료를 보관하고 진열할 뿐만 아니라, 자료 보관과 탐색을 위한 시설과 설비, 수업에 활용할 시청각 자료를 시연해 볼 수 있는 장치들을 보관해 둘 수 있다.

(4) 상담실

상담실은 부모와 교사가 영유아에 대한 정보를 공유하는 곳이다. 대부분 어린이집은 공간의 제약으로 별도의 상담실이 없어 부모와의 상담은 주로 원장실을 이용한다.

(5) 방문자 및 부모 대기실

방문자 및 부모 대기실은 비정기적으로 어린이집을 방문하는 사람과 영유아를 데리러 오는 부모가 대기하는 공간이다. 이곳은 출입구 근처에 배치하고 방문객을 환영하는 이미지로 구성하며, 부모용 도서, 어린이집 소개 책자와 행사표 등을 비치한다.

(6) 주 출입구

주 출입구(현관)는 영유아가 등·하원 시 부모와 헤어지거나 만나는 곳이며, 모든 사람이 드나드는 곳이므로 사람들이 드나들기 쉬워야 한다. 영유아가 부모와 헤어질 때 심리적으로 안정감을 갖도록 색, 조명 등은 집과 같이 편안한 느낌을 주고, 처음 어린이집을 찾는 사람들이나 영유아에게 친숙하고 환영하는 분위기를 느끼도록 한다.

주 출입구(현관) 주변에는 어린이집의 제반 행사 등을 알리기 위한 행사 안내 게시판, 메모판, 필기구 등을 비치해 둔다. 주 출입구(현관)는 여닫이문이 안전하고, 손잡이는 영유아의 허리와 눈높이 사이에 위치하도록 하며, 손잡이 주변은 영유아의 손가락이 끼이는 사고를 예방하기 위해 길게 홈을 파두는 것이 좋다. 또한 주 출입구(현관)는 영유아들이 드나들 때 위험하지 않도록 문턱을 없애고, 너무 크지 않은 크기로 만들어 영유아가 여닫을 때 쉬워야 한다. 큰 유리문으로 하면 개방감은 있으나 빛 반사로 인해 시야에 장애가 생길 수 있고, 어린이집의 내부 활동이 모두 드러나서 교직원이나 영유아가 불안감을 느낄 수도 있다.

4 보육실과 실외 놀이터의 공간 구성

보육실은 영유아가 함께 생활하며 다양한 놀이를 하는 곳으로 영유아가 서로 방해받지 않고 놀이를 할 수 있도록 연령과 발달 특성을 고려하여 흥미 영역별로 구성한다. 흥미 영역은 일반적으로 Frost(1997)의 환경구성 원리를 적용하여 정적인 영역과 동적인 영역으로 나누고 물 사용 기준에 따라(이소희, 마미정, 2019, p. 216) 활동적이며 건조한 영역(역할/쌓기/음률), 활동적이며 물이 필요한 영역(조형), 조용하고 건조한 영역(언어/수·조작), 조용하고 물이 필요한 영역(과학/탐구)으로 나누어 배치한다.

1) 보육실의 공간 구성

보육실은 영유아의 연령과 인원, 발달 특성, 생활 주제, 크기 등을 고려하여 흥미 영역으로 공간을 구성한다. 보육실 공간이 크지 않아 흥미 영역을 다양하게 구성하기 어려운 경우에는 통합하여 구성할 수 있다. 여기서는 보육실의 공간 구성을 0~2세(0~36개월 이후) 영아반과 3~5세(37~72개월 이하) 유아반으로 나누어 살펴보고자 한다.

(1) 영아반

36개월 이하의 영아는 주 양육자와의 신뢰감 형성을 통해 대·소근육의 발달과 탐색 활동을 통한 감각, 자조 기술, 초기 언어습득 등의 발달 과업을 수행한다. 그러므로 영아를 위한 보육실은 가정과 같이 편안하고 안락하며 최대한 안전하여 영아가 주변 환경을 마음껏 탐색하면서 새로운 기술을 습득하고 이를 연습해 볼 수 있어야 한다. 영아반의 공간은 크게 일상적 양육과 놀이를 위한 곳으로 나누어 볼 수 있다. 놀이를 위한 공간은 영아의 연령과 발달 특성에 맞게 몇 개의 흥미 영역을 통합하여 구성하는 것이 적절하다.

① 일상적 양육을 위한 공간

◆ 기저귀 갈이 영역

영아반에서 기저귀 가는 일은 보육교사가 일상적으로 반복하는 중요한 일과다. 기저귀 갈이 영역은 영아가 안정감과 편안함, 즐거움을 느낄 수 있도록 해 주어야 한다. 이를 위해 영역 주변에 작은 인형을 두거나 천장에 모빌 달아 두거나 벽면에 안전거울을 부착하여 기저귀 가는 동안 영아가 자신의 모습을 볼 수 있도록 해 주는 것이 좋다. 기저귀 갈이 영역은 기저귀 가는 일이 신속하게 이루어질 수 있도록 세면대 또는 화장실 근처에 배치하고 보육교사가 필요한 용품(기저귀, 수건, 파우더, 물휴지, 바닥에 까는 종이나 천, 기저귀 버리는 통 등)을 쉽게 사용할 수 있도록 준비해 둔다([사진 5-5] 참조). 기저귀 갈이대나 방수요는 항상 청결한 상태를 유지해야 하며 사용한 기저귀나 더럽혀진 옷은 뚜껑이 있는 통에 넣어 보관한다. 뚜껑이 있는 통은 발로 열 수 있는 제품이 편리하고 위생적이다.

사진 5-5   기저귀 갈이 영역

출처: 조성연 외(2018). 최신 보육학개론, p. 276.

◆ 화장실

화장실에는 변기, 세면대, 샤워시설 등을 마련하고, 보육교사가 영아의 배변 훈련을 쉽게 도와줄 수 있도록 보육실 가까이 또는 보육실 내에 설치한다. 화장실은 물을 사용하는 공간이므로 영아의 안전사고를 예방하기 위해 바닥에 미끄럼 방지 장치를 하거나 깔판을 깔아 두어야 한다. 또한 영아가 화장실에 가는 것을 두려워 하지 않도록 화장실은 편안한 느낌을 갖게 구성한다. 1세 영아는 기저귀를 사용하는 경우가 많지만, 배변 훈련을 시작하는 시기이므로 보육실 내에 영아에게 적합한 이동식 변기를 마련하거나 화장실 내에 영아용 변기를 준비해 둔다([사진 5-6] 참

사진 5-6   영아반 화장실

출처: 조성연 외(2018). 최신 보육학개론, p. 277.

조). 부득이 성인용 변기를 사용해야만 한다면, 영아용 보조변기를 부착하고 변기 옆에 보조 계단을 준비하여 영아가 혼자 변기를 사용할 수 있도록 해 준다. 변기는 남아와 여아가 공동으로 사용할 수 있도록 설치하고, 변기 사이에 낮은 칸막이를 하여 용변을 보는 영아의 개별 공간을 확보해 주며 보육교사의 감독이 용이하도록 설치한다.

또한 화장실에는 손을 씻고 닦을 수 있도록 세면대를 설치한다. 세면대 옆에는 영아가 손쉽게 사용할 수 있도록 항상 깨끗한 수건과 비누 등을 비치해 둔다. 화장실 문의 손잡이는 영아가 사용하기 편리한 모양과 크기여야 하고, 화장실 문에 손이 끼이지 않도록 손 끼임 방지 장치와 고정 장치를 설치한다. 이와 함께 영아는 소변 가리기가 완전하지 않거나 가릴 줄 안다 해도 실수하는 경우가 종종 있으므로 항상 따뜻한 물을 사용하여 몸을 씻을 수 있도록 샤워시설을 갖추는 것이 좋다.

◆ 수유 · 이유 영역

영아의 수유나 이유를 위한 공간은 사용한 용기를 씻기 편하도록 싱크대 가까이 배치하는 것이 좋다. 영아가 먹는 우유나 음식은 영아별로 바뀌지 않도록 우유병이나 이유식 용기에 이름을 적어 둔다. 수유와 이유식 등을 준비하기 위해 보육교사가 보육실 밖으로 나가지 않도록 보육실 내에 냉장고와 전자레인지, 식기소독기 등을 마련하는 것이 좋다. 이유식을 먹는 영아를 위해 편히 앉아 먹을 수 있는 작고 낮은 탁자나 식탁의자를 준비하고, 수유기 영아를 위해서는 보육교사가 안고 수유하기에 편한 흔들의자나 소파를 마련한다.

◆ 급 · 간식 영역

영아는 대부분 보육실에서 급 · 간식을 하므로 식사와 간식용 탁자를 준비해야 하는데 대부분의 어린이집은 보육실 내의 놀이 활동용 책상을 많이 활용한다. 급 · 간식 전후에는 사용할 책상이나 탁자의 표면을 깨끗이 닦아야 하므로 책상이나 탁자 표면은 물이 묻어도 쉽게 상하지 않으면서 닦기 쉬운 재질이 좋다. 급 · 간식 책상이나 탁자의 높이는 영아의 신체 크기에 맞아야 한다.

◆ 낮잠 영역

영아는 하루 중 많은 시간 동안 잠을 자기 때문에 편안히 잠을 잘 수 있는 공간이 필요하다. 낮잠 영역은 놀이 공간과 분리되어야 하고 보육교사가 잠자는 영아를 관찰하기 쉬워야 하며 영아의 취침을 위한 침대나 요를 구비해야 한다. 영아용 침대는 비교적 단단한 매트리스와 무겁지 않은 이불을 마련하며 영아가 자다 깬 후 쉽게 밖으로 나올 수 없도록 영아의 어깨 높이만한 침대난간을 설치한다. 또한 하루 중 많은 시간을 침대나 요에 누워 있어야 하는 12개월 미만의 영아는 침대 옆이나 벽면에 소리가 나는 모빌을 매달아 주거나, 손 또는 발로 차거나 잡아당기거나 누를 수 있는 놀잇감을 부착하여 영아가 스스로 놀 수 있도록 해 준다.

1~2세 영아의 낮잠 영역에는 개별 침대나 침구를 마련하고, 침대 시트와 베개 등을 보관할 수 있는 통풍이 잘되는 수납 공간을 마련한다. 침구는 정기적으로 세탁하고 햇볕을 쬐어 소독한다. 보육실 창문에는 커튼이나 블라인드를 설치하고 밝기 조절이 가능한 조명을 설치한다. 영아가 편안하게 잠들 수 있도록 조용한 음악을 틀어 주기 위한 설비(블루투스 이용 스피커나 기기 등)를 마련해 두는 것도 좋다.

◆ 휴식 영역

휴식 영역은 보육교사가 영아를 쉽게 관찰할 수 있는 보육실 안쪽에 배치하는 것이 좋다. 휴식 영역에는 영아를 위해 폭신한 깔개나 넓은 매트, 쿠션, 폭신한 의자나 소파, 소음이 적은 인형 등의 놀잇감을 구비해 둔다. 또한 영아가 힘들어할 때 보육교사가 영아를 안고 휴식을 취하게 해 줄 수도 있으므로 보육교사용 안락의자나 흔들의자를 준비해 두는 것도 좋다. 어린이집의 보육실이 협소한 경우에는 언어 영역과 휴식 영역을 함께 사용할 수도 있다.

② 놀이 공간

보육실에는 영유아의 발달과 흥미에 따른 놀이 공간, 즉 흥미 영역을 마련해 주어야 한다. 흥미 영역은 영유아의 놀이와 활동 특성에 따라 구분한 공간으로 영유아의 성장과 발달, 연령에 따라 다르게 구성할 수 있다.

◆ 대근육 활동 영역

영아는 대근육 활동을 통해 자신의 신체조절 능력과 운동 기술을 획득할 수 있다. 그러므로 영아가 대근육 활동을 충분히 할 수 있도록 어린이집에는 넓고 안전한 공간을 마련한다. 대근육 활동 영역에는 영아의 안전사고를 예방하기 위해 바닥에 충격을 흡수하는 카펫, 고무나 스펀지 매트, 매트리스 등을 깔아 둔다. 보행이 가능한 1세 이후부터는 실외 활동이 가능하므로 실외에도 대근육 활동 공간을 마련해 줄 수 있다.

◆ 감각(탐색) · 조작 놀이 영역

감각(탐색) · 조작 놀이 영역은 영아가 다양한 감각적 경험을 탐색하고 손과 눈의 협응과 소근육을 발달시키기 위한 공간이다. 이 영역에는 모양, 크기, 색, 질감 등이 다양한 여러 교구(딸랑이, 마라카스, 포개지는 컵, 오뚝이, 모빌, 큰 레고, 쌓을 수 있는 것, 끼우는 것 등)를 준비해 둔다. 특히 영아는 무엇이든 자주 입으로 가져가므로 놀잇감은 독성이 없고 삼킬 수 없을 정도의 크기여야 하며(3.5cm 이상) 소독이 용이한 재질이어야 한다.

영아는 호기심이 많으므로 주변의 물체를 관찰하고 탐색하며 조작할 수 있도록 환경을 마련해 준다. 이를 위해 감각(탐색) · 조작 놀이 영역에는 각종 퍼즐, 구슬 꿰기 등의 놀잇감과 동식물을 기를 수 있는 공간을 마련해 준다. 조작놀이 영역에는 영아 수준에 어렵지 않고 간단한 놀잇감이 좋고, 종류별로 플라스틱 통에 담

사진 5-7 영아반의 감각(탐색) · 조작놀이 영역

출처: 조성연 외(2018). 최신 보육학개론, p. 280.

아 보관하여 영아가 쉽게 꺼내고 정리할 수 있도록 한다. 또한 탐색 영역에는 동식물을 기를 수 있는 공간을 마련해 줄 수도 있다. 이 영역은 영아의 통행이 적고 햇빛이 잘 들며 조용한 활동이 일어나는 영역과 인접하여 배치하는 것이 좋다([사진 5-7] 참조). 다만, 동식물을 기르는 영역은 영아가 동식물을 만진 손을 함부로 입에 가져가지 않도록 보육교사가 늘 세심하게 관찰해야 한다.

◆ 언어 영역

영아는 혼자 책을 읽을 수는 없지만, 보육교사와 함께 다양한 언어적 경험을 할수 있다. 즉, 보육교사가 영아를 안고 책을 읽어 주거나 인형을 가지고 영아와 상호작용함으로써 책을 손쉽게 접할 수 있도록 해 준다. 언어 영역에는 천으로 된 벽걸이 책꽂이, 촉감책, 헝겊책, 인형 등을 영아의 월령에 맞게 구비한다([사진 5-8] 참조). 1세를 전후하여 영아가 말하기 시작하면 보육교사는 언어발달을 도와줄 수 있는 다양한 교구와 자료 등을 언어 영역에 비치해 준다. 한편, 2세 영아는 어휘가 급속히 발달하며 자신의 생각을 짧은 문장으로 표현할 수 있고 간단한 의사소통도 가능하다. 따라서 보육교사는 다양한 듣기와 말하기, 읽기 자료와 함께 짧고 굵은 크기의 연필이나 색연필, 커다란 종이나 다양한 색상의 종이, 잘 찢어지지 않는 종이 등의 쓰기 자료를 제공해 줌으로써 영아가 자신의 생각을 자유롭게 표현하고 연습할 수 있는 언어 환경을 마련해 준다.

사진 5-8 영아반의 언어 영역

출처: 조성연 외(2018). 최신 보육학개론, p. 280.

◆ 쌓기놀이 영역

쌓기놀이를 통해 영아는 대·소근육의 발달과 색, 모양, 크기, 부피, 분류, 서열화 등의 개념을 발달시킬 수 있다. 이를 위해 쌓기놀이 영역에는 다양한 종류의 블록과 쌓기놀이를 위한 여러 가지 소품을 함께 제공해 준다.

◆ 역할놀이 영역

영아는 단순하지만 가작화 활동을 시작하는 시기이므로 역할놀이 영역에는 다양한 소꿉놀이 용품, 각종 모형 교통기관, 가족 인형 등의 역할놀이 놀잇감을 준비해 둔다([사진 5-9] 참조). 2세경 영아는 상상놀이를 시작하므로 역할놀이 영역에는 영아의 신체 크기에 맞는 소꿉용품과 다양한 재질로 된 인형, 모형 우유병, 인형침대 등을 이용하여 엄마나 아빠와 같이 영아 주변의 친숙한 인물의 역할을 해 볼 수 있는 의상과 소품 등을 준비해 둔다.

사진 5-9 영아반의 역할놀이 영역

출처: 조성연 외(2018). 최신 보육학개론, p. 281.

◆ 표현 영역(미술·음률 영역)

1세 영아는 끼적거리기를 즐겨하므로 표현 영역에는 전지나 큰 스케치북을 벽면에 붙여 두고 무독성 크레파스나 색연필을 끈에 고정해 두어 영아가 원할 때 수시로 사용할 수 있도록 준비해 둔다. 또한 표현 영역에는 모양, 색, 굵기, 크기, 촉감 등 다른 여러 자료를 준비해 주어 영아가 질감과 자료의 특성을 충분히 탐색할 수

있도록 해 준다. 이 시기 영아는 놀잇감을 입으로 가져갈 수도 있으므로 모든 재료
는 무독성이어야 한다.

미술 영역은 물을 자주 사용하기에 싱크대에 인접하여 배치한다. 또한 이 영역에
는 책상이나 바닥을 쉽게 닦을 수 있도록 비닐 재질의 깔판이나 장판을 깔아 주고,
작품을 말리거나 보관하고 전시할 수 있는 별도의 공간도 마련해 준다.

음률 영역은 영아가 다양한 소리를 직접 경험하고 음악에 맞춰 몸을 흔들고 움직
이며 노래를 부를 수 있는 곳이므로 충분한 공간을 마련해 준다. 이 영역에는 각종
리듬악기나 북, 탬버린, 마라카스 등의 다양한 타악기와 테이프나 녹음기 등 다양
한 소리가 녹음된 자료를 준비해 둔다.

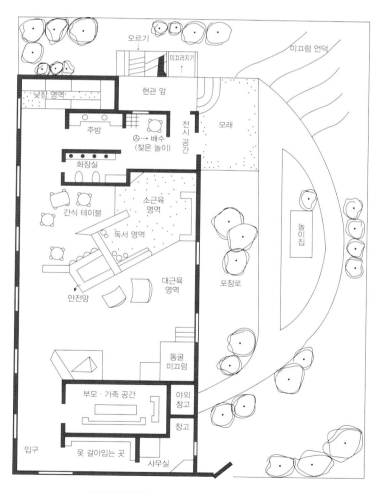

그림 5-2 영아반 보육실 구성의 예

출처: 신유림 외(2020). 놀이지도, p. 87.

영아반은 모든 놀이 영역을 갖추기에 보육실이 협소할 수 있으므로 몇 개의 영역을 통합하여 구성할 수도 있다. 예를 들면, 조작 영역과 과학 영역은 탐색·조작 영역으로, 미술 영역과 음률 영역은 표현 영역으로, 역할놀이 영역과 쌓기놀이 영역은 역할·쌓기놀이 영역 등으로 통합하여 구성할 수 있다. 영아반 보육실 구성의 예를 제시하면 [그림 5-2]와 같다.

(2) 유아반

3세부터 초등학교 입학 전까지의 유아에게는 보육뿐만 아니라 교육 기회를 제공해 주기 위한 환경 구성이 필요하다. 이에 유아의 놀이가 진행되는 흥미 영역에 쓰기 영역, 수·조작 영역, 과학 영역, 컴퓨터 영역, 요리 영역 등을 추가할 수 있다.

① 일상적 양육 공간

◆ 식사·간식 영역

유아는 보육교사의 도움을 받아 어느 정도 급식 준비를 할 수 있다. 별도의 배식대가 있는 경우 바닥의 높이를 조절하여 유아가 또래들에게 배식을 해 줄 수도 있고 배식을 받을 수도 있다. 그러나 별도의 배식대가 없는 경우 보육실 내에서 급·간식을 한다.

◆ 낮잠 영역

어린이집의 공간에 여유가 있는 경우 별도의 낮잠 자는 공간을 마련할 수 있으나, 대부분의 어린이집에는 공간의 여유가 별로 없기 때문에 낮잠 자는 시간에 맞춰 놀이실 내에 공간을 마련하여 낮잠을 재운다. 낮잠 영역은 가정과 같은 편안한 분위기로 꾸며 주고 채광 조절용 블라인드나 커튼, 신선한 공기를 유지하기 위한 환기 장치를 설치한다. 이 공간에는 매트나 요, 베개 등의 개인 침구를 보관하는 수납 공간을 두어야 하며, 개인 침구는 정기적으로 세탁하고 햇볕을 쬐어 주어야 한다.

◆ 화장실

화장실은 실내외의 활동 영역과 가까운 곳에 두어 유아가 쉽게 사용할 수 있도록 배치한다. 화장실 문은 폐쇄감이 들지 않도록 유아의 신체 크기에 맞춰 칸막이를 낮게 설치하는 것이 좋다. 화장실에는 유아가 혼자 사용하기에 불편함이 없도록 유아의 신체 크기에 맞는 변기와 세면대를 설치하고, 세면대 옆에는 항상 비누와 깨끗한 수건을 비치해 둔다.

② 놀이 공간

◆ 언어 영역

언어 영역은 말하기, 듣기, 읽기, 쓰기의 문해 활동을 하는 공간으로 관련한 다양한 자료를 비치한다. 말하기와 듣기 자료로는 융판동화, 자석동화, 변형동화 등의 동화 자료, 손가락인형, 손인형, 막대인형 등의 각종 인형, 그림 자료, 녹음 자료 등이 있다. 읽기 자료로는 쉬운 문자가 있는 그림책, 사물이름 카드 등이 있다. 쓰기 자료로는 다양한 필기도구, 크기와 재질이 다른 종이, 스탬프, 화이트보드, 지우개, 자석칠판, 부드럽고 진한 정도가 다른 연필, 사인펜 등의 쓰기에 사용되는 도구, 글자 바느질 등이 있다. 언어 영역은 조용하고 밝은 곳에 배치하고, 정적인 활동을 하는 조작 영역과 수 · 과학 영역과 가까이에 배치할 수 있다. 또한 언어 영역은 동적인 흥미 영역이나 통로, 출입구와 떨어진 곳에 배치함으로써 휴식 영역으로도 활용할 수 있다.

◆ 수 · 조작 영역

유아기는 영아기보다 소근육이 더욱 정교해지고 눈과 손의 협응력과 집중 시간도 증가한다. 이에 수 · 조작 영역에는 조각 수가 더 많고 크기가 더 작은 블록이나 퍼즐 종류, 일상생활 훈련 자료, 각종 게임판 등을 제공해 둔다([사진 5-10] 참조). 이 외에도 크기, 형태, 부피, 세기, 분류, 서열, 공간, 비교의 수학적 개념을 획득할 수 있도록 단추, 구슬, 작은 적목 등과 같이 분류할 수 있는 자료, 포개지는 컵이나 인형 등의 서열화 자료, 수 막대, 숫자판 등의 세기 자료, 패턴 블록, 구슬 꿰기 등의 패턴 자료 등을 비치한다.

사진 5-10 유아반의 수 · 조작 영역

출처: 조성연 외(2018). 최신 보육학개론, p. 287.

◆ 과학 영역

유아는 자연현상과 동식물의 성장과정, 물체 등을 탐색하고 조사하면서 과학적
개념을 이해한다. 따라서 과학 영역은 유아가 개별 활동이나 소집단 활동을 할 수
있도록 조용한 곳에 배치한다([사진 5-11] 참조). 과학 영역은 물을 사용할 수 있기
때문에 미술 영역이나 세면대 또는 화장실 가까이에 배치한다. 과학 영역에는 온도
계, 체중계, 자, 저울, 계량컵과 스푼 등의 다양한 측정 도구, 돋보기, 자석, 프리즘,
현미경 등의 과학 도구, 어항, 금붕어, 토끼, 개구리, 달팽이, 거북, 고구마, 양파, 꽃
등의 동식물, 표본이나 사전, 과학도서류 등을 비치한다.

사진 5-11 유아반의 과학 영역

출처: 조성연 외(2018). 최신 보육학개론, p. 287.

◆ 미술 영역

유아는 자신이 생각하고 표현하고 싶은 내용을 그리거나 만들기 때문에 놀이실 내에 미술 영역을 둘 수 있다. 미술 영역은 물을 사용할 수도 있으므로 세면대나 화장실 가까이에 배치하고, 바닥은 쉽게 닦을 수 있는 재질을 사용하고, 책상은 닦고 치우기 쉽도록 비닐을 씌워 준다. 놀이 활동을 위한 다양한 질감과 색깔의 종이류, 물감류, 크레파스, 매직 등의 그리기 자료, 밀가루 반죽, 점토, 찰흙 등의 조소 자료, 접착제, 다양한 폐품 등을 비치한다. 또한 개인용 미술 재료가 들어 있는 사물함이나 작품을 전시하거나 보관할 수 있는 공간을 제공해 줄 수도 있다.

◆ 역할놀이 영역

유아는 영아에 비해 다양한 사회적 역할을 수행해 보려고 한다. 이를 위한 역할놀이 영역에는 병원놀이, 은행놀이, 미장원놀이, 시장놀이, 주유소놀이, 소방관놀이, 우주탐험 등의 의상과 소품 등을 생활 주제에 맞게 제공해 준다. 역할놀이 영역은 유아들의 활발한 상호작용으로 소음이 발생할 수 있으므로 조용한 활동이 이루어지는 영역들과는 떨어져 배치하는 것이 좋으며, 쌓기놀이와 연계한 활동이 많이 이루어지므로 영역 간 인접하여 배치한다.

◆ 쌓기놀이 영역

쌓기놀이 영역은 유아의 대·소근육 활동이 이루어질 뿐만 아니라, 창의적인 구성력, 사회적 기술, 수·과학 개념 등을 발달시킬 수 있다. 그러므로 쌓기놀이 영역에는 유니트 블록, 종이 블록, 우레탄 블록, 속이 빈 블록, 와플 블록 등 다양한 종류의 블록, 타원형 커브, 원기둥, 연결용 경사로, 널빤지 등의 보조활동 자료, 모형차, 트럭, 비행기, 동물, 사람 등의 다양한 소품을 함께 비치한다. 유아가 스스로 블록을 정돈할 수 있도록 선반에 블록 모양 그림을 붙여 주거나 각각의 모양을 붙여 놓은 플라스틱 바구니를 제공한다. 쌓기놀이 영역은 소음을 줄이기 위해 바닥에 카펫이나 매트를 깔아 주며 사람들의 통행이 적은 곳에 충분한 공간을 주고, 다른 영역과 명확한 경계를 구분해 줌으로써 다른 영역으로 넘어가지 않도록 해 준다. 또한 쌓기놀이 영역은 역할놀이 영역과 연계한 활동이 이루어지는 경우가 많으므로 활동의 다양성과 연계성, 놀이의 확장을 위해 인접하여 배치한다.

◆ 음률 영역

음률 영역은 유아가 충분한 공간과 리듬을 느끼고 다양한 음악을 감상하는 공간이다. 이 영역에는 타악기, 리듬악기, 건반악기, 국악기 등의 다양한 악기, 노래나 음원을 재생할 수 있도록 스피커, MP3, CD 플레이어, 녹음기, 이어폰 등의 기기, 리듬막대, 리본막대, 스카프 등의 교구를 비치한다. 공간 안의 소리를 흡수하고 앉아서 활동할 수 있도록 바닥에 카펫이나 매트를 깔고, 유아가 정리정돈을 쉽게 할 수 있도록 악기장에 악기 모양의 그림을 붙여 준다.

◆ 컴퓨터 영역

컴퓨터는 유아의 학습을 강화해 주고 보충해 주는 기자재로, 다른 활동과 통합하여 활용할 수 있다. 컴퓨터 영역은 주변의 빛이 모니터 화면에 반사되지 않아야 하고 열, 습기, 먼지, 자기장 등을 피할 수 있는 곳이어야 한다. 컴퓨터 책상은 유아의 신체 크기에 맞아야 하고, 컴퓨터 1대당 2개 이상의 의자를 배치하여 유아들이 함께 사용할 수 있도록 한다. 또한 컴퓨터 근처에는 컴퓨터 조작 방법에 대한 그림 설명서를 부착해 두고, 놀이 활동 중 필요한 자료를 검색하기 위해 인터넷을 연결해 놓을 수도 있으며, 프린터도 설치해 둔다. 인터넷을 연결하는 경우에는 반드시 청소년 유해사이트 차단 프로그램을 설치해 두어야 한다. 컴퓨터 영역에는 유아가 사용하기 쉽고 반응 시 적절한 효과음이 나오면서, 재미있으며 난이도에 따라 유아가 선택할 수 있는 소프트웨어를 제공해 준다.

◆ 요리 영역

요리 영역은 유아가 직접 조리 기구와 재료를 이용하여 요리 활동을 해 보는 곳이다. 유아는 요리 활동을 통해 수ㆍ과학, 언어, 사회 등과 관련된 다양한 개념을 획득할 수 있다. 그러므로 요리 영역에는 유아의 신체 크기에 적합한 작업대와 그릇을 씻을 수 있는 개수대 및 환기시설을 설치하고, 다양한 조리 기구와 용기 등을 비치한다. 요리 활동 시에 불을 사용할 수 있으므로 반드시 보육교사와 함께 활동해야 한다.

◆ 대근육 활동 영역

대근육 활동 영역은 유아의 신체적 욕구를 만족시켜 줄 수 있을 뿐만 아니라 다양한 신체 활동을 통해 또래와의 관계를 형성할 수 있다. 이를 위해 실내 유희실에 평균대, 미끄럼틀, 뜀틀, 매트, 공, 오르기 교구, 덤블링, 암벽 등의 교구를 비치할 수 있다.

◆ 기타 영역

어린이집의 사정이나 유아들의 흥미 또는 주제에 따라 유아반 보육실에는 일시적으로 물놀이, 모래놀이, 목공놀이 영역을 제공해 줄 수 있지만, 대부분 유아들의 활동성이나 소음, 영역 내 비치되는 자료의 특성상 실외 놀이터에 배치한다.

물놀이 영역은 바닥 청소가 쉽고 급ㆍ배수 시설이 잘되는 곳에 배치하는데 대부분 실외에 설치한다. 별도의 물놀이 영역을 마련하기 어려운 경우에는 이동 가능한 물놀이대를 사용하기도 한다. 물놀이 영역에는 물을 담을 수 있는 그릇, 병, 뜨고 가라앉는 놀잇감, 호스, 분무기, 깔때기, 물레방아 등의 물놀이용 소품, 비닐 앞치마, 수건 등과 각종 소품과 비품을 정리ㆍ보관할 수 있는 수납장을 비치한다. 물놀이 영역을 실내에 설치할 경우 바닥은 미끄럼 방지가 되어 있어야 하고, 물이 새지 않도록 주변 벽과 바닥에 방수 처리를 해야 한다.

모래놀이 영역은 유아의 창의적 표현이나 심리적 만족감을 제공해 줄 수 있는 공간으로 대부분 실외에 설치한다([사진 5-12] 참조). 이를 위해 모래놀이 영역은 유아가 놀이 후 쉽게 씻을 수 있도록 샤워시설이나 세면대와 가까운 곳에 배치하고, 플

사진 5-12 ◀ 유아반의 물ㆍ모래 놀이 영역

출처: 조성연 외(2018). 최신 보육학개론, p. 291.

라스틱 삽, 각종 모형틀, 물통 등의 모래놀이 용품과 정형화되지 않은 놀잇감을 비치한다. 때로 모래놀이 영역을 실내에 마련할 수도 있는데, 이 경우에는 이동식 모래놀이 상자를 이용할 수 있고, 쌀, 콩, 마카로니 등을 모래 대체용품으로 사용할 수도 있다. 실내 모래놀이 영역은 햇빛을 받아 모래가 잘 마를 수 있도록 창가 근처에 배치하고, 서서 활동할 수 있도록 하며, 놀이의 연계성을 위해 물놀이 영역이나 과학놀이 영역과 인접하여 배치할 수 있다.

목공놀이 영역은 실외에 구성하는 것이 바람직하나, 공간이 부족한 경우에는 실내에 둘 수도 있다. 이 영역은 망치, 톱, 못, 나사 등과 같은 도구와 나무, 스티로폼 등의 재료를 가지고 구조물을 만들어 위험한 연장을 사용하기 때문에 반드시 보육교사의 감독하에 활동이 이루어져야 한다. 목공놀이용 작업대뿐만 아니라 완성된 작품을 진열할 수 있는 공간과 도구와 재료를 보관하는 수납장을 비치해야 한다. 수납장은 유아의 안전을 위해 반드시 안전장치를 해 두어 유아가 도구를 마음대로

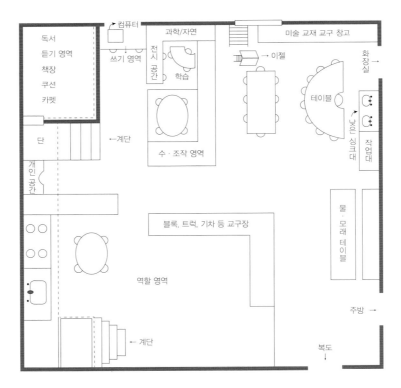

그림 5-3 유아반 보육실 구성의 예

출처: 신유림 외(2020). 놀이지도, p. 85.

만지지 못하도록 한다. 목공놀이 영역은 활동적이고 시끄럽기 때문에 다른 활동을 방해하지 않고 유아의 통행이 복잡하지 않은 곳에 배치하며, 실내에 배치할 경우에는 보육실 한쪽 구석에 설치하고 보육교사가 지속적으로 관찰하며 감독해야 한다. 목공놀이 영역은 유아의 안전을 고려하여 한 번에 참여하는 유아의 수를 4, 5명으로 제한하는 것이 좋다. 유아반 보육실 구성의 예를 제시하면 [그림 5-3]과 같다.

2) 실외 놀이터의 공간 구성

실외 놀이터는 영유아의 안전을 최우선으로 고려하여 도전의식, 성취감을 느끼면서 감각 및 대·소근육 활동을 할 수 있도록 공간을 구성한다. 영아와 유아의 실외 놀이 공간은 연령별 특성을 고려하여 분리하는 것이 바람직하다.

영아를 위한 실외 놀이 영역은 다양한 대·소근육 활동을 위한 기구를 활용하여 영아가 땅바닥, 잔디밭에서 대근육 활동과 탐색 활동을 활발히 할 수 있도록 구성한다. 실외 놀이기구로는 안전망이 있는 그네, 작은 터널, 공, 낮은 미끄럼틀, 탈 수 있는 네 바퀴 차, 낮은 오름틀 등의 대근육 발달을 위한 교구, 삽, 깔때기, 채, 소꿉놀이용 그릇, 물뿌리개, 주전자, 물통 등의 물·모래 놀이 용품, 이젤, 낮은 책상 등의 미술활동 도구, 동식물 등을 제공해 준다.

유아를 위한 실외 놀이 영역에는 신체 활동을 위한 기구뿐만 아니라, 긴장 해소와 도전적이고 창의적인 활동을 해 볼 수 있는 기구와 시설을 제공해 준다. 실외 놀이 영역은 유아가 동식물 등 자연환경을 탐색하고 실험하며 조사하는 활동, 신체를 이용한 활동적인 놀이, 창의적인 구성놀이, 음률 활동, 물·모래 놀이, 조용한 놀이 등 다양한 놀이를 할 수 있도록 구성한다. 실외 놀이 영역에서 유아의 대근육 활동을 위한 시설과 자료로는 미끄럼틀, 그네, 낮은 철봉, 망오름대, 링터널, 정글짐, 구름다리, 흔들사다리, 징검다리, 놀이집, 타이어오름대, 자전거, 자동차, 줄넘기, 훌라후프, 고리던지기, 농구대, 축구골대 등이 있다. 또한 과학 활동을 위한 시설과 자료로는 식물재배장, 동물사육장, 여러 식물과 동물, 확대경, 깔때기, 플라스틱통, 물뿌리개, 흙, 곤충채집망, 모종삽, 화분 등이 있다.

실외 놀이 영역에는 구성 활동, 미술 활동, 역할놀이, 음률 활동, 언어 활동 등도 할 수 있다. 구성 활동과 미술 활동을 위한 시설과 자료로는 수도, 모래장, 모래놀이 기구, 물놀이 기구, 이젤, 미술활동 자료, 목공대, 연장함, 조립식 대형나무 블록, 사다리, 널빤지 등의 목공놀이 자료, 의자, 탁자 등을 제공할 수 있다. 역할놀이를 위한 시설과 자료로는 놀이집, 널빤지, 받침대, 소꿉 도구, 자동차, 교통표지판, 파라솔, 탁자, 의자, 텐트, 돗자리 등이 있다. 음률활동 자료로는 음원재생기기(MP3, 스피커 등), 악기, 리본막대, 풍선, 스카프 등을 제공할 수 있다. 언어 활동을 위한 시설과 자료로는 나무그늘, 놀이집, 긴 의자, 텐트, 나무그루터기, 녹음기, 책 등을 제공할 수 있다. 유아를 위한 실외 놀이터 구성의 예를 제시하면 다음과 같다([그림 5-4] 참조).

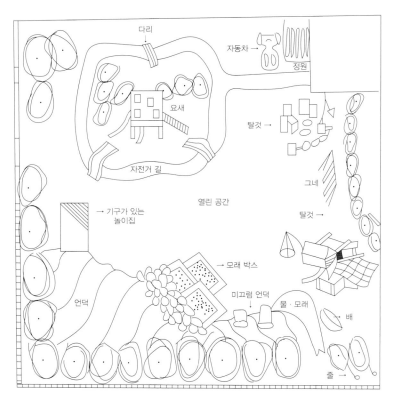

그림 5-4 유아를 위한 실외 놀이터 구성의 예

출처: 신유림 외(2020). 놀이지도, p. 93.

5 보육프로그램

어린이집에서는 국가 수준의 표준보육과정과 누리과정의 보육 목표와 내용에 기초하여 구체적인 보육계획을 수립하여 운영한다. 보육프로그램의 계획은 1년 동안 영유아가 경험할 보육 내용을 계획하여 문서로 작성하는 것이다. 이를 바탕으로 보육교사는 영유아의 연령, 발달수준과 개인 영유아의 특성 등을 고려하여 융통성 있게 보육프로그램을 운영한다. 보육프로그램이 실행된 이후 보육교사는 보육의 질 관리와 향상을 위해 보육프로그램 전체를 돌아보고 반영하는 평가를 실시한다.

1) 보육프로그램의 편성

보육프로그램의 계획과 실행 및 평가를 위해서는 표준보육과정과 누리과정에 대한 이해가 필요하다. 표준보육과정과 누리과정은 영유아의 발달에 적합한 국가 수준의 보육 목표와 내용을 연령별로 제시한 것이다. 이는 영유아에게 바람직한 태도와 가치를 명시하고 영유아에게 전달할 적합한 지식과 기술을 제시하고 있다.

(1) 표준보육과정의 개발 과정과 특징

표준보육과정은 어린이집 영유아의 보육 목적과 목표를 달성하기 위한 국가 수준의 보육과정이다. 이는 「영유아보육법」 제29조와 동법 시행규칙 제30조를 근간으로 한다.

제1차 표준보육과정은 2007년 1월에 0~5세를 대상으로 6개 영역으로 구성되어 여성가족부에서 고시하였다. 6개 영역은 기본생활 영역, 신체운동 영역, 사회관계 영역, 의사소통 영역, 자연탐구 영역, 예술경험 영역이다.

제2차 표준보육과정은 2012년 2월 0~4세를 대상으로 보건복지부가 고시하였다. 제2차 표준보육과정은 총론을 추가하였고, 표준보육과정의 방향성을 제시하고 보육 영역의 기초를 강화하였다. 보육 영역은 제1차 표준보육과정과 동일하지만 '자연을 사랑하는 사람'을 추가하여 지속 가능한 생태환경의 중요성을 강조하였고,

영유아가 어릴 때부터 생활 과정에서 바른 인성과 사회성을 익힐 수 있도록 보육 내용을 강화하였다. 또한 제2차 표준보육과정은 발달과정에 따른 보육 수준과 보육 내용을 수정하였고, 초등 교육과정 및 5세 누리과정과의 연계를 위해 사용하는 용어와 용어별 의미를 통일하였다. 뿐만 아니라 제2차 표준보육과정은 연령 집단을 2세 미만, 2세, 3~4세의 3개로 구분하여 연령별 목표와 내용을 기술하였다. 연령 집단은 영유아가 수준별로 계열성 있게 보육목표와 보육 내용을 경험하도록 구성하였다.

제3차 어린이집 표준보육과정은 모든 어린이집과 유치원의 3, 4세 유아에게 공통과정인 누리과정을 적용해야 함에 따라 명칭을 '표준보육과정'에서 '어린이집 표준보육과정'으로 수정하여 2013년 1월 보건복지부가 고시하였다. 제3차 어린이집 표준보육과정은 '0~1세 보육과정' '2세 보육과정' '3~5세 보육과정(누리과정)'의 세 부분으로 구성하였다. 또한 제3차 표준보육과정은 바른 인성과 창의성을 강조한 3~5세 누리과정의 내용이 반영될 수 있도록 추구하는 인간상에 '자신과 다른 사람을 존중하고 배려하는 인성'을 추가함으로써 보육과정의 전반에 자율성과 창의성을 강조하였고 영유아에 대한 평가항목을 추가하였다.

제4차 어린이집 표준보육과정은 2019년 개정 누리과정의 시행에 따라 2020년 4월 보건복지부가 고시하였다. 개정 누리과정의 방향에 기초하여 제4차 어린이집 표준보육과정은 영유아 중심, 놀이 중심을 지향하지만, 연령을 구분 지어 세분화하지 않고 통합하여 간소화하였다. 즉, 6개 영역의 영역별 내용만 구성하고, 세부 내용은 삭제하였으며, 특정 활동의 계획 여부보다는 영유아의 경험과 시도에 기초한 기본 내용으로 구성하였다. 또한 영유아 기본 권리를 중시하여 영유아를 개별적 특성을 가진 고유한 존재로 존중받아야 함을 강조하였다.

| 표 5-1 | 표준보육과정의 개발 과정과 특징 |

연도	내용	개요 및 주요 특징	주무부처 (고시번호)
2007. 1.	제1차 표준보육과정	• 표준보육과정(만 0~5세)의 구체적 보육 내용 및 교사지침 고시	여성가족부 (제2007-1호)
		• 보육 영역 및 세부 내용 제시(기본 생활/ 신체운동/사회관계/의사소통/자연탐구/ 예술경험)	보건복지부 (제2010-71호) ※ 2010년 보건복지부로 주무부처 이관
2012. 2.	제2차 표준보육과정	• 만 5세 누리과정 제정으로 제2차 표준보육 과정(만 0~4세) 고시	보건복지부 (제2012-82호)
		• 지속 가능한 생태환경의 중요성 강조 • 바른 인성 및 사회성 교육 내용 추가 • 연령별 보육 수준 및 내용 수정 • 만 5세 누리과정 및 초등과의 용어 연계	
2013. 1.	제3차 어린이집 표준보육과정 (2013. 3. 시행)	• 만 3~5세 누리과정 포함한 '어린이집 표준 보육과정' 개정 고시	보건복지부 (제2013-8호)
		• 만 3~5세 누리과정과의 내용 연계 • 추구하는 인간상에 '자신과 다른 사람을 존중하고 배려하는 사람' 항목 추가 • 보육과정의 자율성과 창의성 강조 • 영유아 평가항목 추가	
2020. 4.	제4차 어린이집 표준보육과정 (2020. 9. 시행)	•「제3차 표준보육과정」현장적용 결과 및 「2019 개정 누리과정」에 따른 요구 반영 •「제4차 어린이집 표준보육과정」고시	보건복지부 (제2020-75호)
		• 영유아 중심, 놀이 중심 추구 • 영유아 기본 권리와 개별 특성 보장 중시 • 연령별 세부 내용의 통합, 간소화	

출처: 경기 이천시 육아종합지원센터 홈페이지. http://goodcare.or.kr/center/s3_2_1.php 내용 재구성,
2022. 1. 15. 인출.

(2) 누리과정의 개발 과정과 특징

누리과정은 보육과 교육을 통합하고자 교육과정과 보육과정 명칭을 통일할 목적으로 공모한 이름으로, 2011년 9월 교육부가 '5세 누리과정'이란 명칭으로 처음 고시하였다. 누리과정은 2012년 3월부터 그동안 이원화되어 있었던 5세 유아의 어린이집과 유치원의 보육과정과 교육과정을 통합하여 '만 5세 누리과정'으로 운영되기 시작하였다.

만 5세 누리과정은 교과 위주의 인지적 학습 활동보다 기본 소양이나 능력을 기르는 데 역점을 두면서 초등학교 1, 2학년의 창의·인성 교육 내용과 체계적으로 연계할 수 있도록 구성하였다. 만 5세 누리과정의 목적은 5세 유아에게 필요한 기본 능력과 바른 인성을 기르고 민주시민의 기초를 형성하는 데 있다. 이의 기본 방향은 기본생활 습관과 질서, 배려, 협력 등 바른 인성을 기르고, 사람과 자연을 존중하고, 우리 문화를 이해하여 전인발달이 고루 이루어진 창의적 인재를 기르는 데 있다. 이는 신체운동 및 건강, 의사소통, 사회관계, 예술 경험, 자연탐구 영역의 다섯 개 영역을 중심으로 초등학교 교육과정과의 연계성을 고려하면서 주도적인 경험을 강조하고 놀이 중심의 통합과정으로 운영한다.

이후 2012년 7월 보건복지부와 교육과학기술부가 함께 만 5세 누리과정 개정과 더불어 3~4세 누리과정을 고시하면서 '3~5세 연령별 누리과정'을 완성하여 고시하였다. 그리하여 2013년 3월부터 모든 어린이집과 유치원의 3~5세 유아는 누리과정을 공통으로 사용하게 되었다. '3~5세 연령별 누리과정'은 심신의 건강과 조화로운 발달을 도와 바른 인성을 갖춘 민주시민의 기초를 형성하는 것을 목적으로 하며, 0~2세 표준보육과정과 초등학교 교육과정과의 연계를 강화하였다. 특히 3~5세 연령별 누리과정의 특징은 다음과 같다. 첫째, 바른생활 습관 형성을 위한 기본생활 습관을 강조하고 남을 배려하고 존중하며 함께하는 내용 등 인성교육을 강화하였다. 둘째, 건강한 몸과 마음을 기르도록 다양한 신체활동 참여를 강화하였고, 셋째, 유아 단계에 맞는 인터넷·미디어 중독 예방, 녹색성장교육 및 다른 문화에 대한 이해 등의 내용을 추가하였다. 3~5세 연령별 누리과정의 하위 영역은 5세 누리과정의 다섯 개 영역과 동일하며, 1일 3~5시간을 기준으로 운영한다.

2019년 3월 교육부는 누리과정의 성격과 추구하는 인간상을 구체적으로 명시하여 2019 개정 누리과정을 고시하였다. 2019 개정 누리과정은 유치원과 어린이집에 다니는 3~5세 유아가 편견이나 차별 없이 양질의 교육적 경험을 할 수 있도록 유아의 전인발달을 중시하면서 유아중심 교육, 놀이중심 교육을 더욱 강화하였다. 이를 통해 2019 개정 누리과정의 추구하는 인간상과 목적은 유아가 놀이를 통해 심신의 건강과 조화로운 발달을 이루고 바른 인성과 민주 시민의 기초를 형성하는 데 두고 있다. 특히 2019 개정 누리과정은 3~5세 연령 구분을 폐지하고 교육 내용을 단순화하여 유아 주도의 놀이를 통해 자연스러운 학습이 극대화될 수 있도록 유도하고 있다.

2) 보육프로그램의 계획

어린이집은 영유아의 건강한 성장과 발달을 지원하기 위해 발달에 적합한 활동과 놀이로 구성된 보육프로그램을 계획하여 운영한다. 보육교사는 국가 수준의 표준보육과정과 누리과정을 토대로 영유아가 흥미를 보이는 놀이와 주요 경험 및 발달적 요구에 기초하여 선정된 주제를 가지고 보육프로그램을 계획한다. 이때 보육교사는 영유아가 어린이집에서 경험하는 일상생활과 활동 및 놀이 등을 구체적으로 계획하며, 실제 운영한 것에 대한 지속적인 기록과 평가를 통해 차후의 보육 활동을 계획할 때 반영한다. 보육프로그램은 연간, 월간/주제별 보육계획안으로 수립한다.

(1) 연간 보육계획

연간 보육계획을 작성할 때 보육교사는 다음과 같은 몇 가지 사항을 고려해야 한다.

- 영유아의 발달 수준과 특성, 사전 경험, 흥미와 관심을 반영한다.
- 어린이집에서의 적응, 계절, 명절, 기관의 행사 등 어린이집의 연간 행사 일정을 고려한다.
- 어린이집의 물리적 여건, 지역사회의 자연환경, 날씨뿐만 아니라, 월드컵, 올림픽 등과 같은 해당 년의 특별한 국가 행사 등을 참고한다.
- 전년도 실시된 보육 주제 실행에 대한 자체 평가 결과를 반영한다.

최종적으로 수립된 연간 보육계획은 어린이집 내 동료 교사들과 공유하고 수정이나 추가될 내용은 없는지 확인한다(푸르니보육지원재단, 2020, p. 47). 어린이집의 연령별 연간 보육계획의 예시는 〈표 5-2〉〈표 5-3〉〈표 5-4〉〈표 5-5〉와 같다.

표 5-2 ◆ 1세반 연간 보육계획안의 예

보육 주제	영아가 경험할 수 있는 내용
즐거운 어린이집	새로운 반에 적응하기/놀잇감 탐색하기/선생님과 친숙해지기/엄마, 아빠와 잘 헤어지기/어린이집 일과에 적응하기/맛있게 먹기/편안하게 낮잠 자기/친구에게 관심 갖기/안전하게 놀기/바깥놀이터 돌아보기/따뜻한 날씨
나/엄마 아빠	몸의 탐색/몸을 다양하게 움직이기/내가 좋아하는 것/엄마 아빠/※배변 훈련(놀이)
더운 날씨와 놀이	더워지는 날씨/즐거운 물놀이/깨끗이 씻기
재미있는 놀이	감각놀이/몸 움직이는 놀이/동물놀이/자동차놀이
추운 날씨와 놀이	추워지는 날씨/따뜻한 옷차림/건강하게 생활하기
친구	친구 알아보기/친구와 놀아 보기/친구에게 표현하기
많이 자란 나	쑥쑥 큰 내 몸/혼자서 해 보기/설날/※배변 훈련(놀이)

출처: 푸르니보육지원재단(2020). 질 높은 보육을 위한 교사역할의 실제, p. 48.

표 5-3 ◆ 2세반 연간 보육계획안의 예

보육 주제	영아가 경험할 수 있는 내용
즐거운 어린이집	새로운 반에 적응하기/새로운 놀이실/우리 선생님/우리반 친구들/여러 가지 놀잇감과 놀이기구/바깥에서 놀기/꽃과 나무
나	내 이름과 내 몸/내 기분/내가 좋아하는 것/몸을 깨끗이 씻기/병원놀이/혼자서 해 보기
가족	엄마 아빠/우리 가족/가족 나들이
재미있는 놀이	자동차 놀이/신체놀이/말놀이
더운 날씨와 놀이	더워지는 날씨/재미있는 물놀이/여행 가는 놀이
음식	여러 가지 음식/내가 좋아하는 음식/요리사 놀이
동물	여러 가지 동물/동물놀이/내가 좋아하는 동물
추운 날씨와 놀이	추워지는 날씨/따뜻하게 지내기/추울 때 하는 놀이/병원놀이
친구	친구와 함께해 보기/즐거운 크리스마스/서로 다른 친구들/친구와 사이 좋게 지내기
많이 자란 나	많이 자란 내 몸과 마음/혼자서도 잘하기/설날/형 · 언니 반에 가기

출처: 푸르니보육지원재단(2020). 질 높은 보육을 위한 교사역할의 실제, p. 48.

표 5-4 | 3~4세반 연간 보육계획안의 예

보육 주제	유아가 경험할 수 있는 내용
즐거운 어린이집	새로운 반에 적응하기/우리반 친구들/내가 하고 싶은 놀이/안전하게 놀기/사이좋게 놀기
봄	봄의 변화/꽃과 나무/봄 나들이
우리 가족과 나	즐거운 우리집/사랑하는 엄마, 아빠/나의 몸/나의 마음/내가 할 수 있는 것
동물	여러 가지 동물/곤충/동물 보호
건강한 생활	깨끗하게 지내기/몸을 건강하게 해 주는 운동/음식과 건강한 몸
여름	여름의 날씨와 햇빛/물놀이/산과 바다/여행놀이
교통기관	여러 가지 교통기관/교통기관 놀이/교통 규칙과 안전
우리나라와 다른 나라	우리나라를 나타내는 것/우리나라의 명절/우리나라와 다른 나라의 음식/우리나라와 다른 나라의 옷과 집/재미있는 민속놀이
가을	가을의 변화/곡식과 열매/나뭇잎과 색
우리 동네	우리 동네 둘러보기/우리를 도와주시는 분들/우리 동네 가게/가게놀이
겨울	겨울 날씨와 바람/겨울 생활과 크리스마스/겨울철 놀이와 안전/새해
생활도구와 기계	주변에서 볼 수 있는 도구/우리가 사용하는 기계/편리한 도구와 기계
형, 언니가 된 나	즐거웠던 우리반/고마운 선생님/설날/형 · 언니반 가기

출처: 푸르니보육지원재단(2020). 질 높은 보육을 위한 교사역할의 실제, p. 49.

표 5-5 | 5세반 연간 보육계획안의 예

보육 주제	유아가 경험할 수 있는 내용
어린이집 생활과 친구	새로운 반과 선생님/새로운 친구들/우리가 만든 ○○반 약속/함께 지내는 어린이집
봄과 동식물	봄의 날씨와 생활 변화/봄과 식물/알아보고 싶은 동물/우리가 알아본 동물
우리 가족과 나	소중한 가족/다양한 가족/가족 속의 나/특별한 나
우리 이웃	우리 동네 모습/우리 이웃의 기관/여러 가지 직업/우리 생활 속의 경제
여름과 건강한 생활	여름의 날씨와 생활 변화/건강하게 여름나기/물과 생활/물놀이/여행놀이/운동
교통기관	교통기관의 종류/편리한 교통기관/미래의 교통기관/교통안전
우리나라	내가 가 본 우리나라/우리나라의 자랑거리/우리나라의 생활/우리나라의 명절

〈계속〉

세계 여러 나라	내가 아는 나라/세계 여러 나라의 생활과 문화/함께 사는 세계
가을과 책	가을의 날씨와 생활 변화/가을의 숲/책과 정보/우리가 만드는 책
기계와 생활	우리 주변의 기계/기계를 움직이는 힘/편리한 에너지
겨울과 생활 안전	겨울의 날씨와 생활 변화/동식물의 겨울나기/겨울철 놀이/겨울철 안전
지구와 환경	우리가 사는 곳/환경보호/우주탐험
초등학교에 가는 나	여러 가지 책/내가 만든 책/즐거웠던 어린이집/설날/초등학교 갈 준비

출처: 푸르니보육지원재단(2020). 질 높은 보육을 위한 교사역할의 실제, p. 49.

(2) 월간/주제별 보육계획

월간/주제별 보육계획은 한 달 혹은 하나의 보육 주제가 지속되는 기간의 보육계획이다. 이는 영유아의 흥미, 사전 경험, 경험할 내용을 토대로 결정한 보육 주제에 따라 계획을 수립한다. 월간/주제별 계획은 영유아의 놀이와 흥미를 반영하면서 지속적으로 계획을 수정하므로 사전 계획 시에는 주제가 시작되는 첫 주의 놀이와 활동에 중점을 두어 계획안을 작성한다. 이때 계획안은 이전 주제에서 이루어진 영유아의 놀이와 경험을 반영하여 연계, 확장될 수 있도록 작성하는 것이 좋다.

어린이집에서는 월간/주제별 계획안을 토대로 월안회의를 실시하며 영유아의 흥미와 놀이가 반영되었는지를 검토하고, 회의에서 논의된 내용을 반영하여 보육계획 수정안을 작성하고 동료 교사들과 공유한다. 이때 보육교사는 주제와 관련된 어린이집 행사 계획을 확인하고, 필요하다면 현장학습의 장소 예약과 답사 등을 실시하며, 주제별 놀이와 활동에 필요한 추가 교육자료 목록을 작성하고 준비한다. 보육교사는 계획에 따라 활동을 시작하면 실제 영유아의 흥미와 놀이를 관찰하면서 이를 계획에 추가 반영하고 계획안을 지속적으로 수정한다(푸르니보육지원재단, 2020, p. 50). 어린이집의 월간/주제별 계획의 예시는 〈표 5-6〉〈표 5-7〉과 같다.

표 5-6 1세반 월간/주제별 보육계획의 예

■ 월간/주제별 보육계획(6월)

학급	나비반	주요 경험	나/엄마 아빠	영아가 경험할 수 있는 내용	몸의 탐색/몸을 다양하게 움직이기/ 내가 좋아하는 것/엄마 아빠

일과		주제의 시작	영유아의 흥미를 반영한 놀이 (영아의 흥미와 놀이를 관찰하여 추가로 계획하여 기록)		
			엄마, 아빠, 아기에 대한 흥미 생김	엄마, 아빠에 대한 흥미가 지속되며 자동차 놀이에 흥미 생김	자동차에 대한 흥미 지속되며 배변 훈련에 관심 생김
실내 자유 놀이	신체 (쌓기)	• 큰 상자에 공 넣기	• 인형 유모차(쇼핑 카트) 놀이	• 블록으로 자동찻길 만들기 • 다양한 자동차 굴리기	• 블록 변기에 앉아 보기 • 상자자동차 놀이
	언어	•「코코코」「손이 나왔네」「움직여요」 • 신체부위 이름 듣고 말하기(「코코코」)	• 가족사진 보며 이야기를 듣고 말하기 • 가족 손인형 놀이	• 자동차 그림책 보기 • 자동차에서 나는 소리 듣기(사운드북)	•「응가하자 끙끙」 • '쉬' '응가' 듣고 말해 보기
	탐색 (감각)	• 색깔터치판에 손발 찍기 • 촉감발자국 따라 걷기	• 내가 좋아하는 놀잇감을 가방에 담고 쏟기 • 내가 좋아하는 과일 탐색	• 자동차 주차 놀이	• 자동차 바퀴 돌려 열고 닫기 • 응가인형 놀이
	표현 (미술, 음률, 역할)	• 사과 같은 내 얼굴 (노래 들으며 신체부위 짚어 보기) • 손발 그림에 끼적이기	• 엄마, 아빠 물건으로 흉내 놀이 • 아기 인형 돌보기	• 엄마, 아빠 모양 종이에 도트물감 찍기 • 운전하는 흉내 내기 (운전대)	• 동물인형 응가놀이 • 노래 '응가를 하자 응가' '응가하고 싶을 때'
전이		• 요기 저기(노래 들으며 신체부위 짚어 보기)	• 올라간 눈(손유희 따라 하기)	• 간다간다(노래 들으며 놀이터 갈 준비하기)	• 쉬야/응가를 하자 (노래 들으며 변기에 앉아 보기)
실내외 놀이터 놀이		• 모래 속에 손발 숨기고 찾기 • 끈 달린 신문지 공놀이	• 바람개비 놀이 • 물풍선 놀이	• 생일축하 놀이(모래 생일케이크) • 상자 버스 놀이	• 자동차 타기 • 젖은 모래로 응가 만들기
기본 생활		• (안전하게 놀이하기) 계단 오르내릴 때 손잡이 잡기/미끄럼틀에서는 앞을 보고 타기/놀잇감을 입에 넣지 않기/놀잇감 던지지 않기 • (손씻기) 선생님 도움받아 손 씻어 보기/손 씻은 후 물기 닦아 보기			

※ 하늘색으로 표시된 부분은 실제 영유아가 보이는 흥미와 놀이를 반영하여 추가로 매주 기록한 내용임

출처: 푸르니보육지원재단(2020). 질 높은 보육을 위한 교사역할의 실제, p. 51.

| 표 5-7 | 3~4세반 월간/주제별 보육계획의 예 |

■ 월간/주제별 보육계획(6월)

| 학급 | 파랑새반 | 주제 | 동물 | 유아가 경험할 수 있는 내용 | 여러 가지 동물, 곤충, 동물보호 |

일과		주제의 시작	유아의 흥미를 반영한 놀이 (유아의 흥미와 놀이를 관찰하여 추가로 계획하여 기록)		
			곤충에 대한 흥미 생김	달팽이에 대한 관심 생김	동물 돌보기, 공룡에 대한 관심 생김
실내 자유 놀이	쌓기	• 동물 집, 동물농장, 동물원 구성하기	• 곤충 집 구성하기 • 띠 블록으로 곤충 소품 구성하기	• 달팽이집 구성하기	• 동물병원 구성하기 • 공룡이 사는 곳 구성하기
	역할	• 동물원 나들이 놀이	• 곤충 역할놀이	• 동물 보살피기 놀이	• 동물병원 놀이/ 미용실 놀이 • 공룡인형 놀이
	언어	• 동물 사진/화보 보며 이야기 나누기 • 좋아하는 동물 사진 모으고 이야기해 보기 • 동물 수수께끼	• 곤충이름찾기(Ⅰ수준), 써 보기(Ⅱ수준)	• 달팽이 그림책	• 병원 관련 그림책 • 병원에서 하는 일 알아보기 • 공룡 그림책 보며 공룡 이름 알아보기
	수·과학	• '어느 곳에 살까' 동물 분류하기 • 주사위 던져 동물 수만큼 붙이기	• 여러 가지 곤충 화보 관찰하기(Ⅰ수준) • 곤충 모양 완성하기 게임(부분과 전체)	• 달팽이 돌보기(집 청소, 먹이 주기 등) • 달팽이 관찰하기 (달팽이 알, 먹이, 똥 등)	• 병원에서 사용하는 도구 그림자 맞추기 • 공룡 생김새 살펴 보기
	미술	• 동물 모양 물감 찍기 • 좋아하는 동물 그리기 (Ⅰ수준), 동물 모자 만들기(Ⅱ수준)	• 물감 찍어 곤충 표현 하기(곤충모양 종이) • 곤충 모양 색종이 접기	• 달팽이 그림 그리기	• 약 봉투 만들기 • 찰흙에 공룡 발자국 찍기
	음률	• '나는 토끼' 노래 맞춰 동물 움직임 표현 하기	• '개구리는 연못에' '거미가 줄을 타고' 노래 듣고 부르기 • '왕벌의 비행' '나비' 음악 감상하기	• 음악 동화 「피터와 늑대」에서 동물 표현한 악기 찾기 • '달팽이 집' 노래 부르기	• '병원놀이' 노래 부르기 • 신체표현 • '공룡발자국' 따라 움직이기(아기 코끼리 걸음마)
전이		• 노래: '나는 토끼'	• 손 유희: '동물원에 가면'	• 푸르니체조: '그 누구 보다 더'	• 푸르니체조: '그 누구 보다 더'

〈계속〉

대·소집단	• 〈이야기 나누기〉 내가 좋아하는 동물 소개하기 • 〈게임〉 어떤 동물의 소리일까요?	• 〈이야기나누기〉 곤충들은 어떻게 살까 • 〈신체표현〉 '왕벌의 비행' '나비' 음악을 들으며 자유롭게 표현하기	• 〈신체 게임〉 동물에게 먹이 주고 돌아오기 • 〈이야기 나누기〉 동물을 보호해요 (시청각 자료 이용)	• 병원에 가 본 경험 이야기 나누기 • 내가 알고 있는 공룡 소개하기
실내외 놀이터 놀이	• 〈대근육·음률〉 동물들처럼 뛰어 보기 • 〈물·모래〉 모래로 두꺼비집 짓기 • 〈탐구〉 주위에서 볼 수 있는 동물 관찰하기	• 〈대근육·음률〉 곤충 꼬리잡기 놀이 • 〈물·모래〉 개미가 다니는 구멍 파기 • 〈탐구〉 실외 놀이터, 어린이집 주변에서 곤충 관찰하기	• 〈물·모래〉 나뭇가지로 모래 위 동물 그림 그리기 • 〈탐구〉 모래에 물이 스며드는 모습 관찰하기, 젖은 모래로 동물 모양 만들기	• 〈대근육〉 자전거, 자동차로 인형 병원에 데려다주기 • 〈물·모래〉 젖은 모래에 공룡 발자국 찍기
기본 생활	주변의 동물에 관심 가지기/동물을 만진 후 손 깨끗이 씻기/곤충을 사랑하는 마음 갖기 (개미 밟지 않기, 나비 잡지 않기)/우리 반에서 기르는 동물에 관심 갖고 보살펴 주기			
비고	〈현장학습〉 동물원			

※ 하늘색으로 표시된 부분은 실제 영유아가 보이는 흥미와 놀이를 반영하여 추가로 매주 기록한 내용임
출처: 푸르니보육지원재단(2020). 질 높은 보육을 위한 교사역할의 실제, pp. 52-53.

3) 보육프로그램의 실행

연간, 월간/주제별 보육계획에 따라 보육교사는 담당학급에서 보육프로그램을 실행한다. 보육교사는 영유아가 안전한 환경 속에서 개별화된 보육을 통해 건강한 성장과 발달을 이루도록 하루 일과를 구성하고, 그 안에서 영유아의 전인적 발달을 증진하기 위해 영역별로 계획한 다양한 보육 활동을 보육 주제와 영유아의 흥미에 기초하여 제공한다. 보육교사는 개인 영유아의 발달 특성과 흥미를 존중하고 영유아의 학습이 극대화될 수 있도록 다양하고 적절한 상호작용을 제공함으로써 영유아의 효율적인 학습과 긍정적인 발달을 도모할 수 있도록 노력한다(푸르니보육지원재단, 2020, p. 54). 더불어 보육교사는 계획된 보육프로그램을 기초로 놀이와 활동에서 개별 영유아에게 자율성을 충분히 제공하면서, 영유아의 건강한 성장과 발달을 위해 교육적 의도를 염두에 두고 융통성 있게 하루 일과와 보육프로그램을 운영한다.

4) 보육프로그램의 평가

보육의 질 관리와 향상을 위해 보육프로그램 평가는 매우 중요한 과정이다. 보육프로그램 평가를 통해 보육교사는 보육프로그램의 편성 · 계획의 적절성과 실행 정도를 평가하며, 그 결과를 이후 보육프로그램 계획과 실행에 반영함으로써 보육프로그램의 질적 수준의 향상을 도모한다. 또한 보육프로그램의 평가는 보육교사에게 자신을 돌아보고 반성해 보는 기회를 제공한다.

보육프로그램의 평가는 매일의 보육실행 기록과 정기적인 평가로 구분한다. 보육교사가 제공한 보육프로그램이 영유아의 발달수준과 흥미를 적절히 반영하여 의미 있는 경험이 되었는지에 대한 평가는 하루 일과를 돌아보는 것에서 시작한다. 보육교사는 매일의 보육실행에 대한 기록을 통해 진행된 놀이와 하루 일과를 점검한 후 다음 날 보육프로그램 계획에 평가 결과를 반영한다(〈표 5-8〉 참조). 또한 보육교사는 정기적으로 실시하는 평가를 통해 보육 주제와 보육 내용의 실행에 대해 간략한 평가를 하며, 산출된 평가 결과는 이후 보육 계획과 실행에 반영한다(푸르니보육지원재단, 2020, p. 180).

표 5-8 보육실행 기록 작성 방법의 가이드라인

흥미 · 관심 및 경험	• 놀이가 시작된 영유아의 자발적인 흥미와 관심, 경험 기록 (해당 시)	자유놀이	• 실제로 이루어진 영역별 주요 놀이 기록
대 · 소집단 활동	• 실시된 대 · 소집단 활동 기록	평가	• 특이사항, 다음 날 반영해야 할 사항 등 기록(필요시)
총평 및 계획	• 한 주간 영유아의 흥미와 관심, 경험, 놀이, 일과 진행에 대한 전반적인 평가 기록 • 다음 주에 예상되는 영유아의 관심 및 놀이, 교사의 지원 계획 등 기록		

※ '흥미 · 관심 및 경험' '평가'는 매일 기록하지 않으며, 해당 시 또는 필요시 기록함
출처: 푸르니보육지원재단(2020). 질 높은 보육을 위한 교사역할의 실제, p. 181.

(1) 일일/주간 평가

일일/주간 평가는 매일 기록하는 보육실행 기록으로 시행되며 하루 동안 실시된 놀이와 일과를 점검하고 기록하여 영유아의 경험과 놀이 및 프로그램의 내용과 실행을 평가하는 것이다. 보육교사는 한 주간 영유아의 일상과 놀이의 흐름을 일목요연하게 주 단위로 작성하고, 매일 오후에 하루 일과에 따른 영유아의 일상생활 및 경험과 실시된 놀이 및 활동을 간략히 기록한다. 특히 자발적인 놀이가 시작된 영유아의 흥미와 관심, 경험을 관찰하여 기록해 두면 보육교사는 이후 영유아 평가와 보육 계획에 참고할 수 있다. 이때 보육교사는 일과 흐름이 적절했는지, 놀이 활동과 자료가 영유아의 발달수준, 개별 흥미와 요구에 적합했는지 등을 점검하고 이를 토대로 다음 날 반영해야 할 사항이나 특이사항 등을 기록한다. 일일평가를 토대로 주간 종합평가를 기록함으로써 보육교사는 지난 한 주를 반성하며 되돌아보고 다음 주에 할 놀이와 보육과정 계획에 이를 반영한다(푸르니보육지원재단, 2020, p. 180). 보육프로그램의 평가에서 주간/일일 보육실행 평가의 예시는 〈표 5-9〉 〈표 5-10〉과 같다.

표 5-9 1세반 보육실행 기록의 예

■ 주간/일일 보육실행 기록(6월 2주)

학급	나비반	경험 내용	나/엄마 아빠(2주)	작성자	김푸른

일과 \ 요일		6/10(월)	6/11(화)	6/12(수)	6/13(목)	6/14(금)
등원 및 오전 간식 (7:30~9:20)		주말 지낸 이야기 부모님에게 들으며 맞이함	간식 이름 들으며 간식 먹음	엄마 아빠 물건을 들고 등원함	창밖에 지나가는 새에게 인사하며 간식을 먹음	–
오전 실내 자유 놀이 (9:20~10:20)	흥미 및 경험	주말에 동물원 다녀온 영아, 엄마 아빠 놀이, 자동차 놀이	–	내가 만든 종이가방	엄마 아빠 물건	엄마 아빠 물건, 풍선
	놀이	• 가족사진 보며 엄마아빠 이야기 하거나 들어 봄 • 동물 그림 책 추가로 제공 하여 봄 • 블록 위에 앉아서 모형 운전대로 운전하는 놀이함 • 내가 좋아하는 동물 안고 다니며 놀이함	• 종이 쇼핑 백 모양에 끼적이기 • 스티커로 가방 꾸미며 가방에 물건 넣어 들고 다님 • 자동차에 동물 태우고 움직임 • 고리 끼우기, 팔에 끼우는 친구를 보고 손목에 끼우고 다님	• 가방놀이 계속 이루어짐 • 가방에 물건 넣어서 들고 다님 • 음식 만들기 • 노래 부르며 모형 우쿨렐레, 악기 연주 • 고리 끼우기 계속함	• 모형 운전대로 운전하는 흉내 냄 • 엄마 아빠 물건을 탐색함 • 밀가루 반죽으로 음식 만드는 놀이함	• 종이 가방에 물건 담아서 들고 다니기 계속함 • 엄마 아빠 물건 착용하고 엄마 아빠 놀이함 • 아기를 업고 다니며 놀이함 • 밀가루 반죽으로 그릇에 담고 먹는 흉내 냄
전이 (10:20~10:30)		• '엄마/아빠는 ○○를 사랑해' 노래 들어 보기 (개사해서 들려주었음. 영아들이 좋아하여 이동 중에도 불러 주었음)				
오전 실내외 놀이터 놀이 (10:30~11:20)		• 붕붕차 타기 • 모래 그릇에 담고 쏟기, 모양 찍어 봄	• 보자기 기차놀이, 숨기놀이 즐김	• 보자기로 기차 놀이, 숨기놀이 계속함	• 실내놀이터에 있던 풍선 들고 다님	• 끈 달린 풍선 들고 다니기
점심 식사 (11:20~12:30)		앞가리개 하고 먹기	먹고 난 후에 거울 보기	먹고 난 후에 거울 보기	먹고 난 후에 입 휴지로 닦아 보기	먹고 난 후에 입 휴지로 닦아 보기

〈계속〉

낮잠 및 조용한 놀이 (12:30~15:00)	• 엄마, 아빠 손인형 • 동물인형을 데리고 자거나 좋아하는 그림책 보며 잠을 잠	• 교사가 들려주는 섬집아이, 자장가 노래 들으며 잠을 잠		• 엄마 아빠 물건 안고 잠을 잠 • 자장가 들으며 잠을 잠	
오후 간식 (15:00~15:30)	컵을 두 손으로 잡고 마시기	컵을 두 손으로 잡고 마시기	컵을 두 손으로 잡고 마시기	간식 이름 들어 보기	–
오후 실내 자유놀이 (15:30~17:00)	–	• 가족사진 위에 끼적이기, 스티커 붙이기 함	–	–	• 밀가루 반죽 놀이
오후 실내외 놀이터 놀이 (17:00~18:00)	• 붕붕차 타기 • 동물원 가는 놀이	• 붕붕차 타기 • 붕붕차로 음식 배달하기	• 보자기로 공을 싸 달라고 하여 담아서 들고 • 다니는 놀이	• 풍선놀이, 끈 달아서 들고 다님	• 풍선놀이
저녁 식사 및 통합보육 (18:00~22:00)	–	엄마, 아빠 그림책 보기	–	끌고 다니는 놀잇감 놀이	–

평가	• 동물원에 다녀온 영아가 있어서 동물인형에 대한 흥미가 높았음 • 월요일이어서 지난주 제공된 기본 교구로 놀이하였음	• 물건을 들고 다니는 것을 좋아하여 종이 가방 만들기 제공, 영아들이 꾸미고 물건을 넣어서 들고 다니는 것을 좋아했음	• 집에서 쓰는 그릇 추가 제공 • 오늘까지 가정에서 받은 엄마 아빠 물건 내일 제공 예정	• 엄마 아빠 물건 제공하여 엄마 아빠 흉내 놀이가 더 활발히 이루어짐 • 엄마 아빠 물건을 좋아하여 가방에 넣어 들고 다니니 분쟁 덜 생김	• 만든 가방을 집에 가지고 가서 좋아했음 • 넥타이는 길어서 안전사고 우려 있으니, 제외하거나 묶어서 제공해야 할 것임(협의 필요)
주간 총평 및 계획	• 한 주간 엄마 아빠 놀이뿐 아니라 동물놀이, 자동차 놀이도 활발하게 이루어짐 • 다음 주에도 엄마 아빠 놀이, 엄마 아빠 물건 탐색이 지속될 것으로 보임 ✓ 다음 주 상자놀이집 추가 제공, 꾸미기 놀이 예정				

출처: 푸르니보육지원재단(2020). 질 높은 보육을 위한 교사역할의 실제, pp. 182-183.

| 표 5-10 | 3~4세반 보육실행 기록의 예 |

■ 보육실행 기록(6월 2주)

| 학급 | 파랑새반 | 경험 내용 | 동물(2주차) | 작성자 | 김푸른 |

일과 / 요일		6/10(월)	6/11(화)	6/12(수)	6/13(목)	6/14(금)
등원 및 오전 간식 (7:30~9:20)		어린이집에 올 때 본 동물이나 곤충에 대해 이야기 나눔	어린이집에 올 때 본 동물이나 곤충에 대해 이야기 나눔	오늘 할 놀이에 대해 이야기를 나누며 간식 먹음	좋아하는 동물 이야기하며 간식 먹음	달팽이 일에 대한 이야기 나누며 간식 먹음
오전 실내 자유 놀이 (9:20~ 10:40)	흥미 및 경험	동물원 견학	동물원 놀이, 사파리버스	동물원 놀이, 사파리버스, 동물 돌보기	달팽이 알, 동물원	달팽이 알, 공룡
	놀이	• 동물원, 동물집 구성하여 동물 놀이 • 동물 서식지 분류하기 • '나는 토끼' 노래 들으며 개사하여 움직이기	• 사파리 버스를 구성하고 동물 사육사 역할놀이 • 육식동물, 초식동물을 구분하여 우리 구성함/동물원입장권 종이로 만들기 • 발발발, 코코코 그림책 보며 동물의 세부를 자세히 살펴봄 • 부분 보고 동물 알아맞히기	• 동물 막대인형으로 또또와 사과나무 인형극 • 동물원 놀이(사파리버스, 입장권 팔찌 만들기, 동물 돌보기, 아픈 동물 병원으로 연결) • 동물무늬 색종이로 상자동물 만들기 → 큰 동물을 만들기로 하여 상자에 색지, 색종이, 벽지, 재활용품으로 협동작품	• 달팽이가 알을 낳아서 달팽이 관찰하기, 그림 그리기 • 달팽이 그림책 보며 달팽이에 대해 더 알아보기 • 동물원에서 이동하는 기차 만들기	• 달팽이 알 관찰 • 협동작품 상자 동물이 공룡으로 바뀜 • 공룡그림 색칠해서 블록에 붙여 공룡집 만들기를 함 • 공룡 이름 알아 맞히기 놀이, 공룡책 보기 • OHP 필름에 동물, 공룡 그림 그리기
전이 (10:40~10:50)		• 손유희 「동물원에 가면」	• 손유희 「동물원에 가면」	• 손유희 「동물원에 가면」	• 노래 「달팽이집」	• 노래 「달팽이집」
대 · 소집단 활동 (10:50~11:10)		〈신체표현〉 「나는 토끼」 노래에 맞춰 동물 움직임 표현하기	막대동화 「또또와 사과나무」	유아들이 들려주는 막대동화 「또또와 사과나무」	〈안전교육〉 유괴실종 예방교육 「길을 잃었을 때는?」	〈게임〉 동물 발자국 따라 동물처럼 공룡처럼 움직이기

〈계속〉

오전 실내외 놀이터 놀이 (11:10~12:00)	• 「나 는 토 끼」 가사바꿔 유아가 좋아하는 동물 움직임 표현하기	• 동물 볼링 놀이 • 돗자리에서 동물 그림 그리기	• 동물 볼링 놀이 • 돗자리에서 동물 그림 그리기, 그림책 보기	• 모래에 동물 모양 찍기 틀로 동물 모양 쿠키 만들기 • 유아들끼리 달팽 이집 놀이	• 우천으로 빔을 이용한 색 그림자 놀이 실시(OHP 필름에 그린 동물 공룡 그림 활용)
점심 식사 (12:00~13:00)	좋아하는 동물 이야기하며 식사하기	좋아하는 동물 이야기하며 식사하기	–	달팽이 알 이야기하기	공룡 이야기하며 밥 먹기
낮잠 및 조용한 놀이 (13:00~15:00)	• 낮잠 전 동물 그림책 보기	–	• 낮잠 전 곤충 그림책 보기	–	–
오후 간식 (15:00~15:30)	–	–	동물 수수께끼 하며 간식 먹기	달팽이 알 이야기하기	–
오후 실내 자유놀이 (15:30~17:00)	• 오전 동물원 놀이의 연속 및 확장	• 오전 동물원 놀이의 연속 및 확장	• 오전 동물원 놀이의 연속 및 확장	• 동물 협동작품 만들기	• '보물찾기' 책에서 연상하여 공룡 찾기 놀이(검정 도화지, OHP 필름, 손전등 모양의 흰 종이)
오후 실내외 놀이터 놀이 (17:00~18:00)	• 동물원 가는 놀이	• 동물 볼링 놀이	• 동물 볼링 놀이	• 잡기 놀이	• '여우야 여우야' 놀이
저녁 식사 및 통합보육 (18:00~22:00)	동물 그림 그리기	–	동물 색종이 접기	–	–

평가	• 동물원 견학 후 동물원 놀이가 활발하게 이루 어짐	–	• 협동작품에 필요 한 재활용품 및 미술재료 추가 필요	• 달팽이 알로 인해 달팽이 놀이 관심 높아져 놀이 변화 예상됨	• 공룡에 관심이 높아져 공룡 모형 추가로 제공 예정
주간 총평 및 계획	• 지난주 실시된 동물원 견학으로 인해 동물원에 대한 흥미가 높아서 동물원 놀이가 다양하게 이루어짐 • 주 후반에 달팽이 알과 공룡에 대한 관심이 생김. 다음 주에 달팽이 알이 부화하면 달팽이 분양을 고려할 수 있음 • 공룡에 대한 관심이 지속되는지 지켜보며 자료를 추가로 제공해야 함 ✓ 다음 주 공룡 모형 및 그림책 추가 제공 예정				

출처: 푸르니보육지원재단(2020). 질 높은 보육을 위한 교사역할의 실제, pp. 184-185.

(2) 정기 평가

정기 평가는 연간 보육 주제의 적절성을 평가하고 보육 주제별로 놀이와 활동이 영유아의 흥미를 반영하여 적절히 계획되고 실행되었는지를 평가하는 것이다. 정기 평가는 보육교사가 작성한 보육 주제별 평가기록을 토대로 연 2회(8월/2월) 또는 주제가 끝난 시점에 정기적인 연령별 평가회의를 통해 이루어질 수 있다. 평가회의에서는 영유아의 실제 놀이와 흥미를 토대로 보육 주제의 적절성, 보육 내용, 보육프로그램 운영 등의 전반에 대해 평가한다. 평가회의에서 논의된 내용은 다음 해 보육계획, 보육 내용, 현장학습 계획 등에 반영함으로써 보육프로그램의 지속적인 질 관리와 향상이 이루어지도록 한다(푸르니보육지원재단, 2020, p. 186).

생각해 봅시다

1. 보육환경이 영유아의 성장과 발달에 미치는 영향에 대해 생각해 봅시다.
2. 보육실의 흥미 영역 구성과 그에 필요한 교재 · 교구에 대해 생각해 봅시다.
3. 연령별 보육프로그램을 계획하고 운영할 때 영아반과 유아반을 다르게 구성해야 하는 이유와 그 차이점에 대해 생각해 봅시다.
4. 보육프로그램을 계획하여 운영할 때 교사가 '융통성을 가진다는 것'은 무엇을 의미하는지에 대해 생각해 봅시다.
5. 보육프로그램에 대한 평가의 중요성을 영유아, 교사, 어린이집 측면으로 나누어 생각해 봅시다.

참고문헌

고경화, 권경숙, 손순복, 이경애, 조미영, 조연경, 황인애(2014). 보육학개론. 서울: 동문사.
신유림, 문혁준, 나종혜, 박진옥, 서소정, 신혜영, 신혜원, 이미란, 조혜정, 이윤선, 한찬희

(2020). 놀이지도. 서울: 창지사.

이소희, 마미정(2019). 최신 현장중심 보육학개론. 서울: 신정.

이연숙(1997). 어린이집 실내공간의 이론과 실제. 삼성복지재단 제5회 국제학술대회: 어린이와
환경 발표집, pp. 104-105.

조성연, 이정희, 김온기, 제경숙, 김영심, 황혜정, 김혜금, 나유미, 박진재, 송혜린, 신혜영
(2018). 최신 보육학개론. 서울: 학지사.

최목화, 최병숙, 유옥순, 박선희, 이정희, 박경옥(2002). 보육시설 공간 디자인. 서울: 창지사.

푸르니보육지원재단(2020). 질 높은 보육을 위한 교사 역할의 실제: 푸르니어린이집. 서울: 다음세대.

Frost, J. L. 이은해 역(1997). 놀이환경: 놀이의 중요성과 창의적인 실외환경의 구성. 삼성복지
재단 제5회 국제학술대회: 어린이와 환경 발표집, 46-52.

보건복지부 보육정책 자료실. https://www.mohw.go.kr/react/policy/index.jsp?PAR_
MENU_ID=06&MENU_ID=064001

서울육아종합지원센터. http://seoul.childcare.go.kr

이천시육아종합지원센터. http://goodcare.or.kr

푸르니보육지원재단. https://www.puruni.com

제6장

보육교직원과
어린이집 운영 관리

어린이집은 영유아의 안전한 보호와 교육을 위한 여러 가지 요소를 효율적으로 운영하고 관리해야 한다. 보육교직원은 영유아의 안전한 보호와 애정 어린 보살핌, 연령에 적합한 교육을 위해 전문성을 발휘해야 하며, 원아 관리, 환경 관리, 프로그램 관리, 부모와의 소통과 협력 등을 직접 담당하는 주요 인적 자원으로서 매우 중요하다. 또한 보육기관의 운영 관리는 영유아의 안전, 영양과 건강, 기능적이며 교육적 경험을 고려한 물리적 환경, 발달에 적합하고 전인적 성장을 추구하는 보육프로그램, 좋은 인성과 전문성을 갖춘 보육교직원, 부모와 가족에 대한 지원, 사무행정과 재무회계 관리 등을 모두 포함하면서 보육철학과 보육목표에 따라 이루어져야 한다. 따라서 이 장에서는 보육교직원의 임면과 복무, 자질과 역할, 교육 등과 어린이집 운영 관리의 여러 영역에 대해 알아보고자 한다.

1. 보육교직원의 자격 요건에 대해 알아본다.

2. 보육교사에게 요구되는 자질과 역할에 대해 알아본다.

3. 어린이집 운영 관리의 영역별 내용에 대해 알아본다.

1 원아 관리

영유아가 어린이집에 입소하여 퇴소할 때까지 전 기간 영유아와 관련된 업무는 원아 관리를 통해 이루어진다. 원아 관리는 원아 모집, 입소 순위와 대기 원아 관리, 반 편성, 원아의 적응과 보육 업무, 원아의 발달 상황과 보육 결과에 대한 평가와 보고 등을 포함한다.

1) 원아 모집

어린이집은 0~5세의 취학 전 영유아와 방과 후 보육을 위한 초등학교 저학년 아동을 대상으로 수시 혹은 정규로 원아를 모집한다. 수시모집은 어린이집에 결원이 생기면 원아를 모집하는 것이며, 정규모집은 초등학교 입학과의 연계성과 재원아 3월 진급을 기준으로 12월에 원아를 모집하는 것이다. 정규모집으로 선발할 원아 수는 재원 영유아가 다음 해에도 계속 다닐지 여부를 조사한 후 결정한다. 원아 모집을 위해 어린이집에서는 입소 원서 외에 관련 서류를 준비해 두어야 한다.

부모는 자녀의 어린이집 입소를 위해 대기 신청을 할 수 있다. 아이사랑보육포털(www.childcare.go.kr) 혹은 아이사랑보육포털 스마트폰앱을 이용하여 원하는 어린이집 정보를 검색한 후, 직장어린이집과 협동어린이집을 제외한 전체 어린이집에 입소를 신청할 수 있다. 대기 신청을 하면 시스템에서 영유아의 순번이 자동적으로 결정되고, 순번이 실시간으로 부모나 보호자에게 공개된다.

2) 원아 선정

어린이집에서는 원아 신청 순위에 따라 어린이집 이용 신청자 명부를 작성하여 비치한다. 어린이집에서는 반별 정원에 따라 해당 인원 수를 파악한 후, 입소 순위에 대한 기준을 참고로 원아를 선발하여 최종 결정된 결과를 부모와 보호자에게 통보한다. 어린이집의 입소는 입소 순위를 결정하는 기준에 따라 우선순위가 정해진다(〈표 6-1〉 참조). 입소 확정 후 신청자는 증빙 서류를 입소일 7일 이내에 어린이집에 제출하여 입소 순위를 증빙해야 한다.

표 6-1 ◀ 어린이집 입소 순위

순위	내용
1	• 「국민기초생활보장법」에 의한 수급자 • 「한부모가족지원법」에 의한 보호대상자의 자녀 • 「국민기초생활보장법」 제24조의 규정에 의한 차상위 계층의 자녀 • 장애 정도가 심한 장애인의 자녀 또는 형제자매 • 아동복지시설에서 생활 중인 영유아 • 부모가 모두 취업 중이거나 취업 준비 중인 영유아 • 「다문화가족지원법」에 따른 다문화가족의 영유아 • 「국가유공자 등 예우 및 지원에 관한 법률」에 의한 국가유공자 중 보건복지부령으로 정하는 자의 자녀 • 자녀가 3명 이상인 가구의 영유아 또는 만 8세 이하나 초등학교 2학년 이하인 자녀가 2명 이상인 가구의 영유아 • 임신부의 자녀인 영유아 • 제1형 당뇨를 가진 경우로서 보육에 지장이 없는 영유아 • 산업단지 입주업체 및 지원기반 근로자의 자녀로서 산업단지에 설치된 어린이집을 이용하는 영유아
2	• 한부모가족과 조손가족의 영유아 • 가정위탁 보호 영유아와 입양된 영유아 • 동일 어린이집 재원 중(신학기 등 입소확정 포함)인 영유아의 형제자매 등

출처: 보건복지부(2022). 2022년도 보육사업안내, pp. 69-71.

3) 학급 편성

어린이집의 학급 편성은 학급의 구성 형태와 정원을 고려하여 이루어진다. 학급 구성은 단일연령과 혼합연령으로 이루어질 수 있다. 단일연령은 동일 연령 영유아가 같은 반에서 생활하는 보편적인 형태다. 혼합연령은 2, 3년 연령 차이가 있는 영유아가 한 반에서 생활하며 연령과 발달수준 차이로 인해 보다 다양한 경험을 해 볼 수 있는 형태다.

단일연령 반 구성은 동년도 출생아(동년도 1월 1일~12월 31일 출생아)를 같은 반에 편성하는 것을 원칙으로 한다. 즉, 1세 이전의 영아는 0세반, 2세 이전의 영아는 1세반과 2세반, 3세 이상 유아는 3세반, 4세반, 5세반으로 편성한다. 예외적으로 1,

2월생의 영유아는 보호자가 원하면 상위 연령반으로 편성할 수 있다. 반면, 혼합연령으로 반을 구성할 경우에는 0세와 2세 영아, 2세 이하 영아와 3세 이상 유아를 한 반으로 편성할 수 없다(〈표 6-2〉 참조).

학급 정원은 보육교사 대 영유아 비율과 반별 최대 정원을 고려하여 결정한다. 보육교사 대 영유아 비율은 일반 기준 외에 교사의 휴게 시간 시 예외 비율도 제시하고 있다(〈표 6-3〉 참조). 그러나 영유아의 안전한 보호와 교육을 위해 보육교사 대 영유아 비율은 가급적 일반 기준을 준수할 수 있도록 원장, 보조교사 등이 해당 시간에 순환 근무한다. 학급 구성 형태와 학급 정원이 결정되면 원아 명단을 가지고 연령과 월령, 남녀 성비를 고려하여 원아를 학급에 배정한다.

표 6-2 ◢ 혼합연령 반편성 기준과 보육교사 대 영유아 비율

혼합연령반 편성 기준	0세와 1세	1세와 2세	0세와 2세	2세 이하와 3세 이상	3세와 4세 이상
원칙	가능	가능	불가능	불가능	가능
보육교사 대 영유아 비율	1 : 3	1 : 5	-	-	1 : 15

출처: 보건복지부(2022). 2022년도 보육사업안내, p. 67.

표 6-3 ◢ 연령별 학급 정원과 보육교사 대 영유아 비율

연령 구분	학급 정원	교사 1인당 영유아 수	
		일반 기준	보육교사 휴게 시간 시 예외
0세	3명	3명	최대 6명
1세	5명	5명	최대 10명
2세	7명	7명	최대 14명
3세	15명	15명	최대 30명
4세 이상	20명	20명	최대 40명

출처: 보건복지부(2022). 2022년도 보육사업안내, p. 211.

4) 원아 정보 관리

어린이집의 원장과 보육교사는 영유아와 가족의 필요와 요구에 적합한 보육서비스를 제공해야 한다. 이를 위해 어린이집에서는 영유아와 가족에 대한 정보를 파악하고, 영유아가 어린이집에서 생활하는 동안 나타내는 특징적인 행동이나 발달 상황 등에 대한 자료를 수집하여 관리한다. 이러한 자료는 영유아의 특성을 파악하고 개별적인 보육을 실시하는 데 도움이 된다.

원아 정보는 부모에게 수집하는 자료와 보육교사가 어린이집에서 수집하는 자료가 있다. 부모에게 수집하는 정보는 생활기록부를 통해 영유아의 입소 시점에 얻는다. 이는 가정환경과 비상연락처, 예방접종 상황, 영유아의 체질이나 알레르기 여부, 영유아가 좋아하는 놀이나 활동, 가정생활에 대한 간단한 기록 등이다. 반면, 보육교사가 수집하는 자료는 재원 기간 계속해서 영유아 관찰, 영유아와의 상호작용 등을 통해 수집한다. 이는 신체발육 측정치, 건강검진 결과, 행동관찰 기록, 표준화검사 결과 등으로 보육교사가 지속적으로 관리함으로써 영유아의 개별 보육에 활용한다.

5) 원아 적응 관리

처음 어린이집에 등원하는 영유아는 부모와의 분리불안과 낯선 환경에 대한 두려움으로 어려움을 겪을 수 있다. 재원아도 진급하는 학급에서 새로운 보육교사나 낯선 또래와 생활하면서 불안감을 느낄 수 있다. 따라서 어린이집에서는 신입원아와 재원아의 초기 적응을 위한 프로그램을 실시하는 것이 바람직하다. 원아 적응프로그램은 영유아가 어린이집의 물리적 환경, 보육교사, 또래, 어린이집 일과 등의 다각적인 차원에서 적응을 잘할 수 있도록 영유아의 연령이나 개별 특성 등을 고려하여 기간이나 방법을 융통성 있게 계획하고 실시한다.

신입원아는 안정된 적응을 위해 초기에 보호자와 함께 어린이집을 둘러보면서 환경을 탐색하도록 한다. 영유아가 보육실뿐만 아니라 사용하게 될 모든 공간을 둘러보게 한다. 이때 보육교사는 영유아와 눈을 맞추거나 웃어 주고, 영유아에게 놀잇감 등을 보여 주는 등 따뜻하게 대해 주어 영유아가 보육교사와 어린이집에 대한 신뢰감을 가질 수 있도록 한다. 또한 영유아가 집단생활에 잘 적응할 수 있도록 일과를 기준으로 연령에 따라 최소 3일에서 2주까지 여유를 두고 영유아가 기관에 머무는 시간을 점진적으로 늘려 간다. 반면, 재원아는 새로운 반에서 편안하게 생활할 수 있도록 진급하기 며칠 전부터 새로운 반의 보육실을 방문하여 살펴보거나 새로운 보육교사와 인사를 나누는 시간을 갖는 등 편안하게 적응할 수 있도록 한다.

② 사무 관리

어린이집의 사무 관리는 어린이집의 운영과 관련된 제반 행정 업무를 계획하고 조직하며 통제하는 일이다. 사무 관리의 주요 업무는 어린이집 운영이 원활하게 이루어지도록 그에 수반되는 제반 기록을 보존하며, 장부 작성·보관, 문서 작성, 공문서 처리, 비품 관리 등을 하는 행정적인 일이다. 어린이집의 사무 관리는 내부 행정 업무와 외부 행정 업무가 있다. 내부 행정 업무는 영유아, 학부모, 보육교직원 대상의 업무뿐만 아니라 재무, 시설 등을 총괄적으로 관리하는 일이다. 외부 행정 업무는 시·군·구청 등의 지방자치단체, 국민건강보험공단, 보험사, 육아종합지원센터, 한국보육진흥원, 어린이집연합회 등의 관계 기관이나 협회와 소통하며 필요한 일을 하는 것이다.

1) 문서 기본 서식

어린이집의 사무 관리는 주로 문서를 통해 이루어진다. 효율적인 어린이집 운영을 위해 어린이집 내에 기본 서식을 비치하여 문서를 기록하고 관리한다. 어린이집에 비치하여 기록하고 관리해야 할 서류는 다음과 같다(보건복지부, 2022, p. 84).

- 재산 목록과 그 소유를 증명하는 서류(임차인 경우에는 임대차 계약서)
- 어린이집 운영일지와 보육통합 정보시스템의 전자출석부
- 보육교직원의 인사기록 카드(채용 구비 서류, 사진이 포함된 이력서)
- 예산서·결산서

- 총계정원장과 수입 · 지출 보조부
- 금전 · 물품 출납부와 그 증빙 서류
- 소속 법인의 정관과 관계 서류
- 어린이집 이용 신청자 명부
- 생활기록부 · 영유아 보육일지
- 보육교직원의 인사 · 복무와 어린이집 운영에 관한 규정
- 통합안전점검표
- 영상정보열람대장
- 기타 어린이집 운영에 필요한 서류

상시 영유아 20인 이하의 규모이고 어린이집 원장이 보육교사를 겸임하는 경우에는 어린이집 운영일지와 출석부, 소속 법인의 정관과 관계 서류, 보육교직원의 인사 · 복무 규정, 시설 운영에 관한 규정 등의 서류와 장부는 어린이집에 비치하지 않아도 된다. 또한 컴퓨터 회계프로그램으로 전자 장부를 작성하는 경우에는 예산서 · 결산서, 총계정원장과 수입 · 지출 보조부, 금전 · 물품출납부와 그 증빙 서류는 출력물로 보관해도 된다.

2) 문서 작성

어린이집의 문서는 보육과 관련된 다양한 기록과 부모에게 발송하는 부모통신문 및 행정 업무와 관련된 문서로 나눌 수 있다. 이는 효율성을 도모하기 위해 일정한 양식에 따라 작성한다.

(1) 부모통신문

부모에게 발송하는 문서는 부모통신문의 형태로 인쇄하여 발송하거나, 인터넷상의 이메일이나 메신저 혹은 해당 기관의 홈페이지를 통해 보낼 수 있다. 부모통신문은 공문서 형식을 갖추지 않아도 되며, 어린이집 행사나 기타 운영과 관련된 전달 사항을 부모가 이해하기 쉽도록 내용을 분명하고 간결하게 작성한다([그림 6-1] 참조).

부모통신009

안녕하세요?

부모 오리엔테이션과 자녀의 어린이집 생활을 도와주는 적응프로그램에 대해 알려 드립니다.

1. 부모 오리엔테이션
◈ 일시: 2022년 2월 19일(토) 11:00~12:30
◈ 장소: ○○어린이집 특별활동실

2. 영유아 적응프로그램 안내

자녀가 부모와 헤어져 처음으로 하루 종일 낯선 환경에서 지내는 것은 매우 힘든 일이므로 점진적인 적응 과정이 필요합니다. 특히 어린 영아의 경우에는 초기 한 달 정도 어린이집에서 어떻게 적응하느냐에 따라 이후 어린이집의 생활에 영향을 미칠 수 있습니다. 새로운 환경에 적응하는 것은 같은 연령이라 할지라도 영유아에 따라 다를 수 있습니다. 부모님들께서는 어려움이 있으시더라도 자녀의 안정된 어린이집 생활을 위해 적응프로그램에 적극 협조해 주시기 바랍니다.

○○어린이집의 적응프로그램은 다음과 같은 순서로 진행됩니다.

◈ 신입원아 적응 일과 계획
   1) 보호자와 어린이집 짧게 둘러보기: 2월 28일(월) 10:00~11:00
   2) 등원~오전 놀이 적응: 3월 2일(수) 9:00~11:30 (유아반)
                 3월 2~4일(수~금) 9:00~11:30 (영아반)
   3) 등원~점심 식사와 낮잠 적응: 3월 3~4일(목~금) 8:00~15:00 (유아반)
                 3월 7~11일(월~금) 8:00~15:00 (영아반)
   4) 정상 일과 진행: 3월 7일(월)부터 7:30~19:30 (유아반)
                 3월 14일(월)부터 7:30~19:30 (영아반)

○○어린이집 원장

그림 6-1 부모통신문의 예

(2) 행정문서

행정문서는 어린이집 내에서 혹은 대외적으로 발송되는 모든 형태의 문서로서 공무상 시행되는 공문서와 개인이 사적인 목적을 위하여 작성한 사문서가 있다. 이는 도면, 사진, 디스크, 테이프, 필름, 슬라이드, 전자문서 등의 특수매체 기록 등과 행정기관에서 접수한 모든 문서를 포함한다. 문서는 쉽고 간명하게 한글 맞춤법에 따라 가로로 작성하며, 숫자는 아라비아 숫자로 작성한다. 문서의 일시는 숫자로 하되 연, 월, 일의 글자는 생략하고 그 자리에 온점을 찍어 표시한다(예: 2022. 2. 22.). 용지는 특별한 사유를 제외하고 가로 A4 종이(210×297mm)를 사용한다.

3) 문서 등록

담당자가 작성하여 기안한 행정문서는 원장의 결재를 받은 후 문서등록대장에 기재한다. 문서 등록 방법은 〈표 6-4〉와 같다(조성연 외, 2018, pp. 310-311).

① 등록번호: 결재가 끝난 순서에 따라 연도별 일련번호를 기재한다.
② 결재일자: 결재권자가 서명한 날짜를 기재한다.
③ 수신기관명: 당해 문서의 수신처를 기재하고, 내부 결재는 '내부 결재'라고 기재한다.
④ 문서번호: 문서번호를 기재한다.
⑤ 제목: 결재가 끝난 문서의 제목을 기재한다.
⑥ 처리자: 문서를 처리한 담당자명을 기재한다.
⑦ 발송일자: 당해 문서를 시행(발송)한 날짜를 기재한다.

표 6-4　문서등록대장의 예

등록 번호 ①	결재일자 ②	수신기관명 ③	문서번호 ④	제목 ⑤	처리자 ⑥	발송일자 ⑦
54	2022. 2. 9.	○○구청	10-302-05	2022년 2월분 ○○어린이집 운영비 보조금 신청	○○○	2022. 2. 9.

4) 문서 접수와 처리

어린이집에 접수된 모든 행정문서는 처리 인을 찍어 처리한다. 사문서라 할지라도 재직증명서와 같이 행정기관에 제출하여 접수된 것은 공문서로 취급하므로 이에 대한 처리도 공문서의 제 규정에 따른다. 접수된 문서는 임의로 회수할 수 없다. 모든 문서는 신중하고 신속 정확하게 처리한다. 특히 부모나 행정기관에 발송하는 문서는 접수대장과 발송대장을 비치하여 문서의 접수 상황과 발송 상황을 기록·정리한다.

5) 비품 관리

어린이집의 비품은 사무용 비품과 교육용 비품, 교재 등으로 매우 다양하다. 모든 비품은 물품 구입 후 비품대장에 규격과 수량, 단가, 관리 책임자 등을 기록하여 관리한다(〈표 6-5〉 참조).

표 6-5 비품관리대장의 예

번호	품명	규격	수량	단가	구입 일자	유형		관리 책임자
						구입	기증	
1	메이플 책상	2000×1000 ×280	1set (반원 2, 사각 1)	286,000	2022. 1. 15.	○		○○○

3 재정 관리

어린이집의 원활한 운영을 위해 효율적이고 합리적인 재정 관리는 매우 중요하다. 재정 관리는 예·결산에 관한 전반적인 사항으로 원아보육료와 정부보조금 등의 수입과 인건비, 교재·교구 구입 등의 물품 구입과 이와 관련된 지출 절차 등에 대한 업무이다. 어린이집 재무회계에 관한 사항은 보육사업안내에서 제시한 바와 같이 '사회복지시설 재무회계 규칙'에 따라 이루어져야 하며, 주요 항목별 기준 등을 준수해야 한다. 어린이집의 회계연도는 매년 3월 1일에 시작하여 다음 연도 2월 말일에 종료한다.

1) 예산 편성

어린이집의 예산은 수입과 지출에 관한 계획이고, 그 편성은 세입예산과 세출예산으로 구분한다. 세입예산은 보육료, 수익자부담 수입, 보조금과 지원금, 전입금, 기부금, 적립금, 전년도 수입, 잡수입, 전년도 이월금 등으로 구분하여 편성한다. 세출예산은 인건비, 운영비, 보육활동비, 수익자 부담 경비, 적립금, 상환 반환금, 재산조성비, 전년도 지출, 잡지출, 예비비 등으로 구분하여 편성한다.

2) 예산 집행

예산 집행은 재정 관리 원칙에 따라 수입과 지출을 모두 관리해야 한다. 현금액은 현금출납부와 항상 일치하도록 관리하고, 모든 운영비는 원칙적으로 금융기관에 예치한다. 정확한 예산 집행을 위해 지정 서식을 사용하여 업무를 관리하고, 관리에 필요한 대장을 비치한다. 회계와 관련하여 비치해야 하는 장부는 현금출납부, 총계장원장, 봉급대장, 보육료대장, 비품대장 등이다. 수입과 지출에 따른 증빙 서류는 계좌입금에 관한 증빙 서류(카드전표, 현금영수증, 계좌입금증), 수입결의서, 지출결의서, 반납결의서, 예비비 사용조서, 과목전용조서, 정부보조금 명세서 등이다. 단, 컴퓨터 회계프로그램에 의해 전자 장부를 사용하는 경우에는 그 출력물을 보관해도 각종 장부를 비치한 것으로 본다.

3) 결산

모든 어린이집은 매 회계연도 말에 세입·세출을 예산의 과목별로 세분하여 결산하며, 그에 대한 산출 기초를 상세하게 기재한다. 결산서 작성 시 결산 내용에 대한 간단한 설명과 연도 말 현재 잔액증명서(은행 발급)를 첨부한다.

4 부모 · 지역사회와의 소통

어린이집은 영유아를 위탁하는 가정과 지역사회와의 긴밀한 유대관계를 유지하는 것이 매우 중요하다. 어린이집의 부모 지원 활동은 부모가 어린이집을 신뢰하는 데 도움을 주며, 영유아에 대한 기관과 가정 간의 일관된 양육을 위해 어린이집과 부모가 협력하기 위한 방법이다. 또한 어린이집은 지역사회의 여러 기관과 적극적인 관계를 형성함으로써 효율적인 운영을 할 수 있다.

1) 어린이집의 부모 대상 프로그램

어린이집은 부모를 대상으로 부모참여와 부모교육을 통해 가정과 협력 관계를 형성할 수 있다. 어린이집은 부모에게 어린이집의 목표와 운영 방법 등을 이해시키고, 다양한 의사소통을 통해 보육 효과를 극대화할 수 있다. 어린이집의 부모교육과 부모참여 프로그램은 해당 부모의 특성이나 요구, 어린이집의 유형이나 규모, 부모교육의 목적과 내용 등을 고려하고 연간 계획을 수립하여 운영한다. 이는 가정통신문과 알림장, 집단 혹은 개별 면담을 통한 소통과 정보 공유, 전문가 초청 강연회나 워크숍 등을 통한 부모교육, 수업 참관과 참여 수업 등의 부모참여, 도서와 교육자료 대여를 통한 가정 연계, 자원봉사 프로그램 등이 대표적이다(〈표 6-6〉 참조).

어린이집에서는 부모 대상 프로그램의 효과를 높이기 위해 다음과 같은 사항을 고려한다.

- 부모 참여와 교육프로그램의 목표를 수립한다.
- 부모의 상황과 요구를 고려하여 연간, 월간 계획을 수립한다. 체계적이고 일관성 있게 실천할 수 있도록 구체적인 세부 계획과 절차를 마련한다.
- 부모의 상황에 따라 구체적이고 쉬운 것부터 시작하여 점차 그 내용과 활동의 폭을 확대하여 실천 가능성을 높게 한다.
- 영유아의 성장과 발달 및 보육에 관한 것뿐만 아니라 부모 자신의 흥미와 욕구 및 발전에 도움을 줄 수 있는 내용을 다양하게 포함한다.

표 6-6 ▸ **부모 참여와 교육 프로그램의 예**

시기	프로그램명	형식	대상	내용
4월	적응보고서와 부모 개별면담	부모통신문 · 개별면담	전체 학부모	• 영유아의 어린이집 적응에 관한 교사의 관찰기록 제공 • 교사와의 개별면담
5월	참여 수업	부모 참여	유아반 학부모	• 부모가 보육실에 들어가 놀이와 교육 활동 등을 함께 즐기며 어린이집 생활 공유
9월	주제 강연 · 간담회	강연회 · 간담회	전체 학부모	• 주제 강연 후 학급별, 연령별 간담회 실시
11월	부모 개별면담	개별면담	전체 학부모	• 영유아의 발달과 일상생활에 관한 교사와의 개별면담 • 유치반 아동의 학교준비에 관한 심층면담
12월	가족 잔치	가족 참여	전체 원아의 가족	• 놀이와 공연으로 구성된 가족 잔치
1월	생활보고서	부모통신문	전체 학부모	• 1년 동안 영유아의 성장과 어린이집 생활에 관한 기록
2월	신입원아/재원아 부모 오리엔테이션	강연회	전체 학부모	• 어린이집 운영 안내, 보육과정 안내, 보육교사 소개
	졸업식	가족 참여	5세아 학부모	• 취학 전 원아, 학부모와 교사가 함께 어린이집 졸업을 기념하는 축하행사

2) 지역사회와의 교류

어린이집은 지역사회와의 협력 관계를 통해 보육 활동에 도움을 받을 수 있고, 지역주민의 의식 고취와 복지 향상에도 기여할 수 있다. 지역사회 특성과 요구 및 지원은 어린이집의 운영체제 전반에 영향을 미칠 수 있다. 따라서 어린이집 원장과 보육교사는 지역사회 단체와 지역 주민들과 원만한 관계를 형성하면서 인적 · 물적 자원을 교류하고, 어린이집에 대한 지역사회의 인식을 제고하여 양질의 보육 활동을 실시해야 한다. 어린이집은 보육 활동에 지역사회 인사를 참여시키고 필요하다면 지역사회에 어린이집을 개방할 수도 있다. 어린이집은 지역사회 시설을 활용하거나 지역주민의 참여를 고취할 수 있는 방안을 모색해야 한다(〈표 6-7〉 참조).

표 6-7 지역사회 연계 활동 연간계획안의 예

시기	체험 활동	기대되는 교육 효과
3월	지역주민센터 견학	• 우리 동네의 이름을 알고 동네를 위해 수고하시는 분들께 감사하는 마음을 갖는다.
	놀이터 · 공원 나들이	• 가까운 놀이터와 공원에서 즐거운 놀이 시간을 갖는다.
4월	보건소 견학	• 보건소에서 하는 일을 알고, 일하는 분들을 만난다.
	봉사단체 방문	• 봉사단체에서 하는 일을 알고, 어려운 이웃을 돕는 기회를 갖는다.
5월	어르신 초청의 날	• 할아버지, 할머니를 초청해서 즐거운 시간을 갖고 어른에 대한 태도를 배운다.
	소풍 · 야외학습	• 지역 내 놀이시설이나 문화시설에서 야외학습을 실시한다.
6월	파출소 견학	• 길을 잃어버리거나 위험한 일이 생길 때 즉시 연락해서 도움을 받을 수 있는 공공기관이 있음을 안다.
7월	은행 견학	• 은행의 기능을 알고 직접 이용해 본다.
8월	외부 봉사활동 협조	• 중 · 고등학생이 방학 기간 중 어린이집에서 봉사 활동을 할 수 있도록 기회를 제공한다.
9월	안전공원 견학	• 안전공원 견학을 통해 안전 체험을 하고, 안전의 중요성을 안다.
10월	소풍 · 등반대회	• 학부모와 함께하는 소풍, 등반대회를 통해 부모와 기관이 유대관계를 형성할 기회를 갖는다.
	아나바다 바자회	• 물건의 소중함을 알고 아껴 쓰며, 서로 필요한 물건을 돌려 쓰는 경험을 해 본다.
11월	소방서 견학	• 올바른 불의 사용법을 알고, 화재사고에 대한 경각심과 예방을 위한 생각을 고취한다.
	실습생 지도	• 예비 보육교사를 대상으로 현장실습의 기회를 제공한다.
12월	구민(시민)회관 방문	• 공공시설을 바르게 이용하는 태도를 기른다.
1월	노인정 방문	• 명절을 맞이하여 이웃의 할머니, 할아버지를 방문한다.
2월	초등학교 견학	• 초등학교를 미리 방문해 보고 학교에 대한 친근감을 갖는다.

5 보육교직원

보육교직원은 어린이집 영유아의 보호와 교육, 건강 관리, 보호자와의 상담, 그밖에 어린이집의 관리, 운영 실무를 담당하는 자다. 보육교직원은 원장과 보육교사, 영양사와 조리원(조리사), 간호사, 장애영유아를 위한 교사, 특수교사와 치료사, 운전기사와 관리인, 사무원, 상담사 혹은 사회복지사 등으로 매우 다양하다. 그중 보육교사는 어린이집에서 가장 큰 비중을 차지하며, 영유아를 교육하고 지도하는 일차적인 역할을 담당한다. 보육교사의 능력이나 근무 연수에 따라 주임교사, 교사, 보조교사 등으로 세분화할 수 있고, 운영 형태에 따라서는 방과 후 교사, 연장 전담 교사, 24시간 보육교사, 장애아 보육교사, 대체교사 등으로 구분할 수 있다. 보육교직원 관리는 원장이 총괄하며, 보육교직원 배치 기준에 따른 임면, 복무와 후생복지, 보육교직원의 역할과 업무 분담, 경력 관리, 보수교육 등의 측면에서 이루어진다.

1) 보육교직원의 임면

보육교직원의 기본 자격 요건은 심신이 건강하고 열의가 있으며, 보육에 대한 전문 지식이 있는 사람이다. 보육교직원에 대한 국가 수준의 자격 관리는 「영유아보육법」 제21조와 동법 시행령 제21조(별표 1), 「장애아동복지지원법 시행령」 제5조에 근거하여 대학교 등의 관련 기관에서 법정교육 과정을 이수한 후, 보건복지부에서 위탁을 받아 (재)한국보육진흥원에서 자격증을 발급한다. 보육교직원의 채용은 육아종합지원센터나 보육교사 양성기관을 통해 공개 모집하며, 서류 심사와 면접 등의 객관적이고 공정한 절차를 통해 이루어진다.

(1) 원장

모든 어린이집에는 원장이 있는데, 원장은 어린이집의 운영을 총괄하고 보육교사와 그 밖의 직원을 지도·감독하며 영유아를 보육한다(「영유아보육법」 제18조). 어린이집 원장의 자격증은 어린이집 유형에 따라 다양하다. 2014년 3월 1일 이후 어

표 6-8 **어린이집 원장의 자격기준**

종류	자격기준
일반 어린이집 원장	※ 보육 정원이 300인 이하인 어린이집의 장 • 보육교사 1급 자격을 취득한 후, 3년 이상의 보육 등 아동복지 업무 경력이 있는 사람 •「유아교육법」에 따른 유치원 정교사 1급 자격을 취득한 후 3년 이상의 보육 등 아동복지 업무 경력이 있는 사람 • 유치원 원장의 자격을 가진 사람 •「초·중등교육법」에 따른 초등학교 정교사 자격을 취득한 후 5년 이상의 보육 등 아동복지 업무 경력이 있는 사람 •「사회복지사업법」에 따른 사회복지사 1급 자격을 취득한 후 5년 이상의 보육 등 아동복지 업무 경력이 있는 사람 •「의료법」에 따른 간호사 면허를 취득한 후 7년 이상의 보육 등 아동복지 업무 경력이 있는 사람 • 국가 또는 지방자치단체에서 7급 이상의 공무원으로 보육 등 아동복지 업무에 5년 이상 근무한 경력이 있는 사람
가정 어린이집 원장	※ 개인이 가정 또는 그에 준하는 곳에 설치 운영하는 어린이집으로 상시 5인 이상 20인 이하를 보육하는 어린이집의 장 • 일반 기준에서 정한 자격을 갖춘 사람 • 보육교사 1급 이상의 자격을 취득한 후 1년 이상의 보육 업무 경력이 있는 사람
영아전담 어린이집 원장	※ 3세 미만의 영아만을 20인 이상 보육하는 어린이집의 장 • 일반 기준에서 정한 자격을 갖춘 사람 • 간호사 면허를 취득한 후 5년 이상의 아동간호 업무 경력이 있는 사람
장애아전문 어린이집 원장	※「장애인복지법」 제32조, 동법시행규칙 제19조에 따라 장애영유아만을 12명 이상 보육하는 어린이집의 장 – 일반 기준에서 정한 자격을 갖춘 사람으로서 다음 어느 하나에 해당 • 대학(전문대학을 포함한다)에서 장애인복지 및 재활 관련 학과를 전공한 사람 • 장애아 보육시설에서 2년 이상의 보육 업무 경력이 있는 사람
대학 또는 교육훈련시설이 운영하는 어린이집 원장	※「고등교육법」에 따른 대학(전문대학) 또는 법 제21조 제2항 제2호에 따른 교육훈련시설이 운영(위탁 또는 부설 운영)하는 어린이집 • 일반 기준에서 정한 자격을 갖춘 사람 • 어린이집을 운영하는 대학의 조교수 또는 교육훈련시설의 전임교수 이상으로 보육 관련 교과목에 대해 3년 이상의 교육 경력이 있는 사람

출처:「영유아보육법 시행령」 제21조 별표 1(2014. 3. 1. 시행).

린이집 원장은 「영유아보육법 시행령」 제21조 별표 1(2014. 3. 1. 시행)에 따른 국가 자격기준을 갖추어야 하며(〈표 6-8〉 참조), 사전직무교육을 이수해야 한다. 국공립 어린이집 원장은 시장·군수 또는 구청장이 임면하고, 시설 설치자가 보육교직원 임면권을 수탁자에게 위임한 경우에는 수탁자가 임면하며, 민간과 가정, 직장어린 이집의 원장은 시설 설치자가 임면한다. 유자격자라도 상근이 어려운 경우에는 채용 대상에서 제외된다.

(2) 보육교사

보육교사는 「영유아보육법」에 따른 자격기준을 갖출 경우 1~3급의 자격증을 취득할 수 있다(〈표 6-9〉 참조). 자격기준에서 '보육 업무 경력'은 「영유아보육법」에 따라 어린이집 원장, 보육교사, 특수교사 또는 치료사로 근무했거나 육아종합지원 센터장, 보육전문요원, 특수교사, 대체교사 또는 일시보육담당 보육교사로 근무한 경력, 「영유아보육법」 제26조의2 제2항에 따른 일시보육서비스 지정 기관에서 기관의 장 또는 일시보육담당 보육교사로 근무한 경력, 「유아교육법」에 따른 교육과 정과 방과 후 과정을 운영하는 종일제 유치원에서 원장, 원감, 수석교사 또는 교사로 근무한 경력을 말한다.

어린이집 원장은 보육교직원의 채용, 휴직, 출산 전후 휴가, 육아휴직, 육아기 단축 근무, 1개월 이상의 장기 병가·연수·휴가, 퇴직 등의 임면 사항을 보육통합 정보시스템에 즉시 등록하고, 이를 14일 이내에 관할 지자체장에게 보고해야 한다. 보육교사 임면 보고 시 구비 서류는 인사기록카드, 채용신체검사서(공무원 채용 신체검사서 준용 가능), 국가자격증 사본(국가자격증 발급 예정자는 자격증 취득 후 자격증 사본 구비), 보수교육 수료증(또는 장기미종사자 직무교육 이수증), 성범죄 경력과 아동학대 범죄전력 조회 회신서, 개인정보 제공과 고유식별정보 처리동의서다. 모든 보육교직원은 임금, 근로시간과 그 밖의 근로 조건 등을 명시한 근로 계약을 원장과 체결해야 하며, 이때 근로 계약과 관련하여 부당한 내용(결혼, 출산, 육아휴직 등으로 인한 퇴직 요구 등)이 포함되어서는 안 된다. 보육교직원이 퇴직할 경우는 원장에게 사직서를 제출하면 퇴직 처리가 이루어지고, 퇴직 사실을 관할 시·군·구청에 보고해야 한다(보건복지부, 2022, p. 188).

등급	자격기준
보육교사 1급	• 보육교사 2급 자격을 취득한 후 3년 이상의 보육 업무 경력이 있는 사람으로서 보건복지부장관이 정하는 승급교육을 받은 사람 • 보육교사 2급 자격을 취득한 후 보육 관련 대학원에서 석사학위 이상을 취득하고 1년 이상의 보육 업무 경력이 있는 사람으로서 보건복지부장관이 정하는 승급교육을 받은 사람
보육교사 2급	• 전문대학 또는 이와 같은 수준 이상의 학교에서 보건복지부령으로 정하는 보육 관련 교과목 및 학점을 이수하고 졸업한 사람 • 보육교사 3급 자격을 취득한 후 2년 이상의 보육 업무 경력이 있는 사람으로서 보건복지부장관이 정하는 승급교육을 받은 사람
보육교사 3급	• 고등학교 또는 이와 같은 수준 이상의 학교를 졸업한 사람으로서 보건복지부령으로 정한 교육훈련시설에서 정해진 교육과정을 수료한 사람

표 6-9 보육교사의 자격기준

출처:「영유아보육법 시행령」제21조 별표 1(2014. 3. 1. 시행).

　보육교사 등급별 자격기준 중 2급 자격을 위해 이수해야 할 교과목과 학점 기준은 「영유아보육법 시행규칙」 제12조 제1항 별표 4에 제시되어 있다(〈표 6-10〉 참조). 2016년 보건복지부는 보육교사의 인성과 자질을 함양하여 전문성을 높이고 보육서비스의 질적 수준을 향상하기 위해 대면 교육을 강화하여 보육교사의 자격 기준을 17과목 51학점으로 상향시켜 2017년부터 적용하였다. 특히 보육교사 자격 취득을 위해 대면 교과목을 강화하여 교사 인성 영역과 보육실무 영역은 모두 대면 교과목으로 운영해야 하고, 보육 지식과 기술 영역에서는 5개 교과목을 대면으로 운영해야 한다(〈표 6-11〉 참조). 대면 교과목은 8시간 이상 출석 수업과 1회 이상 출석 시험을 실시해야 한다. 또한 보육교사 자격 요건 중 보육실습은 반드시 이수해야 하는 교과목이다. 보육실습은 현장실습과 이론 수업으로 구성하여야 하며, 성적증명서를 통해 교과목 확인이 가능해야 한다. 현장실습에 관한 기준은 2017년에 확대·강화되었다(〈표 6-12〉 참조).

표 6-10 보육교사 2급 자격증 취득을 위한 대학 교과목과 학점 기준

구분		교과목	이수과목 (학점)
교사 인성 영역	필수 교과목	보육교사(인성)론, 아동권리와 복지	2과목 (6학점)
보육 지식과 기술 영역	필수 교과목	보육학개론, 보육과정, 영유아 발달, 영유아 교수방법론, 놀이지도, 언어지도, 아동음악(또는 아동동작, 아동미술), 아동수학 지도(또는 아동과학 지도), 아동안전 관리(또는 아동생활 지도)	9과목 (27학점)
	선택 교과목	아동건강교육, 영유아 사회정서 지도, 아동문학교육, 아동상담론, 장애아 지도, 특수아동 이해, 어린이집 운영 관리, 영유아 보육프로그램 개발과 평가, 보육정책론, 정신건강론, 인간행동과 사회환경, 아동간호학, 아동영양학, 부모교육론, 가족복지론, 가족관계론, 지역사회복지론	4과목 (12학점) 이상
보육실무 영역	필수 교과목	아동관찰 및 행동 연구, 보육실습	2과목 (6학점)
전체		17과목 51학점 이상	

※ 각 과목은 3학점을 기준으로 하여 최소 2학점 이상이어야 함
※ 상기 교과목 이외에 교과목 명칭이 동일하지 아니하더라도 교과 내용이 동일하다고 인정받고자 하는 경우, 동일교과목 심의를 보육교직원 자격검정위원회로 요청하여 동일과목으로 인정받아야 하며, 심의 절차는 자격검정위원회 운영규정에 따름. 단, 심의결과는 당해 대학에만 인정되고, 타 대학은 미적용(당해 사건에 개별적 효력만 인정)
※ 보육실습은 교과목 명칭과 관계없이 보육실습 기관과 보육실습 기간의 조건을 충족하면 보육실습으로 인정함
출처: 「영유아보육법 시행규칙」 제12조 제1항 별표 4(2016. 8. 1. 시행, 개정 2019. 6. 12.).

표 6-11 보육교사 2급 자격증 취득을 위한 대면 교과목

영역	교과목
교사 인성	보육교사(인성)론, 아동권리와 복지
보육 지식과 기술	놀이지도, 언어지도, 아동음악(또는 아동동작, 아동미술), 아동수학 지도(또는 아동과학 지도), 아동안전 관리(또는 아동생활 지도)
보육실무	아동관찰 및 행동 연구, 보육실습

출처: 「영유아보육법 시행규칙」 제12조 제1항 별표 4(2016. 8. 1. 시행, 개정 2019. 6. 12.).

표 6-12 보육실습에 관한 기준

구분	기준
실습기관과 지도교사	• 실습은 법적으로 인가를 받고 보육정원이 15인 이상으로 평가제 결과 A, B등급인 어린이집 또는 방과 후 과정을 운영하는 유치원(보육실습 시작하는 때에 교육청에 방과 후 과정 운영 유치원으로 등록되어야 함)에서 실시해야 함 • 실습 지도교사는 보육교사 1급 또는 유치원 정교사 1급 자격을 가진 자로 제한하며, 실습 지도교사 1명 보육실습생은 3명 이하로 함
실습 시기	• 보육실습 교과목이 개설된 학기(직전 후 방학 포함)에 실시
실습 기간과 실습 인정 시간	• 실습기간은 6주, 240시간 이상을 원칙으로 하되, 2회에 나누어 실시할 수 있음. 2회로 나누어 실시할 때는 학기 내 2회로 나누어 실시하거나, 학기를 달리하여 두 개의 교과목(보육실습 I, II)으로 나누어 각 학기에 1회씩 실시할 수 있음 • 1일 실습 시간은 평일 오전 9시부터 오후 7시 사이에 한 경우에만 인정하여 하루 8시간을 초과할 수 없음. 주 1회 실습 또는 주말실습 등 특정 요일에만 보육실습을 실시한 경우, 그 시간이 240시간 이상이 되더라도 보육실습을 이수한 것으로 인정할 수 없음. 다만, 부득이한 사유가 있다고 어린이집 보육교직원 자격검정위원회에서 심의·의결한 경우, 증빙서류 제출과 하루에 실습한 시간이 6시간 이상인 경우 실제 실습 시간을 인정함
실습평가 관리	• 실습평가는 보건복지부장관이 정하는 보육실습일지와 보육실습 평가서에 근거하되, 평가 점수가 80점 이상(B학점)인 경우에만 실습을 이수한 것으로 인정함 • 2013년 3월 1일 이후 어린이집에서 보육실습을 이수하는 경우, 어린이집 지원시스템에 보육실습 내용을 등록, 제출하여야 함

출처: 「영유아보육법 시행규칙」 제12조 제1항 별표 4(2016. 8. 1. 시행).

(3) 장애영유아를 위한 보육교사, 특수교사, 치료사, 간호사, 영양사, 조리원

영유아 100명 이상을 보육하는 어린이집은 간호사(또는 간호조무사)와 영양사를 두어야 한다. 어린이집 원장이나 보육교사가 간호사(또는 간호조무사) 자격증이나 영양사 자격증이 있는 경우는 겸직도 가능하다. 동일 자치구 내의 어린이집인 경우에는 공동으로 영양사를 둘 수 있으며, 인근 육아종합지원센터나 보건소 또는 영양 관련 전문 단체의 영양사가 작성한 식단을 이용할 수도 있다. 영유아 40명 이상을 보육하는 어린이집은 1명의 조리원을 채용해야 하며 영유아 80명을 초과할 때마다 1명씩 증원해야 한다. 상시 1회 50인 이상에게 식사를 제공하는 경우에 조리원 중 1인은 조리사 자격증을 소지해야 한다.

어린이집에서 장애아를 보육할 경우에 장애영유아 3명당 1명의 비율로 보육교사를 배치해야 하며, 장애아 9명당 1명은 특수교사 자격증 소지자여야 한다. 즉, 장애영유아가 9명인 경우 3명의 교사 배치가 필요하고 그중 1명은 특수교사 자격증이 있어야 한다.

표 6-13 특수교사, 치료사, 장애영유아를 위한 보육교사 자격기준

구분	자격의 인정 범위
특수 교사	• 「초·중등교육법」 제21조 제2항에 의한 교사 자격기준 중 특수학교 정교사 1급과 2급, 준교사 자격증을 취득한 사람 • 「초·중등교육법」 제21조 제2항에 의한 교사 자격기준 중 치료교육 과목의 특수학교 실기교사 자격증을 취득한 사람 • 대학(전문대학과 대학원을 포함)에서 특수교육 또는 재활 관련 학과를 전공하고 졸업한 사람
치료사	• 국가에서 발급한 치료사 자격증 소지자(물리치료사, 작업치료사, 임상심리사) • 「자격기본법」에서 정한 절차에 따라 주무부장관이 공인한 치료 관련 민간자격증을 소지한 사람 • 한국연구재단등재(후보) 학술지를 발간하는 학회에서 소정의 절차를 거쳐 발급하는 치료사 자격증 소지자[언어치료(교육)사, 행동치료사, 미술치료사] 등에 한함
장애 영유아를 위한 보육 교사	• 「영유아보육법」 제21조 제3항에 따른 보육교사 2급 이상의 자격증을 소지한 사람 • 보건복지부령으로 정하는 특수교육 또는 재활 관련 교과목과 학점을 「고등교육법」 제2조에 따른 학교에서 이수하거나 「학점인정 등에 관한 법률」 제7조에 따라 인정받은 사람

출처: 「장애아동복지지원법 시행령」 제5조 제1항과 제2항(2016. 3. 1. 시행).

2) 보육교직원의 복무와 후생복지

(1) 복무와 보수

보육을 담당하는 보육교직원의 복무 규정과 복지는 보육서비스의 질 향상과 직접 연결되므로 매우 중요하다. 이를 위해 「영유아보육법」을 개정하여 2020년 3월부터 어린이집의 보육 시간을 오전 9시부터 오후 4시까지의 '기본보육'과 오후 4시 이후부터의 '연장보육'으로 구분하여 보육 시간별로 보육교사를 배치할 수 있도록 하였다. 또한 양질의 보육을 위해 「근로기준법」을 개정하여 2018년 7월부터 보육교사에게 휴게 시간을 보장해 주고, 주 52시간 초과 근무를 금지하는 등 보육교사의 근로시간에 관한 권리를 보장하였다.

어린이집 원장의 근무시간은 평일 8시간이 원칙이지만, 어린이집 운영 시간(평일 12시간 원칙)을 고려하여 연장 근무가 가능하다. 원장이 1일 8시간 근무하는 경우에는 보육교사 중 원장 업무를 대행할 사람을 지정하여 어린이집 운영에 지장이 없도록 해야 한다. 또한 보육교사를 비롯한 보육교직원의 근무시간은 평일 8시간(점심 식사 1시간 포함하여 9시간)을 원칙으로 하며, 연장보육전담교사는 평일 4시간을 원칙으로 한다. 「근로기준법」 제54조에 따라 어린이집 원장은 근로시간 도중에 보육교직원의 근로시간이 4시간인 경우에는 30분 이상, 8시간인 경우에는 1시간 이상의 휴게 시간을 주어야 한다.

원장과 보육교사는 휴일, 휴가 등으로 근무를 하지 않는 날을 제외하고는 근무시간 동안 어린이집에 상주하며 상시 해당 직무를 수행해야 한다. 보수교육, 외부 회의참석 등의 특별한 사유로 외출할 경우에는 근무상황부에 기록하고 증빙서류를 첨부하여 관리해야 한다. 보육교직원은 전임이어야 하며 다른 기관의 업무를 겸임할 수 없다. 보조교사, 야간연장보육교사는 근무시간을 달리하는 경우 연장보육 전담교사 겸임이 가능하다(보건복지부, 2022, p. 215).

보육교직원의 보수는 1년을 단위로 인건비 책정을 달리하는 '호봉' 기준으로, 보건복지부에서 제시한 '어린이집 봉급표'에 의해 결정된다. 어린이집 설치, 운영자가 호봉인정 기준에 따라 경력, 최고호봉 기준, 호봉 승급, 각종 수당 등을 고려하여 책정한다. 초임호봉은 1호봉으로 하되, 어린이집에 근무한 경력, 방과 후 과정을 운영하는 유치원에 근무한 경력, 군복무 경력, 한국보육진흥원 경력 등을 이전 근무경력으로 인정한다. 보육교직원의 복무 이력은 임면 사항을 비롯하여 휴가, 휴·복직, 육아기 단축근무, 자격 정지, 자격 취소 등 모든 내용이 보육통합 정보시스템에 기록된다.

(2) 후생복지

어린이집은 보육교직원에게 국민건강보험, 국민연금, 산재보험, 고용보험의 4대 사회보장보험을 의무적으로 가입해야 한다. 보육교직원의 휴가로는 연차휴가, 병가, 공가, 경조휴가와 특별휴가가 있다. 보육교직원의 휴가, 휴일, 휴식 등 근로시간과 관련되는 사항은 「근로기준법」 등 노동 관련 법령에 따르며, 고용, 출산 전후 휴가, 육아휴직 등은 「남녀고용평등과 일·가정 양립 지원에 관한 법률」을 준용한다(보건복지부, 2022, p. 216).

보육교직원의 연차휴가는 영유아 보육에 지장을 주지 않는 범위 내에서 사전 계획을 수립하여 실시할 수 있다. 질병·부상 등으로 직무 수행이 곤란한 경우에는 연간 60일의 범위 내에서 무급병가를 가질 수 있으며, 임신 중인 보육교직원은 출산 전후에 걸쳐 90일(다둥이 120일) 이내의 특별휴가를 사용할 수 있다. 또한 임신기(임신 12~36주) 여성은 근로시간 단축을 신청하여 사용할 수 있다.

3) 보육교직원의 자질과 역할

양질의 보육서비스 제공은 보육교직원의 자격증과 학력수준 등과 같은 외형적 요인의 향상으로만 결정되는 것은 아니며, 보육교직원의 인성, 보육실무를 대하는 마음가짐과 실행 능력, 영유아 발달과 교육에 대한 전문성이 더 큰 영향을 미친다.

(1) 원장의 자질과 역할

원장은 어린이집 운영 관리의 전체적인 책임을 맡고 있으므로 원장의 자질과 능력은 어린이집의 질을 좌우할 수 있다. 원장은 영유아와 부모, 보육교직원, 지역사회를 대상으로 다양한 역할을 수행하므로 그에 적합한 자질을 갖추어야 한다.

첫째, 원장은 올바른 아동관과 보육에 대한 철학을 지녀야 한다. 원장은 영유아를 인격체로 존중하고 그들의 무한한 잠재 가능성을 믿으며, 그들을 보호하고 교육하는 일에 확고한 신념이 있어야 한다. 원장의 영유아 보육에 대한 사명감과 높은 긍지는 질 높은 어린이집을 운영하는 근간이 된다.

둘째, 원장은 어린이집의 운영을 위한 행정 능력과 관리 기술이 있어야 한다. 또한 원장은 어린이집의 운영과 관련된 정부나 지방자치단체의 정책 방향과 관계 법령이나 규정에 대해서도 충분한 지식이 있어야 한다. 이와 관련하여 원장이 수행해야 할 역할은 다음과 같다.

- 어린이집의 전반적인 운영 계획 수립과 운영 관리
- 보육목표 설정과 보육 과정의 계획 및 실행 관리
- 보육교직원 채용과 인사 관리
- 보육교직원 교육
- 원아 모집과 관리
- 시설 · 설비 등 환경 관리
- 비품, 교재 · 교구의 구입과 관리
- 재무회계 관리
- 행정 · 사무 업무와 기록의 보관
- 부모교육과 가족 지원
- 지역사회 관련 기관 · 단체와의 관계 유지

셋째, 원장은 원만한 대인관계와 보육교직원 간의 바람직한 인간관계를 형성할 수 있는 능력과 리더십이 있어야 한다. 원장은 영유아가 안전하고 즐겁게 생활할 수 있도록 해 주어야 하고 보육교직원이 서로 협력하며 신뢰하는 분위기에서 보람 있고 만족스럽게 일할 수 있도록 해 주어야 한다.

넷째, 원장은 민주적이고 올바른 의사결정을 해야 한다. 원장은 보육목표를 보다 효과적으로 달성할 수 있도록 가능한 한 보육교직원과 부모의 의견을 충분히 수렴하면서 영유아의 권익을 보호하고 영유아에게 유익한 방향으로 의사결정을 해야 한다.

(2) 보육교사의 자질과 역할

좋은 물리적 환경과 보육프로그램이 제공된다 할지라도 보육교사가 이를 제대로 활용하고 실행하지 못한다면 보육의 질을 확보할 수 없다. 보육의 질은 보육교사의 자질과 영유아를 대하는 태도, 교사의 따뜻하고 온정적인 마음가짐과 성실한 역할 수행에 크게 좌우된다. 그러므로 보육교사는 한 사람의 직업인으로서만이 아니라 영유아의 미래에 큰 영향을 미치는 첫 선생님이라는 자긍심을 가지고 임해야 한다.

① 보육교사의 자질

보육교사는 영유아에게 부모를 대신하는 중요한 존재다. 보육교사는 영유아의 기본 욕구를 충족시켜 주는 양육자인 동시에 영유아의 학습과 발달을 돕는 교육자로서 온정적 태도와 전문적 자질을 지녀야 한다.

보육교사의 자질은 개인적 자질과 전문적 자질로 대별해 볼 수 있다. 개인적 자질은 인성적 측면으로서 보육교사 개개인의 사람됨이나 태도에 관한 특성이다. 전문적 자질은 영유아 발달에 대한 지식, 영유아의 기본적인 건강과 안전에 대한 지식, 보육 과정과 교수방법에 대한 지식과 기술, 영유아와의 바람직한 의사소통 능력, 교직에 대한 건전한 태도, 직업윤리와 도덕성 등 전문성과 관련된 능력과 태도다. 전문적 자질은 오랜 기간의 훈련과 실습을 거쳐 습득할 수 있다. 개인적 자질을 갖춘 보육교사라 할지라도 전문적 자질이 부족한 경우에는 양질의 보육서비스를 제공하기 어렵다. 그러므로 양질의 보육서비스를 제공하기 위해 보육교사는 개인적 자질과 전문적 자질을 모두 갖추어야 한다.

- 첫째, 보육교사는 영유아를 존중하는 사람이어야 한다.
- 둘째, 보육교사는 신체적 · 심리적으로 건강해야 한다.
- 셋째, 보육교사는 영유아뿐만 아니라 부모와 가족, 동료나 기타 직원과도 관계를 맺으며 생활해야 하므로 성숙하고 원만한 인격을 지녀야 한다.
- 넷째, 보육교사는 보육 현실을 직시하며 미래를 준비하는 안목이 있어야 한다.
- 다섯째, 보육교사는 전문성 향상을 위해 노력해야 한다.

보육교사는 하루 중 긴 시간을 영유아와 함께 생활하면서 개별 영유아와 긴밀한 관계를 맺고 상호작용하므로, 보육교사가 영유아를 존중하는 태도와 행동이 영유아의 건강한 발달에 큰 영향을 미치게 된다. 그러므로 영유아에 대한 윤리 측면을 신중하게 고려해야 한다. 이를 위해 어린이집 원장과 보육교사는 영유아뿐만 아니라 가정과 사회에 대한 윤리적 태도를 갖는 것이 중요하다.

참고 ❶ 어린이집 윤리강령

모든 영유아는 불가침의 인권을 가진 존재임을 확인하고, 보호의 대상이기 이전에 한 사람의 사회구성원으로서 헌법이 정한 인간의 존엄과 가치를 가지고 있음을 인식하여, 유엔아동권리협약의 이념에 따라 보육의 윤리원칙을 정하고, 이에 준거한 보육교직원 윤리강령을 준수할 것을 다짐한다.

1. 영유아 한 사람 한 사람을 독립된 인격체로 존중한다.
1. 보육의 과정에서 영유아의 이익을 최우선으로 고려한다.
1. 영유아를 어떠한 이유로도 차별하지 않고 평등하게 대한다.
1. 영유아의 바람과 감정이 무엇인지 항상 귀 기울인다.
1. 영유아가 보육 경험을 통해 세상에 대한 신뢰를 형성하도록 돕는다.
1. 부모가 자신의 양육책임을 잘 수행하도록 협력적 관계에서 보육을 수행한다.
1. 동료를 공정하고 포용적인 태도로 존중하고 민주적인 조직문화를 조성한다.
1. 보육 업무의 가치에 자긍심을 가지고 보육철학, 지식, 기술을 지속적으로 키워 나간다.

1. 영유아에 대한 윤리

- 영유아를 독립된 인격체로 존중하고 건강하고 행복한 사회구성원으로 성장하도록 돕는다.
- 영유아를 성별, 종교, 문화, 장애, 가정배경 등에 따라 차별하지 않고 평등하게 대한다.
- 영유아의 신체적·심리적 발달에 부정적인 영향을 주는 행위를 하지 않고 안전하게 보호한다.
- 영유아의 발달 특성을 이해하고 영유아 개인의 흥미와 요구, 의견을 존중한다.
- 놀이가 영유아의 권리임을 인식하고 충분히 놀이할 수 있도록 지원한다.
- 영유아가 학대나 방임에 노출되어 있는지 민감하게 관찰하고 필요한 조치를 한다.
- 특별한 보호와 지원이 필요한 영유아에게 관심을 가지고 적절한 서비스를 받도록 한다.
- 영유아의 사생활을 존중하고 개인정보에 관한 비밀을 보장한다.

2. 가족에 대한 윤리

- 양육의 1차적 책임이 부모에게 있음을 인식하고, 그들과 협력적 관계에서 보육을 수행한다.
- 개별 가족의 양육 가치와 신념, 가족의 사회문화적 다양성과 고유성을 이해하고 존중한다.
- 어린이집의 보육철학, 프로그램 특성을 가족과 공유함으로써 보육에 대한 이해를 돕

〈계속〉

는다.

– 영유아의 보육 경험과 발달 특성, 건강 및 안전 상황에 관한 정보를 가족과 공유한다.

– 어린이집을 가족에게 개방하고, 보육에 대한 가족의 참여를 보장한다.

– 가족의 사생활과 비밀보장에 대한 권리를 존중한다.

3. 동료에 대한 윤리

• 보육교직원

– 서로의 자율성과 다양성을 인정하고 존중과 신뢰를 바탕으로 협력한다.

– 갈등이나 의견 차이를 개방적이고 수용적인 태도로 해결한다.

– 어린이집의 철학과 신념을 공유하여 프로그램을 지속적으로 개선시킨다.

– 서로의 지식과 경험, 자원을 공유하고 전문성 향상을 위해 노력한다.

• 원장

– 보육교직원의 업무를 명확히 안내하고 업무 기준을 준수한다.

– 근로 여건을 보장하고 최적의 인적 · 물적 업무환경을 조성한다.

– 민주적으로 의견을 개진하고 상호 협력하는 조직문화를 조성한다.

– 원내외 교육, 학습공동체, 코칭 등으로 보육교직원의 전문성 향상을 지원한다.

4. 나와 사회에 대한 윤리

– 보육의 사회적 책임을 인식하고 질 높은 보육을 제공한다.

– 영유아와 보육교직원의 권익을 위한 제도의 수립과 개선에 적극 참여한다.

– 아동친화적인 양육환경 조성을 위해 지역사회 관련 기관들과 협력한다.

– 보육교직원으로서 사명감을 갖고 사회적 위상을 높이기 위해 노력한다.

출처: 한국보육진흥원. 어린이집 윤리강령 전문. https://www.kcpi.or.kr/kcpi/cyberpr/noti/detail.do?colContentsSeq=63861#none에서 2022. 3. 30. 인출.

② 보육교사의 역할

보육교사는 대리양육자, 환경제공자, 상호작용자, 일상생활에서의 모델, 관찰자와 평가자, 부모와 지역사회와 교류자로서의 역할을 수행해야 한다. 여기서는 3세 미만의 영아와 3~5세 유아로 나누어 해당 연령에서 요구되는 보육교사의 역할에 대해 살펴보고자 한다.

◆ 0~2세 영아 대상 보육교사의 역할

생후 3년 동안 영아는 모든 영역에서 활발한 발달이 이루어지므로 이 시기의 보육을 전담하는 보육교사의 역할은 매우 중요하다.

첫째, 보육교사는 영아에게 편안함과 안정감을 주면서 영아와 안정된 애착을 형성해야 한다.

둘째, 보육교사는 개별 영아의 발달 속도와 기질 등을 고려하여 개별화된 보육과정을 운영해야 한다.

셋째, 보육교사는 영아에게 가정과 같은 따뜻한 분위기와 안전하고 발달에 적합한 물리적 환경을 제공해 줌으로써 영아 스스로 학습 경험을 선택할 수 있도록 도와주어야 한다.

넷째, 영아는 언어 능력이 미숙하여 의사표현에 한계가 있으므로 보육교사는 영아의 전인 발달을 위해 부모와 원활하고 긴밀한 의사소통을 해야 한다.

◆ 3~5세 유아 대상 보육교사의 역할

보육교사는 3~5세 유아의 전인발달을 촉진하기 위해 다양한 활동을 계획하여 제공함으로써 유아의 잠재력을 계발해 주도록 노력해야 한다.

첫째, 보육교사는 유아의 놀이와 활동에서 학습을 촉진할 수 있도록 적절한 개입과 의사소통을 함으로써 상호작용자로서의 역할을 한다.

둘째, 보육교사는 놀이에 적합한 환경을 구성하고 필요한 자료를 제공해 줌으로써 놀이촉진자로서의 역할을 한다.

셋째, 보육교사는 유아가 또래와의 상호작용을 통해 사회적 기술과 규범을 배울 수 있도록 사회적 관계 형성을 도와주는 역할을 한다.

넷째, 보육교사는 유아의 정서적 표현을 수용해 주며, 바람직한 방법으로 정서를 표현할 수 있도록 도와줌으로써 정서발달을 지원해 주는 역할을 한다.

다섯째, 보육교사는 유아가 기본적인 사회규범을 알고 이를 생활 속에서 실천하며 습관화할 수 있도록 식습관, 수면 습관, 정리정돈 습관 등과 관련한 기본생활 습관을 지도하는 역할을 한다.

여섯째, 보육교사는 개별 유아의 발달수준이나 요구를 파악하여 적절한 상호작용을 계획하고 부모에게 자녀 양육에 대한 효과적인 정보를 제공할 수 있도록 관찰자와 평가자로서의 역할을 한다.

◆ 하루 일과를 통해 본 보육교사의 역할

보육교사는 영유아가 편안하고 안정된 어린이집 환경에서 발달에 적합한 놀이와 활동을 할 수 있도록 다양한 역할을 수행해야 한다. 하루 일과 중 보육교사의 역할은 영아반과 유아반에서 차이가 있으므로 이를 나누어 살펴보고자 한다.

 영아반

등원과 오전 통합보육

영아를 따뜻하게 맞이하는 것은 영아가 하루를 즐겁게 시작하는 데 매우 중요하다. 그러므로 보육교사는 등원하는 영아를 맞이하면서 이름을 불러 주거나 입고 온 옷, 가지고 온 개별용품 등에 대해 이야기하며 관심을 표현해 준다. 부모와 분리불안으로 힘들어하는 영아에게는 좀 더 개별적으로 배려해 줌으로써 영아가 교사의 관심과 사랑을 받고 있다는 확신을 갖게 해 준다.

사진 6-1 　 등원하는 영아 맞이하기

사진 6-2 　 일찍 등원한 영아 개별 지원

오전 실내 자유놀이

보육교사는 영아의 개별적인 발달 특성이나 욕구를 고려하여 활동을 제안하거나 반응해 준다. 이를 위해 보육교사는 필요한 자료를 점검하고 흥미 영역의 활동에

사진 6-3 ◦ 영아의 활동 지원

사진 6-4 ◦ 상징놀이를 돕는 교사

영아가 적극적으로 참여하도록 유도한다. 또한 보육교사는 영아가 울거나 도움을 청하는 태도를 취할 때 즉시 적절하게 반응해 주어야 한다.

실외 놀이 또는 실내 놀이터 자유놀이

보육교사는 수시로 실외 놀이터의 위험 요소를 점검하여 영아가 안전하게 뛰어 놀 수 있도록 준비한 후, 영아와 함께 실외 놀이를 한다. 실외 놀이터로 나가기 전에 보육교사는 영아의 기저귀 상태를 확인하고 대소변 가리기가 가능한 영아는 화장실에 미리 다녀오게 한다. 또한 실외 놀이터가 협소하거나 없는 어린이집은 실내의 놀이터 혹은 유희실에서 신체 활동을 할 수 있다. 보육교사는 실내나 실외 놀이터에서 놀이 시 안전에 각별히 유의하고, 활발한 대근육 활동 후에 정적인 활동과 휴식을 제공한다.

사진 6-5 ◦ 영아와 신체놀이를 즐기는 교사

사진 6-6 ◦ 영아의 실외 신체 활동

수유와 간식 및 식사

어린이집에서는 영아가 충분하고 적절한 영양소를 섭취할 수 있도록 오전, 오후 2회의 간식과 균형 잡힌 점심 식사를 제공한다. 보육교사는 12개월 미만 영아의 경우, 가정에서 가지고 온 분유와 이유식을 영아의 요구와 시간을 고려하여 제공한다. 어린이집에서 이유식을 만들어 줄 경우, 영아의 월령에 따라 사전에 준비된 이유식 식단에 맞게 제공한다. 또한 보육교사는 영아가 먹은 양과 시간, 식사에 관한 특이 사항에 대해 알림장 등으로 부모에게 알려 준다.

사진 6-7 영아의 수유

사진 6-8 영아의 식사를 돕는 교사

기저귀 갈기와 배변 훈련

기저귀 갈기는 영아에게 매일 반복되는 중요한 일과로서 보육교사는 영아가 편

사진 6-9 영아의 기저귀 갈기

사진 6-10 배변 훈련을 돕는 교사

안하게 기저귀를 갈 수 있도록 배려한다. 또한 보육교사는 배변 훈련이 가능한 영아에게는 단계적이고 점진적인 훈련 과정을 통해 변기를 적절히 활용할 수 있도록 지도하여, 영아가 스트레스 없이 기저귀를 뗄 수 있도록 도와준다.

낮잠

영아에게 낮잠은 휴식을 위한 일상적인 활동이므로 적절한 시간과 공간, 낮잠을 돕는 분위기를 마련해 주어야 한다. 낮잠 시간 동안 보육교사는 영아 곁에서 토닥여 주며 잠드는 것을 돕고 영아가 낮잠에서 깰 때도 기분 좋은 상태가 되도록 배려한다.

사진 6-11 영아의 낮잠을 돕는 교사

오후 자유 놀이와 야간 통합보육

낮잠 후 영아는 조용히 혼자 있고 싶어 하거나 정적인 놀이를 선택하는 경향이 있으므로 보육교사는 오후 시간에 좀 더 개별적으로 영아가 주도하는 놀이를 할 수 있도록 지도한다. 또한 야간 통합보육 시간에는 영아가 더 편안하고 안전하게 하루 일과를 마무리할 수 있도록 보육교사는 개별 영아의 요구에 민감하게 상호작용을 해 준다.

사진 6-12 · 정적인 활동을 돕는 교사   사진 6-13 · 영아와 개별적으로 놀이하는 교사

귀가 인사하기

보육교사는 귀가 시간에 부모와 영아에 대해 여러 가지 정보와 의견을 나눌 수 있다. 사전에 연락 없이 보호자가 아닌 낯선 사람이 영아를 데리러 온 경우에는 반드시 부모에게 유선으로 확인 후 영아를 귀가시킨다. 영아가 다음 날 다시 와서 놀고 싶은 마음이 들도록 보육교사는 명랑하고 온화한 태도로 영아를 배웅한다.

 유아반

등원과 오전 통합보육

보육교사는 등원하는 유아를 현관에서 반갑게 맞이하면서 유아의 기분, 건강과 청결 상태 등을 확인한다. 부모가 데려다주는 유아인 경우에는 부모와 간단한 대화를 통해 가정에서 있었던 특별한 일이나 부탁 사항 등에 대해 이야기를 나눈다. 보육교사는 일찍 등원한 유아를 위해 통합보육실에서 일찍 온 친구들과 함께 놀이를 할 수 있도록 지도한다.

사진 6-14　등원하는 유아 맞이하기

오전 실내 자유선택 활동과 간식

　　보육교사는 흥미 영역 활동에 필요한 교구와 자료를 제공해 주고, 이를 유아에게 소개해 준 후 유아가 스스로 놀이하도록 돕는다. 실내 자유놀이 시간은 최소 1시간에서 1시간 30분 정도 지속될 수 있도록 지도한다. 또한 오전 간식은 자유놀이가 이루어지는 동안 유아가 보육실의 정해진 공간에서 자유롭게 먹도록 하는 것이 좋다.

사진 6-15　역할놀이를 즐기는 유아

사진 6-16　유아와 함께 놀이하는 교사

정리정돈

보육교사는 실내 자유놀이(자유선택 활동)를 마치고 다른 활동을 진행하기 5분 전쯤에 활동이 종료되었음을 알려 주어 유아들이 놀잇감을 정리할 수 있도록 지도하면서 정리정돈도 즐거운 활동이 될 수 있도록 분위기를 조성한다.

대 · 소집단 활동

보육교사는 전체 유아를 바라볼 수 있는 영역에서 유아의 주의집중 시간을 고려하여 유아가 스스로 대 · 소집단 활동에 참여할 수 있도록 지도한다. 대 · 소집단 활동은 이야기 나누기, 게임이나 음률 활동, 언어 활동 등으로 다양하게 할 수 있으며, 15~20분 정도로 운영한다. 5세인 경우에는 활동의 종류나 유아의 흥미에 따라 30분 정도로 연장하여 진행할 수 있다.

사진 6-17   유아반의 대집단 활동

사진 6-18   이야기 나누기 활동

실외 놀이 또는 실내 놀이터 자유놀이

보육교사는 날씨와 환경을 고려하여 유아가 실외 놀이를 즐겁게 할 수 있도록 돕고, 가능한 한 매일 실시한다. 실외 놀이터가 없는 어린이집의 경우, 보육교사는 실내 대근육 활동 공간이나 대체 공간을 마련하여 적어도 하루에 두 번 정도 동적인 신체 활동의 기회를 제공해야 한다.

사진 6-19 │ 실내 놀이터에서 놀이하는 유아   사진 6-20 │ 실외 물·모래 놀이를 하는 유아

식사와 간식

보육교사는 유아가 스스로 먹기, 골고루 먹기, 바른 자세로 먹기, 자신이 먹은 자리 정돈하기 등의 식습관과 관련한 기본생활 습관을 잘 형성할 수 있도록 지도한다.

사진 6-21 │ 유아반의 식사시간

낮잠과 휴식

보육교사는 유아가 점심 식사 후 양치질을 하고, 낮잠과 휴식을 취할 수 있도록 지도한다. 유아는 연령이 높아질수록 낮잠을 자기 싫어하는 경향이 있으므로 보육교사는 유아에게 강요하지 말고 다른 유아를 방해하지 않는 범위에서 보육실의 조

용한 영역이나 별도의 공간에서 정적인 개별 활동을 할 수 있도록 돕는다.

사진 6-22 유아반의 점심 후 휴식 시간

오후 자유놀이

보육교사는 오후 일과 시간에는 새로운 활동보다는 오전에 재미있었던 놀이를 반복하거나 자연스럽게 확장하여 놀이할 수 있도록 지도한다.

사진 6-23 오전 놀이의 확장

사진 6-24 유아와 언어 활동하는 교사

야간 통합보육과 귀가

　오후 5~6시 이후 일부 유아가 하원한 후 혹은 오후 7시 30분 이후 연장보육을 하는 야간연장 어린이집은 통합보육을 실시할 수 있다. 이때 보육교사는 유아가 그림책 보기, 그림 그리기, 퍼즐 맞추기 등 개별적이고 조용한 활동을 하면서 편안한 시간을 보낼 수 있도록 지도한다. 유아의 귀가 시 보육교사는 부모와 대화를 나누거나 유아의 개별 소지품을 챙겨 준 후 유아와 인사를 나눈다.

(3) 보육교직원의 역할

　어린이집에는 보육교사 이외에 안전하고 건강한 보육을 제공하기 위해 다양한 역할을 수행하는 보육교직원이 있다.

① 간호사

　간호사는 영유아의 일일 건강 상태를 점검하고 필요한 경우 투약을 하며, 주기적으로 신체검사를 하거나 안전사고가 발생했을 때 응급처치를 한다. 또한 간호사는 주기적으로 보육교사에게 영유아의 건강과 안전에 관한 기본 정보를 알려 주며, 전염성 질환이 발생했을 때 전체 어린이집에서 일관되게 규정을 적용한다.

② 영양사

　영양사는 매일의 점심 식사와 간식을 통해 영유아에게 필요한 영양분을 공급해 주기 위해 월별 식단 작성과 효과적인 조리 과정을 관리·감독한다. 이를 위해 영양사는 식품 재료를 구입하고 검수하며, 조리원의 조리 활동을 지도하고, 조리 과정을 감독하며 주방의 위생을 관리한다. 또한 영양사는 영유아의 영양교육과 식습관 지도 및 보육교직원과 부모를 대상으로 영유아의 건강과 영양 및 식습관에 관한 교육을 실시하기도 한다.

③ 조리원(조리사)

　조리원(조리사)은 영양사가 작성한 식단에 따라 영유아가 먹기 좋게 간식과 식사를 만들어 제공한다. 조리원(조리사)은 주방 기구, 식기와 식료품의 위생적 보관과 청결에 주의하고, 조리실을 위생적으로 관리한다.

④ 사무원

사무원은 공문서 처리, 보육교직원과 원아에 대한 기록의 관리와 보관, 원아의 보육료 수납 등의 재정과 기타 행정 업무 등 어린이집의 전반적인 사무를 담당한다. 규모가 큰 어린이집의 경우에는 별도의 사무원을 두지만 소규모인 경우에는 원장이나 보육교사가 사무 업무를 분담하여 담당하기도 한다.

⑤ 관리인과 운전기사

관리인은 비품이나 교구의 관리와 보수, 실내외 공간의 점검과 관리 등을 담당한다. 규모가 큰 어린이집은 관리인을 따로 두지만, 소규모 어린이집은 운전기사나 조리원이 관리인의 역할을 병행하기도 한다. 또한 통원버스가 있는 어린이집은 별도의 운전기사가 있어 운전기사가 낮 동안에 시설 관리를 담당하기도 한다.

⑥ 기타 인적 자원

어린이집의 여건에 따라 영유아의 건강 진단과 치료를 직접 담당하는 촉탁 의사와, 영유아 복지나 영유아 상담을 위한 사회복지사나 상담사를 두거나 위탁할 수 있다.

4) 보육교직원의 업무 분담

어린이집을 합리적으로 관리하고 운영하기 위해 보육교직원은 직책에 따라 개인 고유 업무와 공동 업무를 수행해야 한다. 이를 위해 어린이집에서는 체계적인 업무 분담 계획을 수립하여 모든 기록과 관리를 간단명료하고 신속 정확하게 처리할 수 있도록 한다. 보육교직원의 업무 분담의 예는 〈표 6-14〉와 같다.

표 6-14 보육교직원 업무 분담의 예

업무	관리 내용	담당자
보육프로그램 관리	연령별 보육프로그램 관리(계획, 실행기록, 평가)	
	특별 활동과 특성화 프로그램 관리(내용 협의, 평가)	
	견학, 행사 관리(계획, 사전답사, 평가)	
교재 · 교구 관리	영유아 관찰과 평가 관리(안내, 기록보관 등)	
	영아반 교재 · 교구 목록 관리	
	유아반 교재 · 교구 목록 관리	
	도서 관리(영유아용, 부모용, 보육교사용 도서목록 관리)	
	시청각 자료 관리	
사무 · 문서 관리	수 · 발신 문서 관리	
	교사회의록 관리	
	운영위원회 회의록 관리	
	홈페이지와 게시판 관리	
재무 · 기타 관리	물품 구입과 정리, 회계 보고	
	교사교육(수업 참관과 피드백, 내 · 외부 교사교육) 관리	
	실습생 교육(계획, 지도, 평가)	
	부모교육과 행사 관리(계획, 평가 등)	
	외부 점검과 모니터링 관리(지방자치단체, 학부모 등)	
비품 · 시설 관리	비품 관리(책상, 의자, 교구장, 실외시설물, 주방용품 등 모든 시설, 비품의 수량 파악, 스티커 부착, 파손 점검, 보수 관리)	
	시설 관리(청소, 위생 상태, 파손 점검과 교체)	

5) 보육교직원의 보수교육

보육교직원의 전문성 강화와 질 관리를 위해 국가 차원에서 다양한 보수교육이 실시되고 있다. 보수교육은 원장이나 보육교사로 임용된 후 현직 보육교직원에게 필요한 지식, 기술, 정보 등을 제공하고, 보육교사 개인의 자질이 향상될 수 있도록 도와주는 계획적인 교육이나 훈련이다. 이는 직무교육과 승급교육으로 대별되며 (〈표 6-15〉 〈표 6-16〉 참조), 대학(교) 또는 보육교사교육원 등의 전문교육기관에 위탁하여 실시된다. 직무교육은 보육에 필요한 지식과 능력을 유지·개발하기 위해 보육교사가 정기적으로 받는 교육으로 일반직무교육과 특별직무교육이 있다(〈표 6-17〉 참조). 또한 보육교사 자격을 취득한 사람으로서 만 2년 이상 보육 업무를 수행하지 않은 사람은 40시간의 장기 미종사자 직무교육을 이수하면 다시 보육 업무를 수행할 수 있다.

표 6-15   원장 보수교육

직무교육					사전직무교육
일반직무교육		특별직무교육			어린이집 원장교육
기본교육/ 심화교육	장기 미종사자 교육	영아 보육 교육	장애아 보육 교육	방과 후 보육 교육	

출처: 보건복지부(2022). 2022년도 보육사업안내, p. 229.

표 6-16   보육교사 등의 보수교육

직무교육					승급교육	
일반직무교육		특별직무교육			2급 보육교사	1급 보육교사
기본교육/ 심화교육	장기 미종사자 교육	영아 보육 교육	장애아 보육 교육	방과 후 보육 교육		

출처: 보건복지부(2022). 2022년도 보육사업안내, p. 229.

표 6-17   보수교육 유형과 교육 대상 및 교육 시간

교육 구분			교육 대상	교육 시간	비고
직무 교육	일반 직무 교육	보육 교사	• 현직에 종사하고 있는 보육교사로서 – 보육업무 경력이 만 2년 경과한 자 – 보육교사 직무교육(승급교육 포함)을 받은 해부터 만 2년 경과한 자	40	3년 마다
		원장	• 어린이집의 원장의 직무를 담당한 때부터 만 2년 지난 경우	40	3년 마다
	특별 직무 교육	영아 보육	• 영아 보육을 담당하고 있는 일반직무교육 대상자 • 영아 보육을 담당하고자 하는 보육교사와 어린이집 원장	40	이수하고자 하는 자

〈계속〉

직무교육	특별 직무 교육	장애아 보육	• 장애아 보육을 담당하고 있는 일반직무교육 대상자 • 장애아 보육을 담당하고자 하는 보육교사와 어린이집 원장	40	이수하고자 하는 자
		방과 후 보육	• 방과 후 보육을 담당하고 있는 일반직무교육 대상자 • 방과 후 보육을 담당하고자 하는 보육교사와 어린이집 원장	40	이수하고자 하는 자
승급 교육		2급	• 보육교사 3급의 자격을 취득한 후 보육업무 경력이 만 1년 경과한 자	80	이수하고자 하는 자
		1급	• 보육교사 2급의 자격을 취득한 후 보육업무 경력이 만 2년 경과한 자 • 보육교사 2급의 자격을 취득한 후 보육 관련 대학원에서 석사학위를 취득하고 보육업무 경력이 만 6개월 경과한 자	80	이수하고자 하는 자
원장 사전 직무교육			•「영유아보육법 시행령」(별표 1) 제1호의 가목부터 라목(일반, 가정, 영아전담, 장애아전문 어린이집 원장)까지 어느 하나의 자격을 취득하고자 하는 자	80	이수하고자 하는 자

출처: 보건복지부(2022). 2022년도 보육사업안내, p. 232.

생각해 봅시다

1. 어린이집을 운영하기 위해 원장이 관리해야 할 영역과 그 내용에 대해 생각해 봅시다.
2. 보육교사의 자질과 태도가 영유아 보육에 미치는 영향에 대해 생각해 봅시다.
3. 일과 운영 시 영아반과 유아반 보육교사의 역할에 대해 생각해 봅시다.

참고문헌

보건복지부(2022). 2022년도 보육사업안내. 세종: 보건복지부.

조성연, 이정희, 김온기, 제경숙, 김영심, 황혜정, 김혜금, 나유미, 박진재, 송혜린, 신혜영
    (2018). 최신 보육학개론. 서울: 학지사.

푸르니보육지원재단(2016). 질 높은 보육을 위한 푸르니 보육프로그램 총론. 서울: 다음세대.

푸르니보육지원재단(2022). 질 높은 보육을 위한 교사 역할의 실제. 서울: 한길교육연구소.

보건복지부. http://www.mohw.go.kr

서울육아종합지원센터. http://seoul.childcare.go.kr

임신육아종합포털 아이사랑. www.childcare.go.kr

중앙육아종합지원센터. http://central.childcare.go.kr

푸르니보육지원재단. https://www.puruni.com

푸르니 서초 어린이집. https://www.puruni.com/seocho

한국보육진흥원. http://www.kcpi.or.kr

제7장

영유아의 건강 · 영양 · 안전

영유아는 건강하게 성장하고 발달할 권리가 있다. 특히 어린이집에 재원 중인 영유 아는 하루 중 많은 시간을 기관에서 생활하기 때문에 보육교사는 영유아가 건강하고 안전하며, 존중받고 전인적 성장과 발달을 할 수 있도록 최선을 다해야 한다. 이를 위 해 보육교사는 영유아의 건강과 영양 및 안전에 대한 지식과 정보를 습득하고 실천함 으로써 영유아가 건강하고 안전한 기본생활 습관을 형성할 수 있도록 지도해야 한다. 따라서 이 장에서는 영유아가 건강하고 안전하게 성장하고 발달할 수 있도록 어린이 집에서 중요하게 다루어야 할 건강과 영양 및 안전에 대해 살펴보고자 한다.

1. 영유아의 정기적인 건강검진과 이를 위해서 보육교사가 알아야 할 사항에 대해 알아
   본다.
2. 영유아의 연령별 영양공급 원칙과 올바른 영양교육에 대해 알아본다.
3. 영유아의 연령별 안전사고 유형과 어린이집 안전 관리에 대해 알아본다.
4. 아동학대 유형과 발생 원인에 대해 알아본다.

1 영유아의 건강

건강은 인간의 삶을 이루는 토대며 삶의 행복을 위한 필수 조건이다. 건강은 질병이 없고 허약하지 않을 뿐만 아니라 신체적 · 정신적 · 사회적으로 완전히 양호한 상태를 의미한다(세계보건기구헌장, 1948). 영유아의 건강한 삶을 위해 유엔아동권리협약 아동버전 한국어판 제24조에는 "아동은 최선의 의료서비스를 받고 깨끗한 물을 마시고 건강한 음식을 먹고 깨끗하고 안전한 환경에서 살 권리가 있다."라고 명시하였다(보건복지부, 아동권리보장원, 2021, p. 13). 따라서 하루의 대부분 시간 동안 영유아를 보호하고 교육하는 보육교사는 영유아가 신체적 · 정신적 · 사회적으로 최상의 건강 상태를 유지할 수 있도록 최선을 다해야 한다. 영유아의 건강은 유전적 · 환경적 요인에 의해 영향을 받는다. 유전적 요인은 건강을 결정하는 기본적 요인을 제공하는 반면, 환경적 요인은 유전적 잠재력이 나타나게 될 방법과 정도에 영향을 미친다. 영유아에게 건강에 영향을 미치는 환경적 요인으로는 인적 · 물리적 · 교육적 환경이 있다. 인적 환경은 부모와 보육교직원이고, 물리적 환경은 어린이집의 안전한 시설과 설비, 놀잇감, 공간의 크기, 소음, 습도, 위생 등이며, 교육적 환경은 부모의 교육관, 어린이집 보육과정 등을 들 수 있다.

1) 영유아 건강의 필요성

영유아기는 성장과 발달이 급속히 이루어지는 시기지만, 질병에 대한 취약성도 높은 시기다. 영유아기 건강은 성인기 건강의 토대가 된다. 이 시기에 형성된 건강에 대한 태도와 습관은 성인기까지 지속되므로 보육교사는 영유아가 건강하게 생활하는 데 필요한 지식, 기술, 태도를 습득할 수 있도록 지도해야 한다. 또한 영유아는 스스로 건강하게 생활할 수 있는 능력이 부족하므로 보육교사는 영유아의 건강을 위해 상당 부분 책임져야 한다. 이를 위해 보육교사는 영유아에게 건강에 관한 지식과 정보를 제공해 주면서 영유아가 건강한 생활 태도를 기를 수 있도록 도와주어야 한다. 그러므로 보육교사는 영유아를 주의 깊게 관찰하여 그들의 건강 상태를 확인하고 도움이 필요할 때 즉시 반응해 주며, 영유아가 건강한 성장과 발달을 할 수 있도록 수용적이고 안정적인 환경을 제공해 주어야 한다.

2) 영유아의 건강 관찰과 건강검진

보육교사는 영유아가 건강한 생활을 할 수 있도록 가정과 긴밀한 협조체제를 유지해야 한다. 이를 위해 보육교사는 영유아와 가족의 건강에 대한 정보를 수집하고 하루 일과 동안 개별 영유아의 건강 상태를 살펴보아야 한다.

(1) 생활기록부

어린이집에서는 영유아의 생활기록부를 통해 영유아와 가족의 건강 관련 정보를 수집한다. 생활기록부에 기록하는 건강 관련 정보는 다음과 같다.

- 인적 정보: 영유아와 보호자
- 생활 습관: 수면, 배변, 식사, 성격 등
- 감염병 예방접종 내역
- 병력: 질병 발생 연월일, 질병의 정도에 관한 정보 등
- 신체발달 상황: 키, 몸무게 등

(2) 일일 건강 상태 확인

보육교사는 영유아의 등원부터 하루 일과 내내 건강 상태를 세심하게 관찰해야 한다. 영유아가 다음과 같은 특징을 보일 경우 보육교사는 적절한 조치를 취해야 한다.

- 평소와 다르게 비활동적이고 무기력하다.
- 평소와 다르게 짜증을 부리거나 징징거린다.
- 평소와 다르게 퉁명스럽게 말하거나 난폭한 행동을 한다.
- 몸을 자주 긁거나 피부에 발진이나 상처가 있다.
- 얼굴이 창백하거나 자주 찡그린다.
- 잘 먹지 않고 배가 아프다고 한다.
- 구토나 설사를 한다.

- 평소보다 자주 소변을 본다.
- 귀에서 액체가 흘러나온다.
- 기침을 하고 콧물을 흘린다.
- 머리가 아프다고 한다.
- 눈이 충혈되어 있다.

(3) 정기 건강검진

어린이집 원장은 영유아와 어린이집 보육교직원에 대해 1년에 1회 이상 정기적으로 건강검진을 해야 하고, 그에 따른 증빙 서류를 어린이집에 비치·보관하여야 한다. 또한 어린이집 원장은 영유아에 대해서도 매년 정기적으로 「감염병의 예방 및 관리에 관한 법률」 제33조의4에 따라 예방접종 통합관리 시스템을 활용하여 영유아의 예방접종에 관한 사실을 확인해야 한다. 이를 위해 어린이집 원장은 영유아의 건강검진 주기에 따라 보호자가 영유아 건강검진을 받을 수 있도록 3회 이상 안내하여야 하고, 3회 이상 안내했음에도 보호자가 건강검진을 거부할 때는 생활기록부에 거부 사유를 기록해야 한다. 영유아의 건강검진은 총 8차에 걸쳐 주기적으로 실시해야 한다(보건복지부 고시 2020. 12. 24. 일부개정 시행).

- 1차 생후 4개월부터 6개월까지
- 2차 생후 4개월부터 6개월까지
- 3차 검진일 기준 생후 9개월부터 12개월까지
- 4차 검진일 기준 생후 18개월부터 24개월까지
- 5차 검진일 기준 생후 30개월부터 36개월까지
- 6차 검진일 기준 생후 42개월부터 48개월까지
- 7차 검진일 기준 생후 54개월부터 60개월까지
- 8차 검진일 기준 생후 66개월부터 71개월까지

(4) 어린이집에 구비해야 할 사항

어린이집에서는 영유아의 건강과 응급 상황 발생 시 대처하기 위해 투약 의뢰서, 보호자의 응급처치 동의서, 비상 약품 등을 구비해 두어야 한다.

① 투약 의뢰서
- 투약하는 약의 종류, 용량, 횟수와 시간, 의뢰자 서명을 기재한다.
- 어린이집에서 영유아에게 투약한 내용은 알림장이나 대화수첩 등에 기록하여 부모나 보호자가 알 수 있도록 해 주어야 한다.

② 응급처치동의서
- 부모나 보호자의 비상 연락처와 의료기관 정보를 기재한다.
- 부모나 보호자의 서명과 확인이 있어야 한다.

③ 비상 약품 · 간이 의료 재료
- 용도별로 비상 약품을 구비한다.
- 약품은 영유아의 손이 닿지 않는 곳에 유효기한을 표기하고 잠금장치가 있는 곳에 보관한다.
- 투약하는 약의 보관 방법에 따라 상온 또는 냉장 보관한다.
- 비상 약품(외용제): 과산화수소수, 베타딘 소독제, 항생제 외용연고, 근육용 마사지 연고, 화상용 거즈, 생리식염수, 벌레 물린 데 바르는 연고 등
- 간이 의료 재료: 붕대, 거즈, 소독솜, 삼각붕대, 탄력붕대, 칼, 가위, 핀셋, 반창고, 일회용 장갑, 일회용 반창고, 부목류, 체온계 등

3) 영유아의 기본생활지도와 건강 관리

보육교사는 영유아가 건강한 생활 습관을 형성할 수 있도록 지도하면서 건강을 관리해야 한다. 이를 위해 보육교사는 일상생활의 경험과 다양한 놀이 활동을 통해 영유아에게 기본 생활에 대한 올바른 태도를 형성할 수 있도록 지도해야 한다. 또한 보육교사는 영유아가 질병에 감염되지 않도록 실내 · 외 환경의 위생 상태를 청결하게 관리해야 한다.

(1) 손 씻기
영유아는 손을 자주 씻음으로써 각종 전염성 질환을 예방할 수 있다. 영유아가

손을 자주 씻는 것은 청결하고 건강한 생활을 유지하는 데 필수적이다. 영유아는 음식 먹기 전, 대소변 이후, 실외활동 후, 애완동물 만진 후, 피, 토사물, 콧물 등의 신체 분비물을 만진 후, 손이 더러워 보일 때 등에는 반드시 손을 씻어야 한다. 또한 보육교사도 음식을 다루거나 먹고 마시기 전, 영유아에게 음식을 먹이기 전, 투약(특히 안약)하기 전, 출근 후, 변기 사용 · 기저귀 갈기 · 영유아의 변기 사용을 도와준 후, 피, 토사물, 코 흘린 것 등의 신체 분비물을 만진 후, 쓰레기통 사용 후, 애완동물 만진 후, 익히지 않은 육류와 가금류를 만진 후, 손에 낀 일회용 장갑이나 고무장갑을 벗은 후, 손이 더러워 보일 때 등에는 반드시 손을 씻어야 한다. 올바른 손 씻기 순서는 다음과 같다.

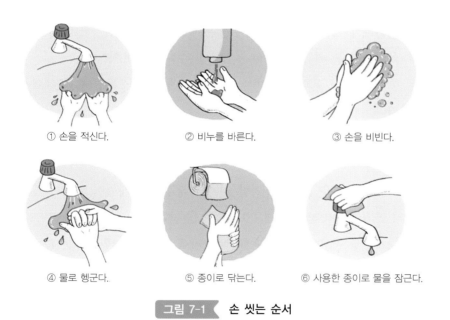

① 손을 적신다.   ② 비누를 바른다.   ③ 손을 비빈다.

④ 물로 헹군다.   ⑤ 종이로 닦는다.   ⑥ 사용한 종이로 물을 잠근다.

그림 7-1   손 씻는 순서

출처: 조성연 외(2018). 최신 보육학개론, p. 233.

(2) 기저귀 갈기

보육교사는 정해진 곳에서 기저귀를 갈고, 기저귀를 갈기 전과 후에 위생 관리를 철저히 해야 하며, 기저귀를 갈 때 영아를 혼자 두어서는 절대 안 된다. 보육교사는 영유아가 더러운 기저귀와 옷을 만지지 않도록 관리하고, 가급적 일회용 장갑을 끼고 기저귀를 갈아 주며, 기저귀를 간 후 영유아를 눕혔던 바닥을 물수건으로 닦고, 손을 씻어야 한다. 영아도 기저귀를 간 후 손을 씻겨 준다. 기저귀를 가는 순서는 다음과 같다.

첫째, 필요한 물품이 모두 있는지 확인하고, 바닥에 두루마리 화장지나 종이 타월을 깐다.

둘째, 종이 타월 위에 영아를 눕히고, 양손으로 영아를 붙잡는다.

셋째, 옷을 벗긴 후 기저귀를 갈고, 사용한 기저귀는 비닐봉지에 넣어서 전용 쓰레기통에 버린다. 만일 옷에 대소변이 묻은 경우에는 귀가 시 가져갈 수 있도록 비닐봉지에 넣어 둔다.

넷째, 영아의 사타구니를 물티슈나 따뜻한 물로 깨끗이 닦아 준다. 사용한 물티슈는 비닐봉지나 전용 쓰레기통에 버린다.

다섯째, 영아가 안전하게 있을 수 있도록 조치한 후 손을 씻는다.

여섯째, 영아에게 새 기저귀를 채우고 옷을 입힌다.

일곱째, 영아의 손을 씻긴 후 말려 준다. 물티슈는 적절하지 않다.

여덟째, 기저귀를 간 곳과 사용한 물품을 깨끗이 닦고 소독한다. 보육교사도 손을 씻고 말린다.

(3) 수면

신생아의 수면은 매우 불규칙하지만 영아가 생후 2~3개월이 되면 밤낮의 구별이 생기면서 규칙적으로 잠을 자게 된다. 영아는 밤에 9~12시간 자고, 2~5시간 낮잠을 잔다. 2개월경 영아는 하루 2~4회의 낮잠을 자며, 12개월경에는 1~2회 정도 낮잠을 잔다. 6개월에서 2세 사이의 영아는 발달과정의 하나인 분리불안(seperation anxiety)으로 인해 자면서 자주 깨고, 아프거나 평소와 환경이 다르면 잠을 못 자기도 한다. 18개월 이후에는 하루 1회 1~3시간 정도 낮잠을 잔다. 5세 이후에는 거의 낮잠을 자지 않는다. 낮잠은 밤에 잠자는 것에 영향을 줄 수 있으므로 오후 늦게 낮잠을 자는 것은 피한다(보건복지부, 2012). 보육교사는 영유아의 수면 패턴을 고려하여 잠자기를 지도해야 한다. 일반적으로 영유아의 권장 수면 시간은 2개월 이하 영아는 16~20시간, 3~11개월의 영아는 14~15시간(낮잠 2회 포함), 1~3세는 12~14시간(낮잠 1~2회 포함), 3~6세는 11~13시간(낮잠 1회 포함)이다.

(4) 대소변 가리기

보육교사는 배변 훈련에 대한 이해와 개별 영유아의 배변 훈련을 언제, 어떻게 시켜야 하는지 등에 대한 지식과 정보를 알고 있어야 한다. 대개 영아는 18~24개월 사이에 주위의 도움 없이 혼자서 잘 수 있는데, 이때 신체적으로 배변 훈련을 할 준비가 된 시기이기도 하다. 영아의 배변 훈련의 시작 시기는 신체 · 생리적 발달 외에도 인지발달과 언어발달, 정서 · 사회성 발달 등의 조건을 고려해야 한다. 영유아에게 배변 훈련을 너무 일찍 하거나 강압적으로 실시하면 심리적인 갈등과 불안, 거부 반응 등을 일으킬 수 있고, 소아 성장기의 배변 관련 질환인 야뇨증, 변비, 유분증 등의 배설 장애를 나타낼 수도 있다.

영유아의 대소변 가리기는 대부분 소변보다 대변을 더 빨리 가리며, 그 순서는 야간의 대변 가리기에서 주간의 대변 가리기로, 이후 주간의 소변 가리기에서 야간의 소변 가리기로 이루어진다. 유아는 대략 4세까지 배변 훈련을 완성하는데 야간의 소변 가리기는 더 늦게 이루어진다.

(5) 치아 관리

보육교사는 영유아의 건강한 치아를 위해 관리해 주어야 한다. 유치를 잘 관리해야 그 이후의 간니도 건강한 상태를 유지할 수 있다. 이가 나기 전의 영아이면 보육교사는 손가락에 거즈를 말아 치약 없이 닦아 주거나 눈곱만큼 작은 양의 치약을 묻혀 닦아 준다. 이후 영아에게 유치가 나면 영아용 칫솔을 사용하여 영아가 스스로 이를 닦을 수 있도록 지도한다. 보육교사는 영아가 스스로 이를 닦으려 하면 닦는 것을 독려하지만, 아직 영유아의 칫솔질이 원활하지 않으므로 다시 닦아 주는 것이 필요하다. 이를 닦을 때는 치아의 씹는 면, 바깥쪽, 안쪽으로 나누어 꼼꼼히 닦는다.

4) 영유아의 질병 관리

영유아는 더러운 것이 묻어 있는 손가락이나 장난감 등을 자주 입으로 가져가는 행동을 할 수 있어 질병에 걸리기 쉽다. 또한 어린이집에 감염병에 걸린 영유아가 있으면 그들의 대변, 타액, 콧물 등에 의해 다른 영유아에게 그 질병을 옮길 수 있다. 따라서 보육교사는 영유아가 걸리기 쉬운 시기별 유행 감염병에 대한 정보나 지식을 알고 이를 예방할 수 있도록 해야 하며, 감염이 의심되거나 격리가 필요한 경우에는 적절한 조치를 취해야 한다. 특히 장기적 격리가 필요한 영유아는 가정에서 돌보도록 조치를 취해야 한다.

(1) 감염이 의심되는 경우

- 아픈 영유아를 다른 영유아와 격리한다.
- 아픈 영유아의 증상을 주의 깊게 관찰하여 건강기록지에 기록한다.
- 기침, 식욕 저하, 충혈, 잠만 자려고 하는 등의 증상이 있는 경우 유의하여 살펴본다.
- 영유아의 상태가 일정 관찰 시간 동안 호전되지 않으면 부모나 보호자에게 연락하고 다음과 같은 조치를 취한다.
  - 아픈 영유아를 건강한 영유아와 격리한다.
  - 보육교사 1명이 전담하여 아픈 영유아를 돌본다.
  - 아픈 영유아가 가지고 놀았거나 현재 놀고 있는 장난감을 소독한다.

(2) 격리가 필요한 경우

- 발열과 함께 구토, 발진 등이 있는 경우
- 설사: 2회 이상 무른 변을 보았거나 평소의 배변과 다른 변을 본 경우(예: 지린 변, 무른 변, 피가 섞인 변 등)
- 최근 24시간 내 2회 이상 구토한 경우
- 피부나 눈에 황달이 발생한 경우
- 계속 보채고 달래지지 않으며 지속적으로 우는 경우

| 표 7-1 | 격리가 필요한 병과 격리 기간과 격리가 필요하지 않은 경우 |

병명	격리 기간
설사	설사가 끝난 후 24시간
머릿니	첫 치료 시작 24시간
A형 간염	황달 시작 시점에서 7일간
독감	증상 시작 후 5일간
홍역	발진 발생 후 5일간
뇌수막염, 폐렴	의사에 의해 괜찮다는 판정을 받을 때까지
유행성이하선염	볼이 붓기 시작한 시점에서 9일간
백일해	항생제 사용 시작 시점에서 5일간, 항생제 사용하지 않은 상황이면 3주간
풍진	발진 발생 후 7일간
성홍열	항생제 치료 시작 시점에서 24시간
이질	대변 검사에서 2회 연속 음성인 경우
구토	구토가 멎을 때까지
수두	발진 발생 후 5일, 더 이상 생기지 않고 딱지가 다 생길 때까지

출처: 보건복지부(2012). 어린이집 건강관리 매뉴얼, p. 4.

단순 감기, 중이염, 단지 열만 나는 경우, B형 간염, 분비물이 없는 충혈, 아구창 등은 격리가 필요하지 않다(보건복지부, 2012, p. 4).

	1월	2월	3월	4월	5월	6월	7월	8월	9월	10월	11월	12월
인플루엔자												
파라인플루엔자												
RS 바이러스												
유행성 결막염												
수족구병												
무균성 수막염												
로타, 노로장염												
수두												
홍역												
볼거리												
설사성 대장균												
비장티프스성 살모넬라												

| 그림 7-2 | 시기별 유행 감염병 |

출처: 보건복지부(2012). 어린이집 건강관리 매뉴얼, p. 28.

(3) 집단 발병 경우

집단 발병은 아픈 영유아나 보육교사의 수가 일정 수준을 넘어 다수가 한꺼번에 발병하는 것이다. 집단 발병은 아픈 영유아가 전체 원아의 10%를 넘을 경우에 해당한다. 그러나 홍역과 같이 단 1명이 발병해도 집단 발병으로 취급해야 하는 감염병도 있다. 집단 발병이 의심되면 보육교사는 다음의 지침을 따른다.

- 감염병 발생 시 어린이집 입구와 인터넷 홈페이지에 관련 사실을 게시한다.
- 보육교사나 영유아 모두 손을 자주 씻는다.
- 집단 발병이 위 · 장관염이면 의심되는 검사 대상물을 버리지 말고 검사를 위해 냉장고에 보관한다.
- 감염되는 것을 최소화하기 위해 아픈 영유아와 건강한 영유아를 전담하는 보육교사로 나누어 보육 활동을 한다.
- 백신으로 예방이 가능한 감염병이 집단 발병한 경우, 예방접종을 하지 않은 영유아나 보육교사는 감염병의 유행이 종료될 때까지 어린이집에 등원하지 않도록 한다.
- 장난감이나 시설물을 자주 소독한다.
- 영유아가 놀이하는 곳을 자주 청소하고 소독한다. 감염병이 집단 발병한 동안은 높은 수준의 소독제를 사용한다.

2 영유아의 영양

영유아기의 영양은 건강에 큰 영향을 미친다. 영유아가 영양이 불충분하면 병에 걸리기 쉽고 성장이 늦어질 수 있다. 또한 영유아의 음식 습관은 이후 식사법이나 기호에도 영향을 미친다. 따라서 보육교사는 균형 잡힌 영양 섭취와 위생적이고 안전한 식생활 환경을 마련하여 영유아가 건강한 신체와 올바른 식습관을 형성할 수 있도록 지도한다.

1) 영유아의 영양과 식생활 행동 특징

영유아기는 신체 · 운동 발달이 왕성하므로 충분한 영양공급이 필요하다. 영유아기에 필요한 영양소의 절대량은 성인에 비해 적지만, 단위 체중당 영양소는 성인의 2~3배가 요구되므로 어린이집에서는 영유아에게 양적 · 질적으로 우수한 영양소를 제공해 주어야 한다. 또한 영유아는 소화기관의 크기나 소화 능력이 충분히 완성되지 않아 성인과 다른 형태의 간식을 주어야 하며 식품의 조리 형태도 달라야한다. 뿐만 아니라 영유아는 세균 감염에 대한 저항력도 부족하므로 어린이집에서는 식재료의 선택, 조리나 위생도 특별한 주의가 필요하다.

한편, 영유아는 특정 음식에 대한 기호가 자주 바뀌고 식욕 변화도 심하며, 바람직하지 못한 식습관으로 특정 식품에 대해 짜증을 내거나 불평하기도 하는 등 독특한 식생활 행동을 나타낼 수 있다. 영유아기의 편식 습관은 영유아의 성장에 필요한 영양소의 불균형을 초래하며 다양한 식품을 경험할 수 없게 하는 등 올바른 식습관 형성을 어렵게 한다. 따라서 보육교사는 개별 영유아의 식생활 특성을 파악하여 그에 적절하게 지도해야 한다.

2) 영유아의 영양소 필요량

영양소는 열량 영양소, 구성 영양소, 조절 영양소로 나뉜다. 열량 영양소는 체내 연소 시 에너지를 내는 영양소이고, 구성 영양소는 몸을 구성하는 영양소이며, 조절 영양소는 생리적 조절 기능을 하는 영양소다. 영유아가 좋은 영양 상태를 유지하려면 우리 몸에 필요한 영양소를 알맞게 섭취해야 한다.

영유아에게 필요한 영양소는 신체 크기, 신체 발달 상태, 신체 활동 등에 따라 차이가 있다. 따라서 어린이집에서는 영유아의 체중과 신장 및 신체 활동에 따라 영양소의 섭취량을 달리해야 하는 것이 바람직하므로 개별 영유아의 특성에 따라 다양하고 영양가 있는 식사를 제공해 주어야 한다. 즉, 매일 영유아는 곡류 2~4회, 고기 · 생선류 3~4회, 우유 · 유제품 1~2잔, 매 끼니 두 가지 이상의 채소류, 1~2개 정도의 과일류를 섭취해야 한다([그림 7-3] 〈표 7-2〉 참조).

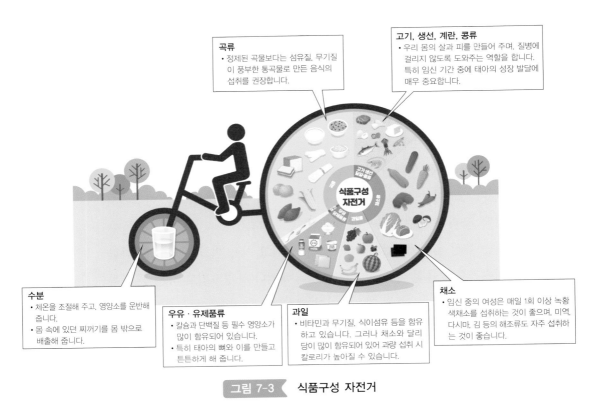

곡류
• 정제된 곡물보다는 섬유질, 무기질이 풍부한 통곡물로 만든 음식의 섭취를 권장합니다.

고기, 생선, 계란, 콩류
• 우리 몸의 살과 피를 만들어 주며, 질병에 걸리지 않도록 도와주는 역할을 합니다. 특히 임신 기간 중에 태아의 성장 발달에 매우 중요합니다.

수분
• 체온을 조절해 주고, 영양소를 운반해 줍니다.
• 몸 속에 있던 찌꺼기를 몸 밖으로 배출해 줍니다.

우유·유제품류
• 칼슘과 단백질 등 필수 영양소가 많이 함유되어 있습니다.
• 특히 태아의 뼈와 이를 만들고 튼튼하게 해 줍니다.

과일
• 비타민과 무기질, 식이섬유 등을 함유하고 있습니다. 그러나 채소와 달리 당이 많이 함유되어 있어 과량 섭취 시 칼로리가 높아질 수 있습니다.

채소
• 임신 중의 여성은 매일 1회 이상 녹황색채소를 섭취하는 것이 좋으며, 미역, 다시마, 김 등의 해조류도 자주 섭취하는 것이 좋습니다.

그림 7-3 식품구성 자전거

출처: 보건복지부, 한국영양학회(2022). 2020 한국인 영양소 섭취기준 활용, p. 103.

표 7-2 영유아의 연령·체중·신장·에너지 섭취 기준

연령		체중(kg)	신장(cm)	에너지 필요 추정량 (Kcal/일)
영아(개월)	0~5	5.5	58.3	500
	6~11	8.4	70.3	600
유아(세)	1~2	11.7	85.8	900
	3~5	17.6	105.4	1,400

출처: 보건복지부, 한국영양학회(2022). 2022 한국인 영양소 섭취기준 활용, p. 7.

3) 영유아의 연령별 영양공급 원칙

영아마다 체질과 성격에 따라 한 번에 먹는 양이나 횟수에는 차이가 날 수 있다. 특히 생후 4~6개월 이하의 영아에게는 모유나 영아용 조제분유 외에 다른 어떤 것도 먹어서는 안 된다. 이 시기 이후에 영아는 이유식을 먹기 시작한다. 생후 4~6개월경은 영아가 삼키는 능력이 준비되는 시기로서 체중이 6~7kg이 되면서 이유식을 시작하는 데 적절하다. 이유식은 한 번에 한 가지 음식을 추가하고, 새로운 음식을 먹기 시작할 때에는 약 7일간 주의 깊게 관찰하여 알레르기 반응이 나타나는지 살펴본다. 첫 이유식으로는 쌀미음이나 죽이 권장되며, 초기부터 철분이 강화된 곡류나 육류를 제공하는 것이 필요하다. 과일, 야채, 육류는 부드러운 종류나 조리된 것부터 단계적으로 제공한다. 특히 비타민 C가 풍부한 야채, 과일을 제공해 주는 것이 좋다.

이유식 이후 1세 이후부터는 영아가 건강한 식습관을 형성할 수 있도록 부모와 보육교사는 영아의 식습관 형성을 위한 역할 모델이 되어야 한다. 어린이집에서는 하루 3회 식사와 2회의 간식을 제공해 준다. 2세 미만의 영아에게 소금과 설탕의 섭취를 제한하고 철분이 풍부한 고기, 생선, 가금류를 제공해 주며, 비타민 C가 풍부한 과일, 야채 등을 함께 주어 철분 흡수가 잘되도록 도와준다. 생우유는 하루 2컵(약 480ml) 이상 섭취하지 않도록 한다. 또한 땅콩류, 단단한 사탕, 팝콘, 씨앗 종류, 큰 덩어리 음식, 건포도, 말린 과일, 포도 등은 사레들릴 위험이 있으므로 이 시기의 영아에게는 주지 않는다.

2세 이후에는 고지방 식품의 섭취를 점차적으로 줄여 지방이 전체 칼로리 섭취의 30%를 넘지 않도록 한다. 어린이집에서는 이 시기의 영유아에게 지방 섭취 대신 곡류, 과일, 야채, 콩, 생선, 저지방 유제품, 칼슘이 풍부한 식품, 지방이 없는 살코기, 단백질이 풍부한 식품을 충분히 제공해 준다.

5세경 유아는 지방세포 수와 크기가 같이 증가하므로 과체중이 발생하기 쉽다. 과체중인 유아는 체중이 더 늘지 않도록 노력해야 하지만, 과체중에 따른 합병증이 없는 경우에는 체중 감량을 함부로 시도할 필요는 없다. 다만, 과체중인 유아는 소아당뇨, 고혈압, 고지혈증 등 합병증이 발생하지 않도록 유의해야 하며, 의사에게 정기적으로 진찰받는 것이 좋다.

4) 영유아의 영양 문제

(1) 비만

비만은 소비 열량이 섭취 열량보다 많아 과도한 지방이 채내에 축적되어 발생하는 것으로 과식, 편식, 부족한 활동량, 사회 · 정서적 요인 등이 복합적으로 작용하여 나타난다.

영아기 비만은 젖병 사용 시 과식하거나 이유식을 너무 빨리 제공했을 때 나타날 수 있다. 따라서 부모나 보육교사는 수유 시 영아가 포만감을 느낄 때 나타나는 행동을 잘 관찰하여 적절한 양을 주어야 한다. 부모나 보육교사가 영아가 보내는 신호를 알아채지 못하면 영아는 점점 신호를 보내지 않게 된다. 영아가 포만감을 느끼고 있는지를 알아보기 위해 부모나 보육교사는 잠시 수유를 멈추었다가 다시 젖병을 물림으로써 영아의 포만 여부를 살펴볼 수 있다. 걸음마기와 유아는 음식으로 관심을 끌려는 경우가 아니면 대부분 자신이 충분히 먹었다고 생각하면 그만 먹는다. 유아는 부모나 보육교사가 음식을 보상이나 달래기 수단으로 사용하기, 먹기를 강요하기, 양을 너무 많이 주기, 접시를 깨끗이 비우도록 요구하기 등의 행동을 통해 비만해질 수 있다.

영유아에게 음식 섭취는 매우 중요하고 기본적이므로 영유아는 과도한 열량 섭취를 줄이고, 성장에 필요한 단백질, 무기질, 비타민 등을 충분히 섭취해야 한다. 영유아의 열량 섭취를 줄이기 위해 보육교사는 밥, 빵, 면 종류, 스낵, 패스트푸드, 지방이 많은 육류, 칼로리가 높은 음료, 과일 등을 제한하여 제공해 준다.

(2) 성장장애

성장장애는 다양한 질병, 영양장애, 아동방임과 학대 등의 정신과적이고 사회학적인 문제 등을 포함한 복합적인 원인에 의해 나타난다. 성장장애는 발달 지연, 영양 결핍, 사회 · 정서적 장애 등의 문제로 이어질 수 있으므로 이를 조기에 진단하여 치료해야 한다. 일반적으로 성장장애 유아는 예상 체중의 150% 정도의 열량을 섭취할 수 있도록 지도한다.

(3) 식품 알레르기

알레르기는 음식물, 식품 첨가물 등을 섭취함으로써 발생하는 면역 반응으로 유아의 6~8%는 식품 알레르기가 있다. 식품 알레르기는 유아에게서 흔히 나타나는 영양 문제다. 아토피 피부염이 대표적인데, 이는 1/3이 음식으로 인해 발생한다. 그러므로 보육교사는 영유아가 어떤 식품에 알레르기를 일으키는지 알고 있어야 하며 급식과 간식 제공 시 이를 고려해야만 한다.

(4) 편식

편식은 유아기, 특히 자아가 발달하는 3세경부터 증가한다. 유아기의 편식은 유동적이어서 교정이 가능하지만, 한번 나쁜 습관이 형성되면 교정하기 어렵다. 편식의 원인은 병적이거나 특이 체질인 경우를 제외하고는 가정 또는 어린이집의 식사 환경이 주원인인 경우가 많다. 즉, 편식은 이유 방법이 잘못되었을 때, 가정이나 어린이집에서 편중된 식사를 제공하거나 식사 중 지나친 간섭이나 강제로 음식을 먹이려 할 때, 음식을 지나치게 달게 조리해 줄 때, 과식할 때, 간식을 불규칙하게 제공해 줄 때, 영유아에 대한 무관심이나 과잉보호를 할 때 등이 원인이 될 수 있다.

편식을 예방하기 위해 보육교사는 몇 가지 사항을 고려하여 식사와 간식을 제공해야 한다.

- 편식하지 않는 식단을 제공해 주기
- 영유아가 싫어하는 음식의 조리법을 개선하여 음식을 제공해 주기
- 영유아에게 음식을 강제로 주지 않기
- 즐거운 식사 환경을 마련해 주기
- 적은 식사량으로도 충분한 영양공급이 될 수 있도록 하기
- 새로운 음식을 줄 때는 소량으로 친숙한 음식과 함께 제공해 주기

(5) 충치

충치는 유아에게 영양과 관련하여 나타나는 가장 흔한 질병이다. 유치는 발육기 성장에 영향을 줄 뿐만 아니라 유아의 성격 형성과 영구치에도 영향을 미친다. 그러므로 충치를 예방하기 위해 보육교사는 영유아에게 영양소의 균형을 이룬 식사

를 제공해 주어야 하며, 간식의 선택에 유의하며 사탕이나 과자류를 줄여서 제공한다. 또한 보육교사는 영유아가 치아에 좋은 음식과 나쁜 음식을 이해하고 식별할 수 있도록 교육한다.

5) 식자재와 급 · 간식 관리

보육교사는 적절한 영양공급을 위한 계획과 실천 및 영유아에게 기본적인 식생활 교육을 실시해야 한다. 어린이집의 급 · 간식은 위생을 고려하고 직접 조리하여 공급하는 것이 원칙이다.

(1) 식자재 관리
- 모든 식자재는 신선한 것을 구입하여 소비 기한이나 유통기한, 식품 구입 날짜 등을 표기하여 보관한다.
- 식자재별 보관 방법을 확인하고, 그에 맞게 냉장, 냉동, 실온 보관한다.
- 유통기한이 경과되거나 상한 원료나 완제품을 보관하거나 조리에 사용하여서는 안 된다.
- 이미 급식에 제공되었던 음식물을 재사용해서는 안 되고 배식 후 남은 음식은 전량 폐기한다.
- 영유아가 마실 물은 끓여서 식히거나 생수를 사용한다. 정수기를 사용할 경우, 정수기 꼭지와 필터는 정기적으로 점검한다.
- 0~1세 영아를 위한 모유나 우유는 반드시 냉장고에 보관하고 분유는 습기가 없는 곳에 보관한다. 먹다 남은 모유나 우유는 즉시 버린다.

(2) 급 · 간식 조리 지침
- 조리 전 비누를 사용하여 반드시 손을 씻는다.
- 음식을 조리하는 사람은 앞치마, 머릿수건, 위생복, 위생화 등을 착용하고 귀걸이, 반지, 매니큐어 등을 하지 않으며, 반드시 조리 전 건강 상태를 확인한다.
- 바닥에서 식재료 준비 작업을 하지 않으며 작업 시 위생장갑을 낀다. 단, 채썰기, 찢기, 껍질 벗기기 등은 맨손으로 조리 작업을 할 수 있다.

- 식재료 준비 작업 후에는 싱크대를 세척한 후 조리 작업을 한다.
- 칼과 도마는 어류, 육류, 채소류 등의 재료에 따라 구분하여 사용한다.
- 육류, 어패류 등을 가열 처리할 때는 중심부가 완전히 익었는지 확인하고, 음식을 수시로 저어 음식의 온도가 균일하게 유지되도록 한다.
- 어린이집 내 조리실은 항상 청결하게 유지한다. 이를 위해 정기적으로 식기, 도마, 칼, 행주, 그 밖의 주방 용구를 세척·살균·소독하고 매일 위생 점검을 한다.
- 20명 이상의 어린이집을 운영하는 원장은 조리하거나 제공한 식품의 매회 1인 분 분량을 섭씨 영하 18도 이하로 144시간(6일) 이상 보관해야 한다.

그림 7-4 **어린이집 보관식 예시**

출처: 보건복지부(2022). 2022년도 보육사업안내, p. 114.

(3) 급식

영양학적으로 균형 있는 식사는 영유아의 건강과 신체 발달에 매우 중요하다. 그러므로 어린이집에서는 성장기 영유아의 발달 단계와 영양적 요구를 고려하여 체계적인 급식 계획을 수립하여 영유아에게 양질의 식사를 제공해 주어야 한다. 영유아에게 바람직한 급식을 제공하기 위해 어린이집에서는 다음과 같은 사항을 고려하여 식단을 구성한다.

- 영유아의 발달단계와 영양학적 요구를 고려한 식단표(급식)를 작성한다.

- 사전에 수립한 식단 계획에 따라 영양적 균형을 고려한 식품을 구입하여 급식을 제공하며 제공된 식단을 기록해 둔다.
- 어린이집에서의 급식은 유제품을 포함하여 탄수화물, 단백질, 무기질과 비타민이 고루 함유되어야 한다.
- 다양한 조리 형태로 양질의 식자재를 사용하여 영유아가 편식하지 않도록 한다.
- 배식 후 조리한 음식이 남을 경우, 당일 소모를 원칙으로 하여 재배식하지 않는다.
- 이유식은 다양한 종류의 식자재를 이용하여 영양소의 균형을 고려함으로써 별도의 식단을 계획하여 조리한 후 영유아의 이유식 단계에 맞게 제공한다.

(4) 간식

간식은 영유아의 성장에 필요한 열량 보충과 영양의 균형을 위해 제공해 주는데, 식사와 중복되지 않으면서 내용과 양이 식사를 방해하지 않아야 한다. 어린이집에서는 간식을 영유아의 신체적 요구와 연령별 특성을 고려하여 오전과 오후로 나누어 제공하며, 비타민과 무기질이 풍부한 과일이나 채소 등을 제공해 준다. 어린이집에서는 다음과 같은 사항을 고려하여 영유아에게 바람직한 간식을 제공해야 한다.

- 사전에 수립된 간식 식단표에 따라 비타민과 무기질이 풍부한 과일이나 채소 등을 제공하고 그 내용은 기록하여 보관한다.
- 과일이나 채소는 생과일, 샐러드, 찐 감자 등과 함께 조리하여 영양소 파괴를 최소화하고 주 3회 이상 제공한다.
- 영유아의 신체적 요구와 연령별 특성을 고려하여 오전과 오후 2회 제공한다.
- 유화제, 발색제, 보존제 등의 식품 첨가물이 함유된 인스턴트식품, 탄산음료, 냉동식품과 과자류 등은 가능한 한 제공하지 않는다.
- 식사와 중복되지 않도록 하되, 오전 간식의 경우 죽이나 간단한 식사 등으로 제공할 수도 있다.

6) 영양교육

영유아기는 음식에 대한 감각이 발달할 뿐만 아니라 식사 예절과 위생적인 식습관과 같은 올바른 식사 행동의 기초를 형성하는 중요한 시기다. 영유아기에 형성된 식습관은 건강과도 밀접한 관련이 있으므로 보육교사는 일과 운영 속에서 통합적이고 다양한 방법으로 영양교육을 한다. 즉, 보육교사는 요리 활동, 관련된 책 읽기, 인터넷 검색, 비디오 시청, 역할놀이, 게임, 이야기 나누기 등의 다양한 방법을 활용하여 영유아에게 영양교육을 실시한다.

(1) 식품과 음식에 대한 지도 방법
- 식품의 종류와 이름에 관심을 갖고 식품의 형태, 맛, 색 등을 경험하기
- 여러 가지 과정을 거쳐 식품이 만들어진다는 것에 관심을 갖고 우유로 치즈 만들기, 콩으로 두부 만들기 등과 같은 활동을 해 보기
- 같은 재료로 여러 가지 음식을 만들 수 있다는 것을 알고 쌀로 밥과 떡을 만들기, 밀가루로 빵과 쿠키 만들기 등과 같은 활동을 해 보기
- 식품은 보관과 조리 시 주의해야 한다는 것을 알고 실험하기(예: 냉장 보관 음식을 상온에 놓았을 때 음식이 상하는 것을 관찰하기 등)

(2) 식습관과 식사 예절 지도
- 음식을 소중히 다루고 감사하는 마음 갖기
- 음식을 골고루 먹기
- 새로운 음식을 먹어 보기
- 음식을 자신이 먹을 수 있는 양만큼 조절하여 먹기
- 음식물을 입에 넣고 이야기하지 않기
- 숟가락, 젓가락을 올바르게 사용하기
- 식사 전후에 손 씻기
- 간단한 식사 준비나 배식을 돕기
- 바른 자세로 먹기
- 식후에 뒷정리 돕기

- 식후에 양치질하기

③ 영유아의 안전

어린이집은 영유아의 건강과 안전을 최우선으로 한다. 어린이집은 실내외 시설과 설비를 안전하게 설치 · 관리하여 영유아가 위험에 노출되지 않고 안전하게 지낼 수 있도록 해야 한다. 이를 위해 보육교사는 영유아가 안전하게 놀잇감을 사용하면서 놀이한 후 귀가할 수 있도록 지도한다. 또한 보육교사는 정기적인 안전교육과 소방 훈련을 통해 위험 상황에 대처하는 방법에 대해 지도하고 사고를 예방하는 지식과 태도도 길러 주어야 한다.

1) 연령과 발달 특성에 따른 안전사고

영유아는 미성숙하기 때문에 안전사고가 빈번하게 발생한다. 따라서 보육교사는 영유아의 연령별 발달 특성에서 자주 나타나는 안전사고와 잠재적인 위험 요소를 파악하여 사고를 미연에 방지하고 대책을 마련해야 한다.

(1) 0~1세 영아의 발달 특성과 안전사고
- 다른 신체 부위보다 머리가 먼저 발달하고, 팔과 다리에 비해 몸체가 먼저 발달하므로 몸의 균형을 잡기 어렵고, 서기 위해 훈련 중 자주 넘어지며, 기어 다니면서 물건에 자주 부딪힌다.
- 무엇이든 입으로 가져가 탐색하므로 자주 작은 물체를 삼키거나 입에 넣는다.
- 부딪힘, 추락, 흡입, 질식, 영아돌연사증후군(Sudden Infant Death Syndrome: SIDS) 사고가 발생한다.

(2) 1~2세 영아의 발달 특성과 안전사고
- 걷기가 쉬워지면서 걷기, 빨리 걷기, 달리기 등을 하다가 넘어지고 물건에 부딪힌다.

- 대 · 소근육의 발달이 미숙하여 외부의 위험한 상황에 대처하거나 반응하는 속도가 느리다.
- 모방 행동과 탐색하려는 의지가 많아 끊임없이 움직인다.
- 칼, 가위 등 위험한 도구에 상해를 입거나 교통사고, 화상, 추락, 충돌사고 등 이 자주 발생한다.

(3) 3~5세 유아의 발달 특성과 안전사고

- 호기심이 많고 신체의 움직임이 활발해져 주변 탐색 중 물건에 걸려 잘 넘어 지고 부딪힌다.
- 자기중심적 사고로 위험을 정확히 인지하는 것이 어렵다.
- 놀이 사고, 스포츠 기구로 인한 사고(예: 자전거 등 바퀴 달린 놀이기구로 인한 사고), 교통사고 등이 자주 발생한다.

표 7-3 영유아기 단계별 안전사고 순위(2017~2021년)

순위	영아기(1세 미만)	걸음마기(1~3세)	유아기(4~6세)
1	추락	미끄러짐, 넘어짐	미끄러짐, 넘어짐
2	부딪힘	부딪힘	부딪힘
3	미끄러짐, 넘어짐	추락	추락
4	식품 섭취로 인한 위해	이물질 삼킴/흡인	이물질 삼킴/흡인
5	이물질 삼킴/흡인	눌림, 끼임	눌림, 끼임
6	고온 물질에 의한 위해	식품 섭취로 인한 위해	식품 섭취로 인한 위해
7	눌림, 끼임	베임, 찔림	베임, 찔림
8	베임, 찔림	고온 물질에 의한 위해	충돌, 추돌 등 물리적 충격
9	충돌, 추돌 등 물리적 충격	충돌, 추돌 등 물리적 충격	고온 물질에 의한 위해
10	기타 의료시술 및 약물	파열, 파손, 꺾어짐	파열, 파손, 꺾어짐

출처: 한국소비자원 위해정보국 위해예방팀(2022). 어린이 안전사고 동향분석, pp. 16-25.

2) 영유아의 안전교육

보육교직원은 안전교육 지침을 숙지해야 하며, 시 · 도, 시 · 군 · 구 등에서 실시하는 안전 관련 교육에 적극 참여해야 한다. 또한 보육교사는 영유아 스스로 일상생활에서 자신의 안전을 보호할 수 있는 능력과 기술을 함양할 수 있도록 영유아를 대상으로 정기적인 교육을 실시해야 한다.

어린이집에서는 「아동복지법」의 안전교육 기준에 따라 보육과정 내에 영유아의 연령을 고려한 안전교육 계획과 소방 계획을 수립하여 정기적으로 관련 교육을 시행해야 한다. 영유아를 대상으로 안전교육을 시행할 때는 영유아가 보다 쉽게 안전의식을 내면화할 수 있도록 영유아의 연령별 특성을 고려하여 놀이, 동화, 이야기나누기 등의 방법으로 자연스럽게 실시한다.

표 7-4 ◀ 안전교육 기준

구분	성폭력 및 아동학대 예방 교육	실종 · 유괴의 예방 · 방지 교육	감염병 및 약물의 오용 · 남용 예방 등 보건위생관리 교육	재난대비 안전교육	교통안전 교육
실시 주기 (총 시간)	6개월에 1회 이상 (연간 8시간 이상)	3개월에 1회 이상 (연간 10시간 이상)	3개월에 1회 이상 (연간 10시간 이상)	6개월에 1회 이상 (연간 6시간 이상)	2개월에 1회 이상 (연간 10시간 이상)
교육 내용	• 내 몸의 소중함 • 내 몸의 정확한 명칭 • 좋은 느낌과 싫은 느낌 • 성폭력 예방법과 대처법	• 길을 잃을 수 있는 상황 이해하기 • 미아 및 유괴 발생 시 대처방법 • 유괴범에 대한 개념 • 유인 · 유괴 행동에 대한 이해 및 유괴 예방법	• 감염병 예방을 위한 개인위생 실천 습관 • 예방접종의 이해 • 몸에 해로운 약물 위험성 알기 • 생활 주변의 해로운 약물 · 화학제품 그림으로 구별하기 • 모르면 먼저 어른에게 물어보기	• 화재의 원인과 예방법 • 뜨거운 물건 이해하기 • 옷에 불이 붙었을 때 대처법 • 화재 시 대처법 • 자연재난의 개념과 안전한 행동 알기	• 차도, 보도 및 신호등의 의미 알기 • 안전한 도로 횡단법 • 안전한 통학버스 이용법 • 날씨와 보행안전 • 어른과 손잡고 걷기

〈계속〉

교육 내용			• 가정용 화학 제품 만지거나 먹지 않기 • 어린이 약도 함부로 많이 먹지 않기		
교육 방법	• 전문가 또는 담당자 강의 • 장소·상황별 역할극 실시 • 시청각 교육 • 사례 분석	• 전문가 또는 담당자 강의 • 장소·상황별 역할극 실시 • 시청각 교육 • 사례 분석	• 전문가 또는 담당자 강의 • 시청각 교육 • 사례 분석	• 전문가 또는 담당자 강의 • 시청각 교육 • 실습교육 또는 현장학습 • 사례 분석	• 전문가 또는 담당자 강의 • 시청각 교육 • 실습교육 또는 현장학습 • 일상생활을 통한 반복 지도 및 부모교육

출처: 「아동복지법」 제31조 및 동법 시행령 제28조.

3) 어린이집 안전 관리

보육교직원은 안전 관리의 중요성을 인식하고 위험 요인을 제거하여 영유아가 안전하게 활동할 수 있도록 해야 한다. 어린이집의 시설과 설비는 매일 점검하여 위험 요인이 발견되거나 파손된 곳이 있을 경우에는 즉시 수리·보완해야 한다. 안전 점검을 철저히 시행하기 위해 어린이집에서는 문서화된 점검표를 작성하고 안전 지침을 게시해야 한다. 한편, 실내에서 사용하는 모든 가구류와 교재·교구는 환경마크 인증 제품을 사용하고, 환경마크가 없는 경우에는 가급적 KS 규격의 유해 화학물질 규제 준수 품목을 선택하여 사용한다(보건복지부, 어린이집 안전공제회, 중앙육아종합지원센터, 2017, p. 17). 실내 공간에 대한 안전 관리에 대한 보다 자세한 사항은 '제5장 보육환경과 보육프로그램'의 '4. 보육실과 실외 놀이터의 공간 구성'을 참고하기 바란다.

(1) 실내 공간 안전 관리
① 보육실
• 넓고 개방적인 공간(1인당 2.64m²)이어야 한다. 보육실이 협소한 경우, 유사한 영역을 통합하여 배치하되, 보육교사가 영유아를 한눈에 파악할 수 있어야

한다.
• 문에 손가락과 발가락이 끼이지 않도록 끼임 방지 장치를 설치한다.
• 바닥은 턱이 없어야 하며 미끄럼 방지 처리를 한다.
• 창문은 유아가 밖을 볼 수 있는 높이로 설치하고, 2층 이상인 경우에는 보호대를 설치한다.
• 유리는 안전유리로 해야 하고 부딪힘 방지를 위해 유리에 스티커를 부착한다.
• 소리를 흡수할 수 있는 방음 장치를 천장, 벽 또는 바닥에 설치한다.
• 영아반에는 안전문(안전 울타리)을 설치한다.

② 화장실
• 교실에서 바로 연결되도록 한다.
• 영유아용 화장실 문은 안과 밖에서 다 열 수 있어야 한다.
• 비상시 안을 들여다볼 수 있는 높이로 설치한다.
• 화장실 바닥은 미끄럽지 않은 재질로 시공한다.
• 유아용 변기와 세면대를 설치한다.
• 수도꼭지에서 나오는 온수는 뜨겁지 않도록 일정한 온도를 유지한다.
• 위험한 물건은 유아 손이 닿지 않는 곳에 별도 보관하거나 잠금장치를 하여 보관한다.
• 돌출형 라디에이터의 경우는 화상 방지를 위한 안전장치(안전울타리)를 해야 한다.

③ 유희실
• 대근육 활동 기구는 서로 충분한 공간을 두고 비치한다.
• 사용하지 않는 물건은 장에 보관하고 잠금장치를 한다.
• 대근육 활동 시 충격을 흡수할 수 있는 매트를 깐다.
• 영유아 키 높이의 벽면, 바닥, 기둥, 모서리에는 충격을 완화할 수 있는 장치를 하고, 안전 매트를 깐다.
• 창문이 없는 벽면에 놀이기구를 배치한다.

④ 식당(조리실)

- 이동 시 부딪칠 수 있거나 필요 없는 물건은 치운다.
- 뜨거운 물과 음식은 화상 방지를 위해 미리 적절하게 온도를 낮추어 제공한다.
- 영유아들이 조리실에 들어가지 못하도록 안전문을 설치한다.
- 채광이 잘 되고 환기를 자주 시켜 청정한 실내환경을 유지한다.

⑤ 계단

- 미끄럼 방지 처리를 한다.
- 손잡이는 긁힘 없는 부드러운 표면이어야 하고, 벽을 따라 연결한다.
- 난간은 세로봉 사이 간격을 10cm 이하로 설치한다.
- 복도나 계단의 벽에 설치된 게시판이나 게시물이 떨어지지 않도록 안전하게 고정한다.

⑥ 현관

- 가능하면 넓게 설치한다.
- 신발장은 영유아의 키 높이에 맞춰 영유아가 함께 사용 시 혼잡을 피할 수 있도록 가로로 넓고 낮게 설치한다.
- 신발장 위에는 물건을 적치하지 않는다.
- 현관문은 영유아가 성인의 보호 없이 나갈 수 없고, 외부인이 침입하지 못하도록 개폐 장치를 설치하고 관리한다.
- 영유아가 사용하는 모든 출입문에는 손끼임 방지 장치를 한다.
- 문이 서서히 닫힐 수 있도록 속도 조절 장치(도어체크)를 설치한다.
- 눈이나 비가 오는 날의 경우에는 물기를 제거하거나 우산꽂이, 고무매트를 깐다.

(2) 교재 · 교구의 안전 관리

실내외 놀잇감은 영유아의 발달 특성에 맞고 위험 요인이 없어 영유아가 안전하게 사용할 수 있어야 한다. 이를 위해 보육교사는 영유아에게 놀잇감의 올바른 사용법에 대해 안내해야 한다. 또한 보육교사는 교재 · 교구의 안전한 관리와 배치에도 주의한다.

- 발달에 적합한 크기로서 견고한 교재 · 교구를 선정한다.
- 무독성이고 불가연성의 재질로 된 것을 선정한다.
- 모서리를 둥글게 하여 제작한다.
- 코팅한 교재 · 교구는 빛이 반사되어 눈에 부담을 주므로 가능하면 피한다.
- 영아반은 너무 크거나 푹신한 인형은 피한다.
- 영아반의 경우 직경 3.5cm보다 작은 크기의 교재 · 교구는 삼킬 위험이 있으므로 피한다.
- 유아들이 주사위, 말, 구슬과 같이 크기가 작은 교재 · 교구를 정리할 수 있는 정리함을 설치한다.
- 영유아에게 충분한 수의 교재 · 교구를 마련해 주고, 인기 있는 교재 · 교구는 동일한 것을 여러 개 구비한다.
- 부서진 것은 즉시 폐기하고 새 것으로 교환한다.
- 수리가 필요한 것은 즉시 수리한다.
- 건전지나 자석, 기타 작은 부속물이 빠지지 않았는지 수시로 확인한다.

(3) 생활용품 안전 관리

어린이집 생활용품은 영유아의 발달 특성에 맞도록 안전하고 위험 요인이 없어 영유아가 편리하게 활용할 수 있어야 한다.

① 침구
- 침대는 난간의 매트리스와 침대 사이에 공간이 없어야 한다.
- 침대 난간의 세로폭 사이는 영유아의 머리가 들어가지 않도록 7cm 이하여야 한다.
- 이불, 요, 베개 등의 침구류는 너무 푹신한 것을 피한다.

② 커튼과 카펫
- 커튼과 카펫은 방염 처리된 것을 사용한다.
- 카펫은 매일 진공청소기 등으로 꼼꼼하게 청소해야 하며, 커튼도 자주 세탁한다.

③ 유모차

- 견고하고, 안정감이 있으며, 브레이크가 있어야 한다.
- 이음새 부분에 손가락이나 발이 끼이지 않도록 간격이 넓지 않아야 한다.
- 유모차에 달린 투명 비닐 덮개는 영유아가 밖을 볼 수 있는 정도의 투명도를 유지해야 한다.

④ 식판의자

- 흔들리지 않고 안정감이 있으며 견고해야 한다.
- 영유아가 식판의자(high chair)에서 일어나거나 쉽게 나올 수 없도록 안전띠가 부착되어 있어야 한다.

⑤ 안전문

- 영아 보육실에는 영아가 혼자 밖으로 나가지 못하도록 안전문을 설치한다.
- 안전문 사이에 손가락이 끼이지 않도록 푹신한 종류의 재질로 마감한다.

(4) 실내 공기 질 관리

어린이집 실내 공기의 질은 영유아와 보육교직원의 건강을 좌우할 수 있다. 그러므로 보육교직원은 어린이집의 공기 오염 여부를 주기적으로 측정하고 발생 원인별로 개선 방안을 마련해야 한다. 자연적인 공기 정화를 위해 숯을 사용하거나 공기 정화식물을 키우는 것도 도움이 된다.

① 환기

- 창문과 환기시설 등을 이용하여 항상 신선한 공기가 유지되도록 한다.
- 환기 횟수는 적어도 오전 · 오후 하루 두 번 이상 30분씩 실시하고, 시간대는 오전 10시 이후와 일조량 및 채광량이 많은 낮 시간대를 이용한다.

② 청소와 소독

- 월 1회 이상 천장, 창틀, 방충망 등에 먼지가 쌓이지 않도록 청소하고, 벽면 등에 곰팡이와 같은 오염물질이 발견될 경우 즉시 소독한다.

- 공기청정기, 에어컨, 가습기 등은 가동 후 정기적으로 필터를 교체하고 내부 청소를 실시한다(2주에 1회).
- 적절한 실내 온도와 습도를 유지한다(봄, 가을 19~23℃, 습도 50%/여름 24~27℃, 습도 60%/겨울 18~21℃, 습도 40%).

(5) 미세먼지와 오존 관리

- 미세먼지와 오존 전파담당자(원장 등)를 지정하고, 관련 모바일 앱을 설치한다.
- 문자서비스 신청을 통해 미세먼지 예보 상황을 확인한다[9시, 12시, 17시(익일 예보)].
- 고농도 미세먼지와 오존 발생 시 실외 활동을 실내 활동으로 대체한다.
- 실내 공기 질 관리를 위해 빗자루질 청소 대신 물걸레질 청소를 하며, 공기청정기를 가동한다.
- 외출을 자제하고 부득이 외출 시 마스크를 쓰고 돌아와서도 손과 얼굴을 깨끗이 씻는다.

(6) 코로나19에 대한 안전 관리

코로나바이러스 감염증19는 전염력이 매우 높아 전 세계적으로 매우 위험한 전염병이다. 우리나라 질병관리본부에서도 전염병 재난 위기 경고 수준을 '심각'으로 발표할 정도로 집단감염 위험이 매우 높다(질병관리본부, 2020). 이에 따라 어린이집 내 코로나19 감염 위험을 최소화하고 코로나19 예방 및 대응을 위해 보육교직원의 역할은 다음과 같다(보건복지부, 2021).

① 코로나19 관리체계와 유관기관과 협조체계 구성

- 감염 관리 책임자를 지정하여 코로나19 예방 및 관리에 대한 책임성을 부여한다.
- 코로나19 의심환자 발생 시 즉시 대응을 위한 유관기관과의 비상연락체계를 구축한다.

② 감염예방을 위한 관리

- 감염예방수칙, 행동요령 생활 속 거리두기 실천 등 교육을 한다.

- 마스크 착용은 의무가 아니지만, 유아의 경우 노래·율동 등 집단 활동을 하거나 차량 이용 시 마스크를 쓰도록 권고한다.
- 어린이집 내 화장실이나 개수대에 손세척제와 휴지 등을 충분히 비치한다.
- 어린이집 내 마스크, 체온계 등 감염 예방을 위한 필수물품을 충분히 비치한다.
- 어린이집 내 주요 공간의 청소를 수시로 하고 공기정화를 위해 매일 3회 이상 수시로 환기한다.
- 어린이집은 매일 소독하되, 영유아가 빈번히 접촉하는 물품은 매일 2회 이상 수시로 소독한다.
- 모든 보육 활동 시 접촉을 최소화한다.
- 특별 활동 시 외부인 출입 관리를 기준을 준수하고 되도록 밀집도나 밀폐도가 낮은 환경에서 진행하도록 한다.
- 급·간식 시 식사 전후 수시로 환기하며 손씻기를 철저히 하고 일정 거리를 유지하여 식사한다.

③ 어린이집 등원과 출입 시 관리 강화

- 코로나 확진을 받은 영유아는 격리해제 확인서를 받을 때까지 등원을 중단한다.
- 발열 또는 호흡기 증상이 나타난 영유아는 증상이 호전될 때까지 등원을 중단한다.
- 보건당국으로부터 자가격리 통지를 받은 영유아는 해당 기간 등원을 중단한다.
- 동거인이 자가격리 통보를 받은 경우 동거인이 자가격리 해제 시까지 등원을 중단한다.
- 어린이집 등원 시 발열 체크, 마스크 착용, 손씻기를 하고 출입한다.
- 어린이집에 있는 동안 1일 2회 이상 발열검사를 하고 기록한다.
- 통학차량 이용 영유아는 탑승 전에 발열검사를 실시한다.

④ 유증상자 발견 시 조치 사항

- 영유아에게 마스크를 착용시키고 보호자에게 연락한다. 보호자가 오기 전까지는 확보된 격리 공간에서 보육교직원과 동석하여 대기한다.

- 어린이집 내에 추가 유증상자를 확인하고, 유증상자의 이송 이후에는 격리 장소를 소독한다.

⑤ 코로나19 관련 어린이집 일시적 이용 제한과 휴원 기준

- 영유아가 코로나19 확진자이거나 접촉자인 경우 시 · 군 · 구청에 신고하고 보건당국의 안내에 따라 일시적 이용을 제한한다.
- 확진자 발생 시 이용제한 시간과 장소는 보건당국의 역학조사 결과에 따라 결정한다.
- 접촉자 발생 시 이용제한은 접촉자 검사결과 음성 판정을 받을 때까지로 한다.

⑥ 어린이집 재개원을 하기 위한 조치 사항

- 감염병 예방 관리 체크리스크에 따른 점검 사항을 재확인한다.
- 방역물품을 충분히 확보했는지 확인한다.
- 등원 예정 아동의 건강상태를 유무선으로 확인한다.
- 학부 대상 개인 위생수칙, 부모가 준수할 사항, 어린이집 방역 관리 사항 등을 가정통신문이나 SNS 등을 통해 사전에 안내한다.
- 장기간 이용하지 않은 놀이터나 어린이집 시설을 청결하게 관리한다.

(7) 차량 안전 관리

어린이집은 가능한 한 차량을 운행하지 않는 것이 바람직하다. 등 · 하원이나 견학 등 부득이하게 차량을 운행할 경우, 안전하게 운행할 수 있도록 안전 설비를 갖추고 반드시 보육교사나 성인이 동승해야 하며, 안전 점검을 정기적으로 실시해야 한다.

① 차량 안전 관리

- 차량은 「도로교통법」에서 규정하고 있는 어린이 통학버스 신고 요건을 구비하여 관할 경찰서장에게 신고해야 한다.
- 운전기사 채용 시 건강 진단서 제출, 교통안전 교육 이수 여부 확인 및 성범죄 경력 조회를 실행해야 한다.

- 어린이집 원장, 운전자, 동승 보육교사는 어린이 통학차량 관련 정기 안전교육을 이수하거나 전달 연수를 통해 교육받아야 한다.
- 운전자는 통학차량 내부에 안전 수칙을 부착하고, 차량용 소화기와 구급상자를 비치해야 하며, 어린이집 통합 안전 점검표에 의한 안전 점검을 실행해야 한다.
- 차량운행 시 보육교사가 동승해야 하고, 36개월 미만 영아는 영아용 보호장구를 착용해야 하는데 영아용 보호장구는 안전인증 제품을 사용해야 한다.
- 차량에 동승하는 보육교사는 도로교통공단에서 주관하는 동승보호자 교육을 받은 후 어린이집 원장에게 수료증을 제출해야 하고 2년마다 정기적으로 교육을 이수해야 한다.
- 통학차량에는 금연을 상징하는 표지판 또는 스티커를 부착해야 한다.
- 영유아를 태우고 운행 중일 경우에는 어린이 보호 표시를 부착해야 한다.
- 운전자는 음주, 휴대폰 또는 이어폰 사용 등 운전 판단 능력에 영향을 미치는 행위를 하지 않아야 한다.

② 승하차 안전
- 운전자는 통학차량에 승차한 영유아가 좌석에 앉아 안전벨트를 착용했는지 확인한 후 통학차량을 출발시켜야 한다.
- 운전자는 영유아가 안전하게 승하차할 수 있도록 주변 도로 환경을 고려해야 한다.
- 운전자는 하차한 영유아가 보도 또는 길 가장자리 구역 등 자동차에서 안전한 장소로 도착했는지, 보호자가 영유아를 인도받았는지를 확인한 후 통학 차량을 출발시켜야 한다.
- 운전자가 영유아의 하차 여부를 확인할 때에는 '어린이 하차 확인 장치'를 작동해야 한다.
- 보육교사와 영유아는 통학차량 운행 시작 전 모두 안전띠를 착용해야 한다.

(8) 현장학습 안전 관리

어린이집은 나들이, 산책 등 일상적 야외학습과 관람, 체험, 견학 등 현장학습을 빈번하게 실시한다. 야외학습과 현장학습 시 보육교사는 영유아의 보호 영역이 넓어져 안전 관리가 어려울 수 있으므로 특별한 주의가 필요하다. 야외학습이나 현장학습을 가기 전과 학습하는 동안 보육교사는 다음과 같은 몇 가지 사항을 점검하고 안전 수칙을 지켜야 한다(어린이집 안전공제회, 2014, p. 21).

① 사전 점검 사항
- 자주 가는 장소라 하더라도 계절이나 시기에 따라 주위 환경이 달라질 수 있으므로 사전 답사하여 영유아의 동선, 화장실, 쉴 곳 등을 미리 확인한다.
- 보육교사 대 영유아 수를 평소보다 더 적도록 보조 인력을 배치한다.
- 동식물 알레르기가 있는 영유아가 있는지 파악한다.
- 영유아를 대상으로 안전교육을 시행한다.

② 현장학습 동안 점검 사항
- 차량 내에서 영유아가 안전띠를 착용했는지 확인하고 가방이나 준비물 등이 떨어질 염려가 없는지 확인한다.
- 차량 이동 중 보육교사 간 필요 이상의 대화나 수면을 취하지 않는다.
- 수시로 영유아 인원 수를 파악한다.
- 항상 영유아에게 시선을 고정하여 안전 여부를 확인한다.
- 관련 업무 외 핸드폰은 사용하지 않는다.

(9) 안전사고 대처 방법

어린이집은 안전사고가 발생하지 않도록 예방과 대비를 철저히 해야 하지만, 안전사고가 발생한 후에는 적절하게 대응해야 한다. 안전사고에 대응하기 위해 어린이집은 인근 소방서, 경찰서뿐만 아니라, 가스, 유류 등의 안전 상태를 점검하는 유관 기관 등과도 비상연락 체계를 구축해야 한다. 또한 어린이집은 부모와의 비상연락망을 확보하고, 응급처치동의서를 비치해야 하며, 어린이집 자체 안전사고관리 지침서를 작성하여 준수해야 하고, 사고 발생 시 24시간 이내에 사고 보고서를 작성하여 시장 · 군수 · 구청장에게 보고해야 한다.

표 7-5 영유아 안전사고 발생 시 대처 방법

단계	내용	상세 내용
사고 사전 대비	응급처치동의서 비치	• 영유아 부모의 비상 연락망 확보 • 응급처치동의서 비치
	보험가입	• 화재, 상해, 산재, 차량 등 보험 가입 및 가입한 보험 만료 기간 확인
사고 발생 시 대처	초기 대처	• 영유아 건강상태를 확인하고 응급상황에 따른 초기 응급처치 실시(119 신고, 병원) • 남아 있는 영유아 안전 및 후속 조치
	증빙자료 확보	• 사고 요인 및 사고 과정 확인 • 사고 현장이나 상황에 대한 기록이나 사진 또는 녹음 • 사고를 유발한 장소나 물체, 기구 등 사진 • 사전 답사 기록물
	원장 보고 및 학부모 연락	• 원장 및 학부모에게 영유아의 상태, 조치 상황 알림
사고 발생 후 조치 사항	사고 보고	• 사고 발생 24시간 이내 보고, 중대사고 시 즉시 보고 • 감염병 발생 시 보육통합 정보시스템에 보고 • 어린이 놀이시설에서 중대한 사고 발생 시 보고
	사고자에 대한 조치	• 성의 있는 자세로 신뢰 구축 • 보상 절차 및 제출 서류 등 정보 알림
	사고 재발 방지를 위한 추후 조치 및 지도	• 명확한 사고 유발 요인 파악 • 위험물 제거 또는 관리자에게 위험 요인 알림 • 사고지점은 현장학습 장소에서 제외 • 사고 사례 공유, 사고 발생 요인 분석 대처 방안 수립 • 영유아, 보육교직원, 부모 안전교육 내용 추가 계획

출처: 어린이집 안전공제회(2014). 어린이집 야외활동 안전 길라잡이, p. 37.

4) 아동학대

아동학대는 보호자를 포함한 성인이 아동의 건강 또는 복지를 해치거나 정상적 발달을 저해할 수 있는 신체적·정신적·성적 폭력이나 가혹행위를 하는 것과 아동의 보호자가 아동을 유기하거나 방임하는 것을 말한다(「아동복지법」 제3조 제7호). 보호자에 의한 아동학대는 아동학대범죄로 규정하고 있다(「아동학대범죄의 처벌 등에 관한 특례법」 제2조 제4호). 보호자란 친권자, 후견인, 아동을 보호·양육·교육하거나 그러한 의무가 있는 자 또는 업무 · 고용 등의 관계로 사실상 아동을 보호 · 감독하는 자(「아동복지법」 제3조 제3호)이므로 영유아가 어린이집에서 보육을 받는 동안 영유아를 보호하고 교육하는 보육교직원도 보호자에 해당한다.

(1) 아동학대 유형

아동학대 유형은 「아동복지법」 제3조 제7호에 의하면 신체학대, 정서학대, 성학대, 방임 · 유기로 구분된다. 신체학대는 아동에게 신체적 손상을 입히거나 이를 허용하는 모든 행위다. 정서학대는 아동에게 하는 언어적 · 정서적 위협, 감금 · 억제 · 가혹행위, 장애를 가진 아동을 공중에 관람시키는 행위, 아동에게 구걸시키거나 아동을 이용하여 구걸하는 행위, 공중의 오락 흥행 목적으로 유해한 곡예를 시키는 행위다. 성학대는 성적 만족을 위해 아동을 대상으로 하는 모든 성적 행위다. 방임 · 유기는 자신의 보호 감독을 받는 아동을 유기와 의식주를 포함한 기본적 보호 · 양육 · 치료와 교육을 소홀히 하여 정상적인 발달을 저해하는 모든 행위다. 영유아의 보호와 교육 및 권리 증진을 위해 책임을 다해야 할 어린이집에서의 아동학대는 주로 신체학대나 정서학대 등의 형태로 발생한다. 즉, 책임 전가하기, 비웃기, 창피 주기, 위협하기, 애정이나 정서적 지지 주지 않기, 무시하거나 함께 시간을 보내지 않기, 웃어 주지 않기, 쉽게 핀잔주기, 필요 이상으로 비난하기, 강압적 훈육 등이다(보건복지부, 어린이집 안전공제회, 중앙육아종합지원센터, 2017, p. 95).

(2) 아동학대 발생 원인

아동학대는 가정 내에서 가장 많이 발생하지만, 어린이집에서도 매년 발생이 증가하고 있다. 어린이집에서의 아동학대 발생은 보육교사와 어린이집에서 그 원인을 찾을 수 있다(보건복지부, 어린이집 안전공제회, 중앙육아종합지원센터, 2017, p. 95).

① 보육교사 요인
- 과도한 업무와 스트레스
- 영유아동 발달과 보육에 대한 지식 부족
- 영유아 존중에 대한 인식 부족과 잘못된 보육관
- 영유아에 대한 지나친 기대

- 어릴 적 학대받은 경험
- 불안, 우울, 기타 정신질환
- 미성숙 또는 낮은 자아존중감

② 어린이집 요인

- 영유아 발달에 부적합한 환경
- 보육교사에 대한 교육 부족
- 영유아 문제 지도 방안에 대한 어린이집 내 논의 부족
- 영유아 문제 해결을 위한 전문 기관과의 연계 부족

(3) 아동학대 위험 예방

어린이집에서는 보육교직원이 영유아의 권리를 존중하면서 영유아를 부주의하게 보육하거나 교육하는 일이 발생하지 않도록 아동학대 기준에 대해 분명한 이해를 도모해야 한다. 보육교직원이 부주의한 지도를 충분히 인지하지 못한 채 은밀하고 반복적으로 고의성을 가지고 영유아를 대할 경우에는 아동학대로 이어질 수 있다. 그러므로 어린이집에서는 보육교직원의 부주의한 행동이나 지도에 대해 스스로 혹은 주변의 동료 보육교직원에 의해 발견될 수 있도록 보육일과를 모니터링해야 한다. 또한 보육교직원은 부주의한 지도와 아동학대 행위를 혼돈하지 않도록 아동학대 기준을 분명하게 인지해야 한다.

그림 7-5 **아동학대 위험에 대한 부주의한 지도의 예방선**

출처: 보건복지부, 한국보육진흥원(2021). 어린이집 아동학대 예방 및 대응 매뉴얼, p. 9.

한편, 어린이집에서는 영유아 권리존중 보육이 일상화되도록 보육교직원으로 하여금 영유아를 무시하거나 비난하거나 차별하는 등의 행동을 하지 않고 영유아의

권리를 존중하는 행동 특성을 갖도록 지원해야 한다.

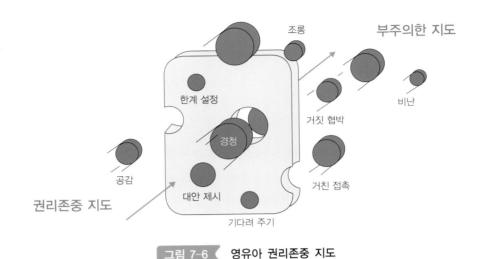

그림 7-6   영유아 권리존중 지도

출처: 보건복지부, 한국보육진흥원(2021). 어린이집 아동학대 예방 및 대응 매뉴얼, p. 10.

(4) 아동학대 신고와 예방교육

보육교사를 포함하여 보육교직원은 아동학대 신고 의무자로서 아동학대를 알게 된 경우나 의심되는 경우에는 즉시 112에 신고하고 보호자에게도 신고 내용을 알려야 한다. 아동학대 신고부터 종결과 사후 관리에 이르는 과정은 [그림 7-7]과 같다.

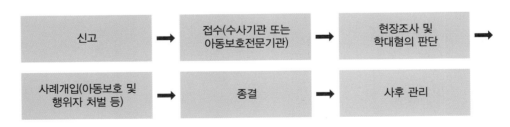

그림 7-7   수사기관과 아동보호전문기관의 아동학대 개입 절차

출처: 보건복지부(2022). 보육사업안내, p. 129.

보육교직원이 아동학대가 의심되거나 아동학대를 확인하여 이와 관련된 내용을 신고할 때는 112에 학대 의심 내용, 피해 아동 정보, 학대 행위 의심자 정보, 신고자 정보를 제보해야 한다(보건복지부, 어린이집 안전공제회, 중앙육아종합지원센터, 2017, p. 107). 학대 의심 내용은 학대 의심 증거, 학대 발견 시 정황, 학대 상처, 학대 지속성 등이고, 피해 아동 정보는 피해 아동의 이름, 성별, 나이, 주소, 전화번호, 특징, 현재 상태 등이다. 학대 행위 의심자 정보는 학대 행위자의 이름, 전화번호, 직업, 특징, 피해 아동과의 관계, 피해 아동과의 동거 여부 등이고, 신고자 정보는 신고자의 이름, 전화번호, 피해 아동과의 관계, 학대 사실을 알게 된 경위 등이다. 아동학대 관련 내용을 알면서도 신고의무를 이행하지 않을 경우에는 「아동학대범죄의 처벌 등에 관한 특례법」에 따라 처벌받는다. 또한 아동학대를 예방하기 위하여 어린이집 원장을 포함한 모든 보육교직원은 매년 아동학대 예방과 신고의무와 관련된 신고의무자 교육을 1시간 이상 받아야만 한다.

생각해 봅시다

1. 코로나19와 같은 감염병 발병 시 어린이집에서의 대처 방법이나 관련 규정 등에 대해 생각해 봅시다.
2. 영유아를 위한 급·간식 지도 시 보육교사의 역할과 가정과의 연계방안에 대해 생각해 봅시다.
3. 어린이집에서 안전사고 발생 시의 대처 방법과 사후 조치 사항에 대해 생각해 봅시다.
4. 아동학대를 예방하기 위한 보육교사의 역할에 대해 생각해 봅시다.

참고문헌

김영심, 강영욱, 조남숙, 한국선, 이춘희, 이숙희, 김진아, 김현옥(2010). 영유아 건강교육. 서울: 창지사.

보건복지부(2012). 어린이집 건강관리 매뉴얼. 서울: 보건복지부.

보건복지부(2021). 「코로나바이러스감염증-19」 유행대비 어린이집용 대응지침(IX판). 세종: 보건복지부.

보건복지부(2022). 2022 보육사업안내. 세종: 보건복지부.

보건복지부, 아동권리보장원(2021). 유엔아동권리협약 아동버전 한국어판. 서울: 아동권리보장원.

보건복지부, 어린이집 안전공제회, 중앙육아종합지원센터(2017). 2017 어린이집 보육교직원 안전교육. 서울: 어린이집 안전공제회.

보건복지부, 한국보육진흥원(2021). 어린이집 아동학대 예방 및 대응 매뉴얼. 서울: 한국보육진흥원.

보건복지부, 한국영양학회(2022). 2020 한국인 영양소 섭취기준 활용. 서울: 보건복지부, 한국영양학회.

서울육아종합지원센터(2016). 서울시 어린이집 안전수칙 매뉴얼. 서울: 서울특별시 여성가족정책실.

어린이집 안전공제회(2014). 어린이집 야외활동 안전 길라잡이. 서울: 어린이집 안전공제회.

어린이집 안전공제회(2016). 2016 어린이집 안전 관리 백과: 제4권 건강 · 환경 · 위생 · 급식(2판). 서울: 어린이집 안전공제회.

조성연, 이정희, 김온기, 제경숙, 김영심, 황혜정, 김혜금, 나유미, 박진재, 송혜린, 신혜영(2018). 최신 보육학개론. 서울: 학지사.

코로나바이러스감염증-19(COVID-19). '코로나19' 중앙방역대책본부브리핑. http://ncov.mohw.go.kr에서 2021년 8월 30일 인출.

한국소비자원 위해정보국 위해예방팀(2022). 어린이 안전사고 동향분석. 서울: 한국소비자원.

한국영양학회(2020). 2020 한국인 영양섭취기준. 서울: 한국영양학회.

세계보건기구(1948). Constitution of the World Health Organization. https://www.who.int/about/governance/constitution에서 2022년 1월 25일 인출.

제**8**장

부모교육

　　보육 활동에서 어린이집과 가정 간의 협력은 영유아의 성장과 발달에 필수적이다. 어린이집과 부모 간의 개방적이고 적극적인 상호 교류는 매우 중요함에도 다양한 가족 유형의 등장으로 가정마다 고유의 특성과 요구, 양육관으로 어린이집과 부모 간의 밀접한 상호작용은 결코 쉽지 않다. 현재 국가 차원에서는 열린어린이집을 확대해 나가면서 어린이집의 보육 과정과 활동 등을 부모와 지역사회에 적극적으로 개방하고 있다. 현대 사회에서 보육은 영유아의 성장과 발달을 지원하는 기본적인 기능뿐만 아니라, 가족에게도 부모교육과 부모참여를 통해 자녀 양육을 돕고, 지역사회 자원을 효과적으로 활용할 수 있도록 다양한 정보를 제공해 주기 때문에 가정과 지역사회와의 연계는 매우 중요하고 필요하다. 따라서 이 장에서는 보육에서의 부모교육의 필요성과 어린이집에서 활용할 수 있는 대표적인 부모교육과 부모참여 방법에 대해 알아보고자 한다.

1. 어린이집에서의 부모교육과 부모참여의 필요성과 그 내용에 대해 알아본다.
2. 어린이집에서 이루어지는 부모교육과 부모참여 방법에 대해 알아본다.
3. 「영유아보육법」상의 부모참여 방법에 대해 알아본다.
4. 어린이집에서의 부모교육과 부모참여를 지원해 줄 수 있는 다양한 방법에 대해 알아본다.

1 부모교육의 의미

1) 부모교육의 필요성

한 사회와 문화 속에서 자녀양육 방법은 그 사회의 특성이나 이념, 시대적 요구, 가치관, 미래에 대한 판단과 기대 등을 복합적으로 반영한다. 자녀양육의 주체는 부모지만, 사회가 변화함에 따라 친족, 사회, 국가와 불가분의 관계를 맺게 되었다. 더욱이 저출산이 심각한 사회 문제가 되며 모든 영유아에게 보육 기회를 제공하는 등 보육의 공적 개념이 도입되면서 자녀양육을 공적인 차원에서 언급하게 됨에 따라 이와 관련한 부모교육의 중요성과 필요성도 부각되었다.

부모교육은 현재 부모거나 미래 부모가 될 사람에게 부모로서의 가치관과 인격 형성 및 자녀양육에 필요한 지식과 기술을 알려 주어 자녀의 바람직한 성장과 발달을 도와주기 위해 제공하는 교육이다(조성연, 2021, p. 26). 자녀양육이 부모와 사회의 공동 책임이라는 인식이 지배적인 상황에서 부모교육은 보다 나은 양육환경을 지원하려는 사회의 총체적 노력이기도 하다. 과거에는 형식적이고 체계적인 부모교육을 하지 않아도 세대 간 문화 전수와 친족, 지역공동체를 통해 자연스럽게 부모가 되는 준비를 할 수 있었다. 그러나 사회가 다변화하고 복잡해짐에 따라 부모로서의 역할수행을 배울 수 있는 기회가 축소되면서 부모역할에 대한 이해가 부족하여 자녀양육의 문제가 발생하기도 하고, 심지어 아동학대나 방임 등의 문제도 발생하기도 한다. 특히 어린이집에서의 양육이 보편화되고 열린어린이집이 증가하면서 어린이집에서의 부모교육과 부모참여는 매우 중요한 보육과정의 일부가 되었다.

기관 운영에서 부모와 어린이집 간의 협력 관계는 일관성 있는 보육 활동을 위해 매우 중요하고 필요하다. 어린이집은 가정에서의 부모역할과 자녀양육 방법을 이해하고, 부모는 어린이집의 보육철학과 기관 운영 방침을 이해함으로써 영유아의 전인발달을 위해 기관과 가정이 연계된 보육 활동이 이루어질 수 있도록 상호 협력해야 한다. 그에 따라 어린이집 평가제의 평가지표에도 기관에서의 다양한 부모참여와 부모교육뿐만 아니라, 기관과 부모와의 정기적인 개별면담을 통한 가족 지원과 지역사회와 연계한 다양한 활동이 포함되어 있다. 왜냐하면 부모와 어린이집 간의 영유아와 관련한 활발한 의사소통을 통해 어린이집은 영유아 상태를 고려하여 영유아에게 적합한 활동을 제공해 줌으로써 전인발달을 도모할 수 있고, 부모는 어린이집에서의 활동을 가정에서 연계하여 영유아에게 제공해 줌으로써 자녀양육을 할 수 있기 때문이다. 그러므로 어린이집은 영유아가 가정과 어린이집에서 일관된 양육과 교육환경을 경험할 수 있도록 가정과 긴밀한 협력관계를 유지해야 한다. 이를 위해 어린이집 평가제의 평가지표는 어린이집을 개방하고 다양한 부모참여와 부모교육이 이루어지는지, 가정과의 의사소통과 개별면담이 이루어지는지, 지역사회와 연계한 다양한 활동이 이루어지는지에 대해 평가한다(〈참고 ①〉 참조).

 참고 ❶ 부모교육과 부모참여를 위한 어린이집 평가제 평가지표

• 영역: 2-4 가정 및 지역사회와의 연계

2-4-1	어린이집을 개방하여 다양한 부모참여와 교육이 이루어진다.
평가 내용	① 부모가 보육실 활동을 참관할 수 있는 구체적인 절차와 방법을 안내하고 있음 ② 부모가 자원봉사, 현장학습 동반, 급식 지원 등의 방법으로 어린이집 운영 지원에 참여하고 있음 ③ 부모교육(아동학대 예방교육 포함)을 두 가지 이상의 방법으로 실시하고 있음
2-4-2	평소 가정과 다양한 방법으로 소통하고 정기적인 개별면담을 통해 가족을 지원한다.
평가 내용	① 평소 두 가지 이상의 방법으로 가정과 소통하고 있음 ② 모든 영유아의 부모와 연 2회 이상 개별면담하고 주요 면담 내용을 기록, 관리함 ③ 영유아나 가족의 문제를 파악하고 이해하고자 노력하고 있음
2-4-3	지역사회와 연계한 다양한 활동을 실시하고 있다.
평가 내용	① 지역사회 자원을 이용한 다양한 활동을 월 1회 이상(영아의 경우 2개월에 1회 이상) 실시한 기록이 있음

출처: 보건복지부, 한국보육진흥원(2021). 2022 어린이집 평가매뉴얼(어린이집용), pp. 146-151.

어린이집에서의 부모교육과 부모참여를 증진시키기 위해 열린어린이집의 개방성 개념(보건복지부, 육아정책연구소, 2015)을 적용할 수도 있다. 여기서 '열린'이란 영유아의 부모가 어린이집의 다양한 활동에 활발히 참여할 수 있도록 어린이집의 개방성을 증진한다는 뜻이다. 2022년도 열린어린이집 추진 목표는 "부모참여 중심 열린어린이집 활성화로 안심보육 환경 조성"이 있다(보건복지부, 2022, p. 3). 열린어린이집은 부모와의 활발한 상호작용이 중요한데 그 선정기준은 어린이집의 구조·운영을 위한 개방성, 참여성, 지속가능성, 다양성과 지자체의 자체 선정기준이다(보건복지부, 2022, p. 5). 열린어린이집의 구조·운영을 위한 선정기준은 다음과 같다.

첫째, 개방성은 공간 개방성, 부모 공용 공간, 정보 공개, 온라인 소통 창구인데, 이 중 공간 개방성이 확보되지 않으면 열린어린이집으로 선정되지 않는다.

둘째, 참여성은 연 1회 이상의 신입원아 부모 오리엔테이션, 연 2회 이상의 부모 개별 상담, 분기별 1회 이상의 어린이집운영위원회 또는 조합(협동어린이집) 총회, 연 2회 이상의 부모교육, 분기별 1회 이상의 부모참여 프로그램(열린어린이집의 날 운영), 연 1회의 부모만족도 조사, 연 2회 이상의 자체 부모모니터링, 연중 부모의 어린이집 참관이다. 이 중 연중 부모의 어린이집 참관을 운영하지 않는 경우 열린어린이집으로 선정될 수 없다.

셋째, 지속가능성은 연 1회의 부모참여 활동 선호와 참여의견 조사, 분기별 1회 이상의 부모참여 활동 정기 안내와 공지다.

넷째, 다양성은 부모참여 활동의 균형적 운영과 연 2회 이상의 지역사회와의 연계 및 협력 활동이다.

열린어린이집은 부모가 어린이집 운영의 협력자로서 반드시 필요하다는 인식과 지역사회 지원체제 등을 필요로 한다. 이러한 환경을 조성하고 부모의 역량을 강화하기 위해 열린어린이집에서는 부모 오리엔테이션, 강의, 워크숍, 소집단 모임 등의 부모교육, 교사-부모 공동연수, 부모 개별상담, 수업공개 등의 다양한 활동과 교육을 실시한다.

2) 부모교육 대상

부모교육 대상은 현재 자녀를 양육하는 부모와 미래에 부모가 될 사람인 예비 부모다. 어린이집에서의 부모교육은 기관에 자녀를 보낸 부모를 대상으로 부모가 자녀를 양육하는 데 필요한 지식, 기술, 태도를 익히는 데 목표를 두고 부모의 요구에 따라 하위 목표를 구성할 수 있다. 어린이집에서 실시하는 대부분의 부모교육은 자녀양육과 관련한 정보와 기술을 부모에게 전달하여 부모 자신의 자녀양육과 관련한 문제를 해결할 수 있도록 돕고, 자녀양육에 대한 태도와 방법을 변화시키는 데 중점을 둔다.

부모교육은 부모만을 대상으로 하기보다는 그들에게 영향을 미치는 다양한 대상을 포함하는 것이 효과적이다. 최근 보육이 공적 관심 대상이 되면서 부모교육은 부모 외에 다른 가족구성원과 지역사회까지 포함하여 프로그램을 진행하는 것으로 그 대상을 확대하고 있다.

3) 부모와 교사 간 협력

보육교사는 부모교육을 통해 부모를 동반자이자 보육교사 자신의 성장을 돕는 존재로 인식하여 보육 현장에 부모를 참여시키는 것이 중요하다. 그러나 부모의 기관에 대한 과도한 기대나 보육과정에 대한 이해 부족, 보육교사의 권위 불인정, 영유아 지도와 양육에 대한 무관심과 비협조 등으로 보육교사와 부모는 때로 역할 갈등을 경험하기도 한다. 그럼에도 불구하고 보육교사는 부모의 자녀양육에 대한 철학과 양육 방법을 이해함으로써 동반자적인 관계를 유지하도록 노력해야 한다.

보육교사와 부모 간의 동반자적인 관계는 효율적인 의사소통과 상호 존중을 통해 영유아의 발달을 위한 기초가 된다. 보육교사와 부모 간의 동반자적 관계는 영유아, 부모, 보육교사 모두에게 효과적이다. 영유아는 새로운 환경에 대한 안정감을 획득할 수 있고, 보육교사의 적절한 반응을 통해 긍정적인 사회ㆍ정서 발달을 이룰 수 있다. 부모는 자녀양육에 대한 다양한 정보를 획득함으로써 부모로서의 자존감 향상과 적절한 부모역할 수행을 위한 기술과 방법을 배울 수 있다. 보육교사는 다양한 가족구성원을 접하면서 경험과 지식이 확대되어 보육교사로서의 역할수행 능력과 자신감이 향상될 수 있다.

4) 부모와 지역사회 간 협력

(1) 부모와 지역사회 간 협력의 필요성

보육교사는 부모와 지역사회 간 협력과 소통을 통해 영유아가 최적의 발달을 이룰 수 있도록 노력해야 한다. 보육교사의 부모와 지역사회 간 협력에 대한 근거는 어린이집 평가제 평가지표와 어린이집 윤리강령, 전미유아교육협회(NAEYC)의 교사 윤리강령 등에서 찾아볼 수 있다.

첫째, 어린이집 평가제 평가지표(보건복지부, 한국보육진흥원, 2021) 중 부모와 지역사회 요소는 '보육환경 및 운영 관리' 영역의 '가정 및 지역사회와의 연계' 지표에서 찾아볼 수 있다. 즉, 어린이집 개방을 통한 다양한 부모 참여와 부모교육, 가정과의 다양한 소통 방법과 정기적인 개별면담을 통한 가족 지원, 지역사회와 연계한 다양한 활동 실시다.

둘째, 어린이집 윤리강령의 '전문'에서는 부모가 자신의 양육책임을 잘 수행하도록 협력적 관계에서 보육을 수행한다고 명시하고 있다. 또한 '2. 가족에 대한 윤리'와 '4. 나와 사회에 대한 윤리'를 제시하고 있다(제6장의 '5. 보육교직원 자질과 역할' 〈참고 ①〉 참조).

셋째, 전미유아교육협회(2017)의 교사 윤리강령에서 가정과 기관은 영유아의 발달을 강화하는 방향으로 서로 협조해야 할 책임이 있음을 인정하고, 지역사회의 요구 조건을 만족시키는 프로그램을 제공하여 영유아에 대한 책임을 나누는 기관 및 전문가와 협조함으로써 필요한 프로그램을 개발해야 한다고 명시하고 있다.

(2) 고객으로서의 부모

보육은 양육 서비스이므로 부모는 그 서비스를 받는 고객이다. 그러므로 보육 활동은 부모의 다양한 욕구를 얼마나 충족해 주느냐가 매우 중요하다. 어린이집에 대한 부모의 만족도는 서비스로서의 보육의 질을 평가하고 어린이집의 질을 개선하는 데 중요한 참고자료가 될 수 있다. 부모의 만족도를 알아보는 지표로는 보육서비스가 제공되는 범위, 어린이집의 위치와 분포, 어린이집의 이용 가능성과 운영시간 등이 될 수 있다. 국가적 차원에서도 어린이집 평가제 평가지표를 통해 부모는 보육서비스의 고객이므로 보육실 활동을 참관할 수 있고, 부모를 대상으로 어린이집의 서비스 전반과 운영에 대한 만족도 조사를 실시하여 가정과 소통할 수 있도록 하고 있다(보건복지부, 한국보육진흥원, 2021, pp. 146-151). 또한 2015년부터 실시하고 있는 열린어린이집에 대한 가이드라인에서도 기관의 참여성이 중요한 선정 기준 중 하나다. 참여성 기준 중 부모를 대상으로 신입원아, 부모 오리엔테이션,

부모 개별면담, 어린이집 운영위원회, 부모교육, 부모참여 프로그램, 부모 어린이집 참관 등을 포함하여 연 1회 이상의 부모만족도 조사를 실시해야 하는데(보건복지부, 2021, p. 16) 이는 고객으로서의 부모 관점을 포함하는 것이다. 또한 2012년부터 현장 관찰에 부모가 참고자로 참여하여 부모의 이해도와 신뢰도를 높일 수 있도록 '부모 서포터즈' 프로그램을 도입하여 시범적으로 실시하였다. 그 후 2013년 「영유아보육법」을 개정하여 제25조의2에 따라 어린이집 보육환경을 모니터링하고 개선하기 위한 컨설팅을 위하여 부모, 보육ㆍ보건 전문가로 구성된 '부모모니터링단'을 운영할 수 있도록 하였다. 부모모니터링단은 어린이집 평가인증 시 부모들이 보육ㆍ보건 전문가와 함께 어린이집을 방문하여 어린이집 급식, 위생, 건강 및 안전관리 등의 운영 상황을 모니터링하고, 어린이집의 보육환경을 개선하기 위한 컨설팅을 실시함으로써 수요자인 부모가 어린이집 운영에 직접 참여할 수 있도록 만든 제도다. 이는 보육서비스의 질 향상을 도모할 뿐만 아니라 부모의 입장에서 믿고 맡길 수 있는 보육환경을 조성하고자 하는 데 목적이 있다. 부모모니터링단은 궁극적으로 보육서비스의 질을 높여 신뢰할 수 있는 보육환경을 조성하는 데 이바지하고 있다.

(3) 지역사회와의 협력

어린이집이 지역사회와 협력하고 유대관계를 형성하는 것은 매우 중요하다. 어린이집은 지역사회로부터 지원을 받기도 하고 전문적인 지식과 자원을 지역사회에 지원하기도 한다. 영유아가 주변 환경을 더 잘 이해하고 적응하여 실제 생활하는 지역사회를 이해할 수 있도록 어린이집은 지역사회 내의 관련 기관과 환경을 탐색하는 것이 필요하다. 지역사회의 다양한 인적ㆍ물적 자원은 어린이집의 보육과정을 운영할 때 전문적인 지원 체계로서의 역할을 한다.

어린이집의 지역사회와의 협력 관계를 위해 어린이집 평가제 평가지표에서도 그 내용과 기준을 제시하고 있다(보건복지부, 한국보육진흥원, 2021, p. 151). 즉, 어린이집은 지역사회 자원을 이용한 다양한 활동을 월 1회 이상(영아의 경우 2개월에 1회 이상) 실시한 기록이 있어야 한다. 이를 확인하기 위해 지역사회 자원을 이용하거나 지역주민 등과 연계한 활동이 월 1회 이상(영아의 경우 2개월에 1회 이상) 기록되어 있어야 한다. 이를 평가하기 위한 지표는 다음과 같다.

- 지역사회에 있는 공원, 산책로 등을 활용한 일상생활 관련 활동
- 지역의 자원(도서관, 우체국, 초등학교, 노인센터, 마트, 해변, 생태습지, 박물관, 유적지 등)을 방문하는 등의 활동
- 지역사회 경찰관, 소방관, 보건소 직원 등이 어린이집을 방문하여 안전 · 건강에 대해 교육하는 활동
- 지역사회 어르신들이 어린이집을 방문하여 예절 교육, 동화책 읽어 주기 등을 하는 지원
- 인근 노인정 · 마을회관에 방문하여 어르신들을 즐겁게 해 드릴 수 있는 미니 공연
- 유아들이 아동 안전, 환경보전 등에 대한 지역사회 대상 미니 캠페인 실시

어린이집이 지역사회와 협력하는 방법은 지역사회의 인적 자원, 물리적 자원, 자연환경 자원을 활용하는 것이다(최명희, 2021, pp. 216-218). 지역사회의 인적 자원은 공공기관 종사자, 건강이나 보건 업무 종사자, 회사나 상점에서 일하는 기관 업무 종사자, 부모와 가족이 직면한 문제 해결에 도움을 주는 가족문제 전문가, 보육활동에 자원봉사자로 참여할 수 있는 지역사회 주민 등으로 다양하다. 지역사회의 물리적 자원은 지역사회 내의 다양한 기관이나 시설, 즉 시청이나 구청, 경찰서, 소방서, 보건소, 초등학교, 도서관, 박물관, 재래시장, 은행 등의 여러 기관으로부터 제공받을 수 있는 교육자료나 재활용품 등이다. 지역사회의 자연환경 자원은 영유아가 직접 방문할 수 있는 산, 바다, 공원, 논과 밭 등으로 영유아는 그 안에서 자연체험의 기회와 풍부한 놀이 경험을 할 수 있다.

2 부모교육의 내용과 방법

1) 부모교육 내용

현대 정보화 시대에 부모들은 과거와 달리 블로그, 유튜브 등의 동영상, 다음(Daum)과 네이버(Naver) 등의 포털사이트를 통해 필요한 정보를 구하면서 부모 자

신의 이해를 돕는 방향으로 자녀양육이나 교육에 대한 자료를 찾는다. 부모교육 방법도 기존의 오프라인에서의 지식 전달이나 강의 위주의 방식에서 온라인으로 쉽게 접근할 수 있는 방식으로 변화하고 있다. 최근의 코로나19 상황에서 부모들은 부모교육을 통해 양육 스트레스를 위로받고, 성인으로서의 개인적 성장을 도모하여 부모로서의 역할과 신념을 이해하고자 한다.

(1) 부모 영향에 관한 지식과 정보

부모의 성격, 양육관, 양육 태도, 자녀와의 관계 등은 자녀에게 큰 영향을 미친다. 많은 심리학자와 부모교육자는 자녀에게 미치는 부모의 영향이 얼마나 오래 지속되고 중요한지에 대해 강조하고 있다. 즉, 부모양육에 의한 초기 경험의 중요성과 지속성에 대한 Freud, Erikson 등의 정신분석이론, 생후 초기의 애착 형성의 중요성을 강조한 Lorentz, Bowlby, Ainsworth 등의 동물행동학적 이론과 애착이론, 초기 환경이 유아의 발달에 중요한 영향을 미친다는 Bloom, Watson 등의 이론이 그것이다.

초기 경험이나 환경의 중요성 외에 최근에는 부모가 자녀에게 영향을 준 만큼 부모 자신도 자녀에게서 영향을 받으므로 자녀양육은 부모와 자녀 간의 상호작용으로 이해해야 한다는 부모-자녀 관계의 상호성에 대한 관점도 등장하고 있다. 부모-자녀 관계의 상호성은 자녀의 특징과 개성에 따라 부모역할이 달라질 수 있는 근거를 제공해 준다. 예를 들면, 자녀의 발달수준, 기질, 성격 유형 등에 따라 달라지는 부모역할을 들 수 있다. 자녀의 연령이 어릴수록 급격한 발달적 변화가 나타나므로 부모는 자녀의 연령별 발달에 대한 지식과 정보를 통해 자녀의 성장과 발달에 관심을 기울이면서 자녀양육의 기쁨을 경험할 수 있다.

(2) 기질과 조화의 적합성 및 애착에 대한 지식과 정보

기질은 개인이 주변 환경이나 타인과 상호작용하는 특정한 행동 양식이다. 이는 정서 반응 유형으로서 타고나는 것이며, 개인마다 차이가 있다(Rothbart & Bates, 2006, p. 103). 기질은 유전적 요인과 생물학적 요인에 의해 영향을 많이 받지만, 임신 중의 환경과 출생 후의 환경, 성장하면서 접하는 사회적 맥락과 경험 등에 의해서도 영향을 받는다(조성연 외, 2017, p. 288). 이는 지속성이 강하여 성인기까지도 유지되는데 자녀의 기질은 부모의 양육 행동이나 태도에 의해 영향을 받을 수 있고, 부모는 자녀의 기질에 따라 다른 양육 행동이나 태도를 나타낼 수 있다. 이를 Thomas와 Chess(1977)는 기질과 관련한 조화의 적합성(goodness-of-fit)으로 표현하였다. 즉, 영아의 이상적인 발달은 영아와 부모의 기질이 얼마나 조화를 이루는가에 달려 있으므로 부모는 영아의 기질을 파악하여 자녀와 더 조화로운 관계를 형성하려고 노력해야 한다(이영 외, 2017, p. 225; 제경숙, 2015, pp. 149-150). 이러한 부모와 자녀 간의 기질과 관련한 조화의 적합성에 대한 이해는 MBTI(Myers-Briggs Type Indicator) 성격유형검사를 활용한 부모교육을 예로 들 수 있다. 즉, 부모는 자신의 성격유형을 파악함으로써 부모와 자녀 간의 행동 양식이 다를 수 있다는 것을 이해할 수 있다. 그리하여 부모는 자신의 틀에 맞추어 자녀양육을 하기보다 부모-자녀 간의 서로 다른 성격 특성을 이해함으로써 부모-자녀 간에 발생할 수 있는 부조화를 극복할 수 있다.

2) 부모교육 방법

기관에서의 부모교육은 신입 및 중간 입소아와 그 가족을 위한 오리엔테이션, 면담과 워크숍, 홈페이지, SNS, 알림장 등을 이용한 소통, 수업 참관과 봉사, 온라인 교육을 포함한 부모교육, 운영위원회 참여, 지역사회와의 협력 등을 통해 이루어진다. 이를 위해 기관에서는 부모와의 양방향적 의사소통을 통해 부모역할을 도와주고 교육하며, 부모의 참여를 격려하여 가정과 기관이 함께 질 높은 교육과 보육을 할 수 있도록 노력해야 한다(조성연 외, 2018, p. 261).

(1) 오리엔테이션

오리엔테이션은 부모교육의 시작이라고 할 수 있다. 자녀를 처음 기관에 보내는 부모에게는 어린이집의 철학과 운영 방침, 연간 보육 활동 및 행사, 입·퇴원 방법, 보육프로그램, 물리적·인적 환경 등에 대한 안내, 신입원아의 적응을 위한 예비등원과 관련한 내용 등을 알려 주고, 원아가 새로운 환경에 잘 적응할 수 있도록 도와준다. 그러므로 오리엔테이션은 3월 보육과정을 시작하기 전에 실시한다. 또한 오리엔테이션은 대상에 따라 부모에게 강조해야 할 내용이 다를 수 있으므로 기관에서는 재원아와 신입원아를 분리하여 실시하고, 맞벌이 가정을 위해 오전과 오후 등의 시간을 나누어 실시하기도 한다. 오리엔테이션 시 부모와 자녀는 함께 기관의 물리적 환경을 둘러보면서 환경을 탐색해 보고, 보육교사와 원장과 인사를 나누는 시간을 가질 수도 있다.

(2) 강연회

강연회는 주제를 정해 해당 분야의 전문가나 관련 인사를 초청하여 다수의 부모에게 전문적인 지식과 정보를 한 번에 제공해 줄 수 있어 오래전부터 기관에서 빈번하게 활용하는 전통적인 부모교육 방법이다. 강연회는 집단모임으로서 부모에게 당면한 사안이나 영유아 발달 및 자녀양육과 관련한 기본 지식이나 정보를 알려 준다. 이에 적합한 주제는 영유아의 문제행동과 지도 방법, 적절한 훈육, 영유아의 건강과 영양, 자녀와 대화하는 방법, 영유아기의 바람직한 학습지도와 생활지도 등이다(조성연 외, 2018, p. 272). 강연회는 부모에게 일방적으로 지식과 정보를 전달하기 때문에 부모가 소극적으로 참여할 수 있고, 교육의 효과나 만족도가 강사에 의해 크게 영향을 받는다는 단점이 있다. 그러므로 강연회에 대한 부모의 참여도와 교육의 효과를 높이기 위해서는 강연 주제, 강연 일시, 강연 장소, 강사 선정 등을 결정할 때 부모의 의견을 최대한 반영하고 부모의 눈높이에 맞추어야 한다. 강연의 내용도 해당 지역사회와 가정의 문화, 기관의 특성 등을 충분히 고려해야 한다.

(3) 가정통신문

가정통신문은 영유아의 지도와 교육의 효과를 높이기 위해 다양한 내용의 전달 사항을 편지 형태로 가정에 보내는 것으로서 어린이집에서 가장 많이 활용하는 방법이다(조성연 외, 2018, p. 305). 이는 어린이집의 교수학습 내용, 행사의 계획이나 보고, 급·간식에 대한 안내, 주간 교육계획안, 월간 식단, 현장 학습이나 행사 안내 등을 안내문 형식으로 매주 정기적으로 가정에 보내는 것이다. 요즘에는 영유아의 활동 사항을 부모에게 더욱 생동감 있고 구체적으로 알려 주기 위해 놀이실에서 일어난 영유아의 활동 실제를 알려 주는 소식지를 만들어 가정통신문과 함께 가정에 보내기도 한다. 가정통신문은 시간과 노력을 많이 들이지 않고 다양한 내용을 전달할 수 있어 사용이 용이하지만, 부모의 반응이나 이해 정도를 알 수 없고 자녀를 통해 전달하기 때문에 중간에 분실되는 경우도 종종 발생한다.

(4) 알림장(원아수첩, 일일수첩)

알림장 혹은 원아수첩은 어린이집에서 가정과 기관 간의 의사소통을 위해 보편적으로 사용하는 방법이다. 이는 영유아가 기관에서 지내는 동안 있었던 놀이 내용, 친구와 지낸 생활, 급·간식 관련 사항, 배변, 낮잠, 기타 전달 사항을 보육교사가 간단히 수첩에 기록하여 가정으로 보낸 후, 부모가 다시 궁금한 사항이나 가정에서 있었던 특이사항을 기록하여 기관으로 보내는 것이다. 그러므로 알림장은 부모와 보육교사가 함께 작성하고 주고받을 때 의미가 있다. 보육교사는 알림장을 기록하면서 영유아를 세심하게 관찰할 수 있어 교육의 효과도 있으므로 보육교사는 매일 기록하는 알림장이 피상적이 되지 않도록 한다. 또한 보육교사가 문제 중심으로 알림장을 기록하면 부모에게 불안감을 줄 수 있으므로 주의한다. 알림장은 학급 영유아의 수와 계획된 일정과 양식에 따라 체계적으로 관리한다. 보육교사는 영유아가 가정에서 보내는 시간이 많지 않더라도 가정에서 자녀에 대해 관찰하거나 함께 지내는 모습을 기록하는 것이 부모의 중요한 역할이라는 사실을 부모에게 강조할 필요가 있다(조성연 외, 2018, p. 303).

(5) 부모면담

부모면담은 개별면담과 집단면담 등의 형식적 면담과 부모나 보육교사가 필요하다고 생각할 때 수시로 실시할 수 있는 비형식적 면담이 있다. 형식적 부모면담은 개별이나 집단으로 부모와 보육교사가 직접 대면하여 면담하는 것이다. 이는 부모와 보육교사 간 보육 효과를 높이기 위해 협력하는 쌍방적 의사소통 방법으로서 1년에 1~4회 정기적으로 실시한다. 그러나 어린이집에 자녀를 보내는 부모는 맞벌이가족이 많아 시간적 제약 등이 있어 부모와 보육교사는 비형식적 부모면담을 더 자주 활용한다. 비형식적 부모면담은 전화면담, 홈페이지나 이메일을 이용한 사이버 면담, SNS를 이용한 면담 등이 있다. 전화면담을 할 때 보육교사는 부모와 일정을 조정하여 편리한 시간에 여유 있게 면담할 수 있도록 한다. 형식적 혹은 비형식적 부모면담 시 보육교사는 지나치게 개인적인 질문과 논쟁은 피하고, 다른 영유아와 비교하거나 부모에게 일방적으로 정보를 전달하지 않도록 주의한다.

부모와 형식적으로 개별면담을 실시할 때 보육교사는 다음과 같은 사항을 유의한다(조성연 외, 2018, pp. 286-287).

- 독립적이고 조용한 공간에서 따뜻하고 편안한 분위기로 면담을 진행할 수 있는 환경을 마련한다.
- 전체 면담 시간은 약 20분 정도로 계획하고 30분을 넘기지 않는다.
- 부모의 입장을 이해하고 생각을 존중하면서 대화한다.
- 영유아에 대해 말할 때는 되도록 긍정적 표현을 사용한다.
- 부모에게 전할 내용, 의논하거나 협력을 구해야 할 내용, 부모의 의견을 들어야 할 내용 등으로 면담 시간을 세분화하여 각각의 내용을 충분히 언급하면서 부모와 보육교사 모두에게 유익하고 필요한 시간이 되도록 한다.
- 면담 시 나눈 대화를 면담기록지에 간단히 정리하고 부모가 좀 더 이야기를 나누고 싶어 하는 내용이나 다른 질문이 있는지 확인 후 마무리한다.
- 면담 후 필요한 후속 조치를 취한다.

보육교사는 부모와 집단면담을 할 수도 있다. 집단면담은 대개 학기가 시작된 후 부모와 영유아가 적응 시기를 거쳐 새로운 일과나 기관의 운영방침 등에 익숙해진 후 실시한다. 집단면담 시 보육교사는 영유아가 나타낸 놀이 활동 모습이나 행동 특성 등에 대한 자료를 제시하면서 다수의 부모가 공통의 관심사를 자유롭게 표현할 수 있도록 한다(조성연 외, 2018, p. 290).

(6) 수업참관과 참여수업

기관의 행사나 교육 활동에 부모가 직접 참여하여 경험을 공유할 수 있는 방법으로 어린이집에서는 정기적이고 형식적인 수업참관이나 참여수업을 실시한다. 수업참관은 부모에게 보육기관에서 나타내는 자녀의 행동이나 발달을 객관적으로 관찰하고 평가할 수 있는 기회를 제공해 준다. 이를 위해 어린이집에서는 가정통신문이나 홈페이지 등을 통해 미리 안내한다. 수업참관을 위해 어린이집에서는 별도의 참관실을 마련하여 부모가 수시로 영유아의 활동을 관찰하고 영유아의 생활과 발달 특징을 이해할 수 있도록 하는 것이 바람직하지만, 어린이집의 공간 제약 등으로 별도의 참관실을 갖추는 것이 어렵다. 그리하여 대부분의 어린이집에서는 날짜를 정하여 소집단을 구성해 계획된 시간에 부모가 수업참관을 할 수 있도록 한다. 이를 위해 기관에서는 부모에게 보육실 활동을 참관할 수 있는 구체적인 절차와 방법에 대한 사전 공지와 안내, 참관 안내문과 운영계획서 구비 등 수업을 참관할 수 있는 환경을 조성한다. 수업참관 시 보육교사는 부모에게 놀이실을 기꺼이 개방하는 자세를 갖추어야 하고, 부모는 놀이실의 활동 진행을 방해하지 않도록 주의하면서 객관적으로 자녀의 활동을 관찰하고, 참관 후 놀이실 내에서 이루어진 활동과 상황, 영유아 개개인의 문제 등에 대해 다른 부모들과 이야기하지 않도록 한다.

한편, 부모는 참여수업을 통해 직접 영유아와 활동을 해 볼 수도 있다. 부모 참여수업은 아버지, 어머니, 조부모, 전체 가족 등 다양한 대상을 포함하여 실시한다. 부모가 수업에 참여하여 활동할 경우 보육교사는 사전에 활동을 계획하고, 부모가 활용할 수 있는 자료를 준비한 후 부모에게 관련 사항에 대해 알려 준다. 대체로 부모의 참여수업은 정해진 영역에서 부모와 자녀가 함께 소집단으로 활동을 하거나 자유선택 활동 시간에 놀이를 한다. 참여수업을 통해 부모는 자녀와 긴밀한 유대관계를 형성할 수 있고, 자녀의 어린이집에서의 생활을 더 잘 이해할 수 있다. 그러나 참여수업에 부모나 가족이 참여하지 못한 영유아는 심리적으로 위축감을 느낄 수 있으므로(조성연 외, 2018, pp. 280-281) 그에 대한 보육교사의 주의가 필요하다.

(7) 홈페이지, 모바일앱, 블로그, 카페

온라인상에서의 의사소통이 보편화되면서 어린이집에서는 홈페이지나 모바일앱, 블로그, 카페 등을 통해 다양한 보육 정보나 공지사항 등을 게시하여 부모에게 정보를 전달하거나 의사소통한다. 인터넷을 이용한 다양한 의사소통 방법은 부모가 시간에 구애받지 않고 자유롭고 편리하게 필요한 정보를 구할 수 있고 궁금한 사항을 수시로 문의할 수도 있다. 부모는 어린이집을 직접 방문하지 않아도 웹사이트 등을 통해 어린이집의 모든 활동이나 운영 내용을 쉽게 살펴볼 수도 있다. 부모는 블로그나 카페 등에 올라온 내용을 보고 어린이집의 운영과 관련된 의견을 제시하거나 건의할 수 있으며, 어린이집 홈페이지 내 별도의 방을 마련하여 보육교사와 자유롭게 대화하며 수시로 정보를 공유할 수도 있다. 또한 기관의 홈페이지에 중앙육아종합지원센터나 시 · 도 육아종합지원센터, 영유아와 관련한 위탁운영 전문기관, 영유아의 발달 등에 대한 정보를 제공해 줄 수 있는 여러 기관의 홈페이지를 연결하여 부모가 손쉽게 정보를 획득할 수 있는 환경을 제공해 줄 수도 있다.

(8) 자원봉사

부모는 기관에서 갖기 어려운 다양한 자원을 가지고 있으므로 기관은 부모를 자원봉사자로 적극 활용하여 프로그램 운영에 도움을 받을 수 있다. 부모는 현장 견학, 소풍, 운동회 등의 행사 보조, 간식과 식사 준비, 교구 제작, 정리·청소, 도서 정리, 노래 지도, 운동 지도, 동화책 읽어 주기 등과 같은 다양한 활동을 도와줄 수 있다. 또한 부모 자신의 직장을 개방하여 영유아를 초대함으로써 영유아가 다양한 경험을 해 볼 수 있도록 기회를 제공해 줄 수도 있다. 맞벌이 부모도 어린이집에서 실시하는 다양한 프로그램에 그들의 능력과 시간에 맞춰 자원봉사 활동에 참여할 수 있다.

부모는 어린이집에서의 자원봉사 활동을 통해 자녀를 더 잘 이해할 수 있고 자녀 양육과 가정환경의 변화도 기대할 수 있을 뿐만 아니라, 자신의 역할에 대해 보람을 느낄 수 있고 부모 자신이 발전한다는 느낌이 들 수도 있다. 부모 자원봉사는 부모의 자원을 활용하여 학급의 모든 영유아에게 도움을 주는 품앗이로서의 교육적 의미도 크다. 부모는 다양한 프로그램에 참여함으로써 기관과 동반자적인 관계를 형성할 수 있고 소속감도 느낄 수 있다(조성연 외, 2018, p. 293). 이를 위해 기관에서는 부모가 어린이집에서 자원봉사하는 데 어려움이나 불편함이 없도록 사전 준비를 철저히 하고 부모에게 놀이실 등에서 주의해야 할 사항 등에 대한 사전 교육도 실시한다. 특히 부모가 영유아를 대상으로 하는 보육 활동에 자원봉사자로 참여하는 경우, 보육교사는 부모에게 영유아와 상호작용하는 방법에 대해 사전교육을 실시하는 것이 중요하다.

(9) 소집단 모임

어린이집에서는 특정 주제에 대해 관심이 있는 부모를 대상으로 소집단 모임을 구성하여 운영할 수 있다. 소집단 모임은 부모의 전문적인 성장을 도모하고 자녀양육 시의 어려움을 해결하거나 교구를 제작해 볼 수 있는 워크숍, 자유롭게 토론하거나 이야기를 나누는 브레인스토밍(brainstorming)이나 버즈세션(buzz session) 등의 다양한 방법으로 운영할 수 있다. 소집단 모임의 진행은 관심 있는 책이나 영상 등을 활용하여 토론이나 이야기 나누기 등의 방식 혹은 어린이집에서 실시하는 산책 활동, 문화 체험, 전시회 관람 등의 교육과정에 참여하면서 이루어질 수 있다. 이러한 소집단 모임은 보육교사와 부모 등 모든 참석자가 능동적이고 편안하게 참여할 수 있어야 한다.

한편, 소집단 모임은 일반 대중에게 알려진 부모교육 프로그램을 활용하여 실시할 수도 있다. 원장이나 보육교사가 특정 부모교육 프로그램에 대한 자격증이 있거나 그에 대한 충분한 지식이 있다면 가능하다. 기관에서 실시하는 대부분의 부모교육 프로그램은 소집단으로 7~8주에 걸쳐 이루어진다. 대표적인 부모교육 프로그램으로는 '부모효율성 훈련 프로그램(P.E.T.)' '체계적 부모교육 프로그램(STEP)' '적극적 부모교육 프로그램(APT)' '부모코칭' 등을 들 수 있다. 이 외에도 어린이집에서 특별하게 운영하는 보육프로그램, 예를 들어 레지오 에밀리아 프로그램, 총체적 언어접근방법, 개방주의 교육 등에 대한 원리와 영유아와의 적용 실제에 관한 정보를 부모에게 이해시키고 전달하기 위해 소집단 모임을 활용할 수도 있다. 소집단 모임은 부모가 적극적으로 참여하기 때문에 교육의 효과가 크고 만족도도 높지만, 기관에서 일정 기간 모임을 유지하고 관리해야 하므로 시간과 노력이 많이 든다.

(10) 어린이집 운영위원회

어린이집 운영위원회는 「영유아보육법」 제25조에 근거하여 어린이집이 부모와 동반자적 관계를 유지하면서 어린이집 운영의 자율성과 투명성을 높이고, 지역사회와의 연계를 강화하여 지역 실정과 특성에 맞는 보육을 실시하기 위해 설치하여 운영하는 형식적인 의사소통 기구다. 취약보육(脆弱保育)을 우선하여 실시하는 기관은 반드시 어린이집 운영위원회를 설치하여 운영해야 한다. 취약보육은 영아·장애아·다문화가족의 영유아에 대한 보육이다. 어린이집 운영위원회는 어린이집과 부모 간의 사전 의논, 상호 협력, 책임 공유, 지역사회 자원 활용 등을 통해 어린이집이 체계적이고 효율적으로 운영될 수 있도록 돕는다.

어린이집 운영위원회는 5~15명의 범위에서 원장, 보육교사 대표, 학부모 대표, 지역사회 인사(직장어린이집의 경우에는 그 직장의 어린이집 업무 담당자)로 구성되는데 학부모 대표는 전체 위원 중 1/2 이상이 되어야 한다. 어린이집 운영위원회는 연간 4회 이상 개최해야 하며 다음과 같은 사항을 심의한다.

- 어린이집 운영 규정의 제정이나 개정에 관한 사항
- 어린이집 예산·결산의 보고에 관한 사항
- 영유아의 건강·영양과 안전에 관한 사항, 아동학대 예방에 관한 사항
- 보육 시간, 보육과정의 운영 방법 등 어린이집의 운영에 관한 사항
- 보육교직원의 근무환경 개선에 관한 사항
- 영유아의 보육환경 개선에 관한 사항
- 어린이집과 지역사회의 협력에 관한 사항
- 보육료 외의 필요경비를 받는 경우 그 수납액 결정에 관한 사항
- 그 밖에 어린이집 운영에 대한 제안과 건의 사항

③ 부모교육을 위한 지원기관

어린이집은 자체적으로 카페나 블로그, 카카오톡, 인스타그램 등의 다양한 SNS 와 이메일, 기관 홈페이지 등을 통해 부모와 가족에게 필요한 다양한 정보를 제공 해 줄 수 있다. 어린이집의 자체적인 지원 외에도 국가나 민간에서 운영하는 다양 한 기관에서도 부모와 가족에게 필요한 정보를 수시로 제공해 주고 있다.

1) 한국보육진흥원

한국보육진흥원(www.kcpi.or.kr)은 보육서비스의 질 향상을 도모하고 보육정책 을 체계적으로 지원하기 위하여 「영유아보육법」 제8조에 따라 설립하여 운영하고 있으며 2018년에 법적 기관이 되었다. 이 기관은 어린이집 평가척도 개발, 보육사 업에 관한 교육·훈련 및 홍보, 영유아 보육프로그램 및 교재·교구 개발, 보육교 직원 연수프로그램 개발 및 교재 개발, 보육교사 자격 관리, 보육교사자문단 운영, 평가제 평가지표 개발 및 관리, 열린부모교육 운영, 부모모니터링단 운영 등과 관 련된 업무를 수행한다.

2) 육아종합지원센터

육아종합지원센터는 각 지역사회 내 육아 지원을 위한 거점기관으로서 「영유아보육법」 제7조에 따라 시간제보육 서비스를 제공하거나 보육에 관한 정보의 수집·제공 및 상담 등 가정양육 지원 기능의 지역 내 원스톱 육아지원서비스를 제공한다. 중앙육아종합지원센터(http://central.childcare.go.kr)를 중심으로 시·도 육아종합지원센터에서는 차별화된 자료를 준비하여 제공하기 때문에 이를 통해 보육교사와 부모는 다양한 보육과 양육에 관한 정보를 손쉽게 획득할 수 있다.

3) 어린이집 안전공제회

어린이집 안전공제회는 「영유아보육법」 제31조의2에 근거하여 어린이집 상호 간의 협동조직을 통하여 어린이집의 안전사고를 예방하고 어린이집 안전사고로 인하여 생명·신체 또는 재산상의 피해를 입은 영유아와 보육교직원 등에 대한 보상을 해 주기 위하여 보건복지부장관의 허가를 받아 어린이집 안전공제사업을 할 수 있도록 설립된 기관이다. 어린이집 안전공제회(https://www.csia.or.kr)는 어린이집 원장을 회원으로 한 상호협동조직체의 비영리법인으로서 어린이집의 안전사고 예방, 영유아와 보육교직원의 생명·신체에 대한 피해 보상, 어린이집의 재산상의 피해 보상 업무를 수행한다.

4) 민간보육전문기관

양질의 보육문화 정착을 위한 민간 주도의 보육전문기관도 다수 설립되어 운영되고 있다. 해당 기관들은 홈페이지를 운영하면서 그 안에 기관의 비전과 미션, 보육사업 영역, 운영하고 있는 어린이집에 대한 정보, 보육교사 채용공고뿐만 아니라, 부모교육과 부모참여 프로그램 등에 대한 정보, 영유아 발달과 안전·위생 정보, 아동권리, 육아상담 등과 관련한 정보, 어린이집의 실내외 공간 구성, 다양한 교구 제작 및 사용 안내 등에 대한 정보를 제공해 준다. 대표적으로 삼성복지재단(http://child.samsunngfoundation.org), 푸르니 보육지원재단(www.puruni.com), 모아맘(www.moamom.co.kr), 한솔어린이보육재단(http://www.hansolhope.or.kr) 등
이 있다.

4 특별한 요구가 있는 가족을 위한 부모교육

특별한 요구가 있는 영유아와 그 가족에 대한 지원은 어린이집의 중요한 임무 중
하나다. 어린이집은 영아, 장애아, 다문화가족 등에 대한 보육을 취약보육이라 하
여 우선으로 시행해야 하며(「영유아보육법」 제26조), 특별한 요구가 있는 영유아와
그 가족을 돕기 위해 전문가와 협조 체제를 유지해야 한다. 이러한 가족은 다방면
에 걸친 긴장과 위기로 가족마다 위기 대처 방식이 다르다. 따라서 특별한 요구가
있는 가족을 위한 부모교육은 부모 자신이 특수한 상황을 인정하는 것부터 시작하
여 그 위기를 슬기롭게 극복하고 부모의 자원을 충분히 활용할 수 있도록 도와주는
것까지 다양하다. 이러한 부모교육을 통해 부모는 점차 자녀의 특성을 현실적으로
받아들이고 진정으로 이해하게 되면서 교육치료적인 노력에 더 적극적으로 참여하
게 된다(이경희, 2000, p. 350).

특별한 요구가 있는 영유아의 부모는 자녀의 성장 · 발달을 위해 새롭고 진보된
기술을 배우고 싶어 한다. 이를 위해 어린이집에서는 부모와 영유아와의 상호작용
방법과 다양한 중재 · 치료 프로그램 등에 대한 정보 제공, 전문기관 연결 등의 역
할을 수행할 수 있다. 특별한 요구가 있는 가족을 위한 부모교육에 대해 살펴보면
다음과 같다.

첫째, 다문화가족을 위해 어린이집에서는 언어발달, 한국문화에 대한 이해, 자국
문화에 대한 정체감 유지, 양육 스트레스 해소 등을 위한 관련 기관의 소개뿐만 아
니라, 이들 가족을 지원할 수 있는 다양한 프로그램을 연계해 주거나 직접 실시할
수도 있다.

둘째, 맞벌이가족을 위해 어린이집에서는 영유아가 가정과 어린이집에서 안정적
애착을 형성할 수 있도록 도와주고, 영유아가 부모와 함께 있을 수 있는 시간을 확
보할 수 있도록 다양한 부모참여 프로그램을 제공해 줄 수 있다.

셋째, 조손가족은 대부분 농산어촌 지역에 집중 분포되어 있어 경제적 형편이 어

럽고 조부모의 의료적 요구가 많으며 손자녀의 발달에 적합한 보육과 양육 지원이 어렵다. 그러므로 어린이집에서는 이와 관련한 지역사회 자원을 연계해 줌으로써 조부모와 영유아의 요구가 모두 충족될 수 있는 방안을 모색할 수 있다.

넷째, 한부모가족을 위해 어린이집에서는 자녀양육, 생활 안정과 복지 지원 및 증진을 위해 건강가정지원센터 등과 연계하여 지원해 줄 수 있는 방안을 모색할 수 있다.

생각해 봅시다

1. 부모교육 시 기관과 보육교사의 역할에 대해 생각해 봅시다.
2. 특별한 요구가 있는 가족의 취약보육에 대해 어린이집 윤리강령과 관련한 보육교사의 역할에 대해 생각해 봅시다.
3. 어린이집에서의 부모교육을 위해 지원해 줄 수 있는 다양한 국내외 지원, 협력 기관에 대해 알아봅시다.

참고문헌

보건복지부(2022). 2022년도 열린어린이집 선정·운영 계획. 세종: 보건복지부.

보건복지부, 한국보육진흥원(2020). 2020년도 부모모니터링단 운영 매뉴얼. 서울: 한국보육진흥원.

보건복지부, 한국보육진흥원(2021). 2022 어린이집 평가 매뉴얼(어린이집용). 서울: 한국보육진흥원.

이경희(2000). 아동발달과 부모교육. 서울: 교문사.

이영, 이정희, 김온기, 이미란, 조성연, 이정림, 박신진, 유영미, 이재선, 신혜원, 나종혜, 정지나, 문영경(2017). 영유아발달(개정판). 서울: 학지사.

정계숙, 문혁준, 김명애, 김혜금, 심희옥, 안효진, 양성은, 이정희, 이희선, 정태회, 제경숙, 한세영(2012). 부모교육(개정판). 서울: 창지사.

제경숙(2015). 현대 사회의 부모와 자녀: 자녀와 함께 성장하는 부모들의 이야기. 경기: 파워북.

조성연(2021). 행복한 부모-자녀 관계를 위한 예비 부모교육. 서울: 학지사.

조성연, 이미란, 최혜영, 박진재, 송혜린, 권연희, 박진아(2018). 부모교육(2판). 서울: 신정.

조성연, 천희영, 심미경, 황혜정, 최혜영, 전효정(2017). 영유아발달. 서울: 신정.

최명희(2021). 제4차 어린이집 표준보육과정(개정 누리과정)을 반영한 보육학개론: 보육의 첫 번째 입문서. 경기: 공동체.

Rothbart, M. K., & Bates, J. E. (2006). Temperament. In W. Damon, R. Lerner, & N. Eisenberg (Eds.), *Handbook of child psychology, Vol. 3: Social, emotional, and personality development* (6th ed., pp. 99-106). New York, NY: Wiley.

Thomas, A., & Chess, S. (1977). *Temperament and development*. New York, NY: Brunnner/Mazel.

아동권리보장원. https://www.ncrc.or.kr

중앙육아종합지원센터. https://central.childcare.go.kr

한국보육진흥원. https://www.kcpi.or.kr

찾아보기

내용

저자 소개

조성연(Cho Songyon)
연세대학교 대학원, Ph.D.
현 호서대학교 유아교육과 교수

김영심(Kim Youngsim)
동덕여자대학교 대학원, Ph.D.
현 숭실사이버대학교 아동학과 교수

정정옥(Chung Chungok)
서울여자대학교 대학원, Ph.D.
현 호서대학교 보육교사교육원 교수

황혜정(Hwang Hyejung)
University of London, Ph.D.
현 경기대학교 유아교육과 교수

나유미(Rah Yumee)
연세대학교 대학원, Ph.D.
현 미국 International Reformed University & Seminary 교차문화대학원 교수

박진재(Park Jinjae)
연세대학교 대학원, Ph.D.
현 푸르니보육지원재단 대표

신혜영(Shin Haeyoung)
연세대학교 대학원, Ph.D.
현 한양사이버대학교 아동학과 교수

표준보육과정과 누리과정에 기초한

보육학개론
Introduction to Childcare and Education

2022년 9월 20일 1판 1쇄 인쇄
2022년 9월 30일 1판 1쇄 발행

지은이 • 조성연 · 김영심 · 정정옥 · 황혜정 · 나유미 · 박진재 · 신혜영
펴낸이 • 김진환
펴낸곳 • (주) **학지사**
　　　　　04031 서울특별시 마포구 양화로 15길 20 마인드월드빌딩
대표전화 • 02)330-5114　　　　팩스 • 02)324-2345
등록번호 • 제313-2006-000265호

홈페이지 • http://www.hakjisa.co.kr
페이스북 • https://www.facebook.com/hakjisabook

ISBN 978-89-997-2752-8 93370

정가 20,000원

출판미디어기업 **학지사**

간호보건의학출판 **학지사메디컬** www.hakjisamd.co.kr
심리검사연구소 **인싸이트** www.inpsyt.co.kr
학술논문서비스 **뉴논문** www.newnonmun.com
교육연수원 **카운피아** www.counpia.com